高等职业教育路桥工程类专业系列教材

公路工程招投标与合同管理 第3版

GONGLU GONGCHENG ZHAOTOUBIAO YU HETONG GUANLI

主编 彭东黎 / 副主编 胡立卫

参编 党建新 肖 颜 彭 丹

主审 李柏林

重庆大学出版社

内容提要

本书按照高等职业教育人才培养和教学改革的需要,根据《公路工程标准施工资格预审文件》(2018 年版)和《公路工程标准施工招标文件》(2018 年版)及最新法律、法规和相关文件规定,详细阐述了公路工程施工招投标及合同管理等方面的基本理论与方法。全书共 8 章,内容包括绪论,公路工程招投标与合同管理相关法规,公路工程施工招标,公路工程施工投标,公路工程施工开标、评标与定标,公路工程模拟招投标课程设计,公路工程合同及合同管理,公路工程变更与索赔等。为了便于组织教学、能力训练和读者自学,在每章后均附有专项实训、本章小结和复习思考题。

本书可作为公路工程造价管理及工程管理类各相关专业的教材,也可作为从事公路工程招投标、合同管理等各类工程管理人员的自学参考书。

图书在版编目(CIP)数据

公路工程招投标与合同管理 / 彭东黎主编. -- 3 版
. -- 重庆:重庆大学出版社,2021.2(2024.7 重印)
高等职业教育路桥工程类专业系列教材
ISBN 978-7-5689-2120-6

Ⅰ. ①公… Ⅱ. ①彭… Ⅲ. ①道路施工—招标—高等
职业教育—教材②道路施工—投标—高等职业教育—教材
③道路工程—经济合同—管理—高等职业教育—教材
Ⅳ. ①U415.1

中国版本图书馆 CIP 数据核字(2020)第 147205 号

公路工程招投标与合同管理
(第 3 版)

主 编 彭东黎
副主编 胡立卫
主 审 李柏林

责任编辑:肖乾泉　版式设计:肖乾泉
责任校对:谢 芳　责任印制:赵 晟

*

重庆大学出版社出版发行
出版人:陈晓阳
社址:重庆市沙坪坝区大学城西路 21 号
邮编:401331
电话:(023)88617190　88617185(中小学)
传真:(023)88617186　88617166
网址:http://www.cqup.com.cn
邮箱:fxk@cqup.com.cn(营销中心)
全国新华书店经销
重庆紫石东南印务有限公司印刷

*

开本:787mm×1092mm　1/16　印张:14.25　字数:357 千
2021 年 2 月第 3 版　2024 年 7 月第 18 次印刷
ISBN 978-7-5689-2120-6　定价:39.00 元

前　言

（第 3 版）

　　"公路工程招投标与合同管理"课程是高等职业公路工程类相关专业的一门综合性、理论性及实践性均较强的专业课程,对学生职业能力培养和职业素养养成起支撑和促进作用,其内容也是建造师、造价师、监理工程师等职(执)业资格考试的主要内容之一。

　　本书第 1 版、第 2 版自出版以来,受到广大读者的好评,并多次重印。但随着时间的推移,许多法律法规都落后于时代。为了更好地为广大读者服务,编者对全书进行了修订,本次修订突出了以下特点:

　　1.科学性与实践性的统一。本书从交通行业岗位群对人才知识结构和技能的要求出发,提出教学知识目标和能力目标,系统阐明招标投标整个过程,强调理论与实践相结合,倡导"在学中做、在做中学"的学做融合的教学方法。

　　2.系统性与职业性的结合。本书本着学以致用的目的和"知识够用、强化实践、突出技能"为原则,精选了大量以项目为背景的实例,并设计了以项目为载体的实训情境,以便教师实施教改教学和学生学习。

　　3.先进性与开放性的体现。本书以《公路工程标准施工招标文件》(2018 年版)及国家和公路行业最新标准、规范、规程及相关法规为编写依据,具有较强针对性。

　　本次修订由湖南交通职业技术学院彭东黎担任主编并统稿,湖南交通职业技术学院胡立卫担任副主编,湖南交通职业技术学院李柏林担任主审。全书编写分工如下:党建新编写了第 1 章;彭东黎编写了第 2,3,6 章;彭丹编写了第 4 章;胡立卫编写了第 5,8 章;肖颜编写了第 7 章。

　　本书在编写过程中参阅了大量的文献资料,在此谨向其作者表示衷心的感谢。

　　由于编者水平有限,书中不足和错误之处在所难免。在具体教学实践中,我们会不断完善和修改,并期待专家、同行和读者批评指正。

编　者

2020 年 4 月

前　言
（第1版）

为加快建设全国统一市场，促进各种产品和生产要素在全国范围自由流动、充分配置，缩小地区差别、增加劳动就业、带动相关产业发展，全面建设社会主义小康和谐社会，我国近期出台了《国家高速公路网规划》（简称"7918网"，到2030年，全国高速公路总规模大约为8.5万km）和《农村公路建设规划》（到2020年，全国农村公路里程达370万km）。这意味着未来25年内，我国将催生一个静态投资达20 000亿元的高速公路和普通公路建设市场。

为了确保迅猛增长的公路建设市场健康有序地发展，维护市场的公平和效率，我国陆续出台了一系列法律法规来规范市场主体和监管部门的行为，并通过推行招标投标制、合同文本示范化、工程监理制等举措来实施这些法律法规。

目前，招投标已成为我国公路建设承发包的主要方式，是业主缩短工期、保证质量、节约投资的重要手段；是承包商进入市场、开拓市场的主要方式；是监管部门防止腐败、减少行政干预、保护国家和社会公众利益的有效工具。经过多年实践，招投标工作已成为一项程序性、法律性、政策性强，社会关注度高，业内竞争激烈的经济工作。这对公路工程招投标的标书编制工作提出了更高的要求：一是招标文件的编制必须坚持合法、合理、双赢的原则；二是投标文件的编制必须坚持内容完整全面、报价合理有利且富有竞争力，施工组织设计可靠、经济又先进的原则；三是合同条款的确定必须坚持实事求是、合理恰当的原则。

招投标工作只是公路工程合同形成的过程，公路工程目标的实现更多的是通过合同实施来完成。因此，合同管理应成为项目管理的核心。由于公路工程项目的特殊性，需要通过工程变更这种特殊的合同变更形式来完善项目功能，提升项目价值；通过施工索赔（反索赔）这种合同履行过程中的正当行为来促进合同履行，维护当事人的合法权益。

基于以上认识，规范公路工程招投标与合同管理，就必须使从事和有志于从事该工作的人员具备相应的知识和技能。为此，我们根据最新的法律法规，结合有价值的实践案例，编写了本书。

本书具有如下特点：

（1）内容翔实，既有勘察设计、监理、施工等公路工程建设不同阶段的招投标文件编制内容、方法、技巧及实例，又有招投标相关法规、合同管理、合同条款、变更与索赔的理论和实践知识。

（2）重点突出，本书主要围绕施工招投标进行重点阐述，既详细介绍了施工招投标文件的编制，又通过案例重点论述了施工投标报价的方法和投标策略的运用。

（3）案例丰富，本书每一章都针对重要知识点辅以相匹配（经过提炼）的真实案例，还特别设置了专门的《公路工程模拟招投标课程设计》。

（4）富有启发性,本书每章均附有选择题、判断题、简答题、综合计算分析题、论述题等多种题型的复习思考题,而且多数习题在书中无现成答案,需要读者认真思考分析。

本书由湖南交通职业技术学院周中意主编并统稿,江西交通职业技术学院刘开健任副主编,山西交通职业技术学院刘三会主审。编写分工如下:周中意(第6章、第7章、第8章、第9章)、江西交通职业技术学院刘开健(第2章、第10章)和蔡龙成(第4章)、湖南交通职业技术学院叶自钊(第3章)、河北交通职业技术学院高红宾(第5章)和付淑芳(第1章)。

本书在编写过程中,检索和查阅了许多信息、资料,在此向相关人员一并致谢。

由于作者水平有限,疏漏在所难免,恳请广大读者批评指正。

编　者
2006 年 5 月

目　　录

第1章 绪 论

经过近 40 年的快速发展,全国统一、开放、竞争、有序的公路建设市场已日臻成熟,相关法规已初步形成体系并日趋完善。招投标方式已成为公路建设市场主体交易的主要方式。随着我国全面建成小康社会进程的推进,公路建设市场必将迎来更大机遇与挑战。

1.1 公路建设市场概述

1.1.1 我国公路建设市场的形成、现状和发展

1)我国公路建设市场的形成

公路建设是国家基础设施建设的重要组成部分,也是国家经济发展的先导产业。改革开放以来,公路建设管理逐步由计划经济下的行政管理体制向市场管理模式转变,我国公路建设市场也随之初步形成并不断完善。公路建设的招标承包制应运而生,招投标已成为公路建设项目承发包的主要方式。

2)我国公路建设市场的现状

(1)我国公路建设成就巨大

国家十分重视公路建设事业的发展,对公路建设的投入非常大。特别是"十一五"期间,加速编织立体交通网,公路、水路、民航、邮政均迎来历史上最大规模的建设热潮,取得前所未有的大发展,陆海空条条大道畅通,基本满足了百姓出行需求。到 2019 年年底,全国公路网总里程达到 501.25 万千米,比上年新增 16.6 万千米,其中,高速公路通车总里程达到 14.96 万千米,国家高速公路网骨架基本形成。全国农村公路通车里程到 2019 年年底达到 420.05 万千米。"十三五"期间,我国交通运输发展正处于支撑全面建成小康社会的攻坚期、优化网络布局的关键期、提质增效升级的转型期,将进入现代化建设新阶段。到 2020 年,基本建成安全、便捷、高效、绿色的现代综合交通运输体系,部分地区和领域率先基本实现交通运输现代化。

(2)全国统一、开放、竞争、有序的公路建设市场逐步建立和完善

通过推行《中华人民共和国招标投标法》(以下简称《招标投标法》)、《公路建设市场管理办法》等法律、法规和招标范本、合同范本制度,打破了地区封锁和部门保护,逐步建立了全国统一、开放、竞争、有序的公路建设市场,并日臻成熟。目前,公路建设市场已成为我国工程建设领域开放最早、招投标程序最规范的建设市场之一。

3)我国公路建设市场的发展

为了加快建设社会主义和谐社会,我国先后于 2004 年和 2005 年,制定并通过了《国家高速

公路网规划》和《农村公路建设规划》。根据规划,到 2030 年,我国高速公路网将连接起所有省会级城市、计划单列市、83% 的 50 万人以上城镇人口大城市和 74% 的 20 万人以上城镇人口中等城市。国家高速公路网采用放射线与纵横网格相结合布局方案,由 7 条首都放射线、9 条南北纵线和 18 条东西横线组成,简称"7918"网,总规模约 8.5 万千米,其中主线 6.8 万千米,地区环线、联络线等其他路线约 1.7 万千米。2017 年 2 月 3 日,国务院正式发布《"十三五"现代综合交通运输体系发展规划》。"十三五"末,高速公路总里程达到 15 万千米,基本覆盖城区常住人口 20 万人以上的城市。

根据《全国农村公路建设规划》要求,到 2020 年我国农村公路的发展目标是:具备条件的乡(镇)和建制村通沥青(水泥)路,农村公路里程达 370 万千米,基本实现"有路必养",完成县、乡道中桥以上危桥改造,大力发展农村客货运输,实现所有乡镇和 90% 的建制村通班车,以适应全面建设社会主义新农村的要求。可以说,公路建设市场前景十分广阔。当然,面临巨大发展机会的同时,也将迎接许多挑战。

(1)政策、规范需要不断完善,以适应新形势的需要

①项目定价机制需要完善。如现行预算定额等不能反映当前社会先进生产力水平,工程建设材料市场价格、管理水平、科技水平等方面的不断变化,要求我们对现行预算定额等进行修订完善。

②政策、规范的综合配套不够协调。如目前对设计文件的要求没有注重环保问题或考虑不周到,但是在施工过程中又要求施工企业把环保问题纳入其中,增加了施工企业的工程成本。交通主管部门应加强环保建设,制定相应的政策、规范。

(2)政府职能部门需要进一步转变职能

在公路建设中,主管部门管得过多过细,该由市场决定和调节的却没有完全放开。主要表现在以下几个方面:

①政府部门过多地参与项目招标,用行政命令干预招投标,如指定中标单位或制定内部保护政策。

②行政官员兼职项目指挥,自管自监或招募部分社会监理单位,建立以业主为主、社会监理力量为辅的混合式监督模式。这种模式责任不清,不按监理程序办事,不能充分发挥社会监理的作用,不能严格按市场规则办事。

③搞政绩工程,不按程序办事,搞新"三边工程"(边设计、边谈合同、边施工,甚至边落实资金)。

④设立过多的准入审批手续,主观上是为了规范市场,而实质上阻碍了市场发育。

(3)业主行为亟待规范

目前,我国公路建设业主多为行政主管部门指定的机构,其管理人员大多是从交通行业内部抽调过来的,往往缺乏项目管理和企业运作经验,因而在项目管理中存在着一些不规范的做法,主要表现在以下几个方面:

①在合同上搞"霸王"条款。如有的业主把 FIDIC 条款中对自己有利的条款写进合同,删除对自己不利的条款,并让施工单位接受;有的省在投标资格预审时,硬性要求投标单位的法人代表必须亲自到场购买资审文件等。

②擅自缩短工期和提高建设标准。工程开工后,业主在合同以外要求提前工期或要求提高

工程技术标准,施工企业照做后,业主很少补偿,由此给企业带来了额外费用支出。

③指定分包和材料采购。《公路工程标准施工招标文件》对工程的转包与分包做出了明确规定,但一些业主在不同程度上仍存在着指定分包的现象;个别地区,业主对材料实行统购(甚至包括砂石料等),而相同质量材料的统购价格通常高于市场价格,这种做法既不利于企业就地取材降低施工成本,也不利于营造和谐的施工环境。

④不合理收取履约担保金。《公路工程标准施工招标文件》中对履约担保做了详细规定,但有些业主执行起来却各不相同,一些业主要求中标企业必须现金担保,甚至有些地方业主要求企业出具的履约担保金远远超出国家规定的履约担保总额。这将造成企业大量流动资金冻结,增加企业负担,同时也会助长不公平的招投标行为,导致腐败现象的发生。

⑤拖欠工程款。有的业主不能及时批复正常的变更,不能及时对已完工程进行竣工验收,造成施工企业不能正常结算。工程款的拖欠会导致企业材料款拖欠、设备款拖欠、人员工资拖欠,影响企业经营,导致恶性循环。

⑥标段划分不合理。有的业主在标段划分上存在着不合理性,标段越划越小,使大型施工企业在工程管理上无法集中优势,不利于整个工程项目管理,造成社会资源的极大浪费。

(4)承包商需要内强素质,外树形象

最近几年我国大规模的公路建设铸就了一批优秀的施工企业,但由于目前我国施工企业相对较多,企业间发展不平衡,企业在市场竞争中仍存在着一些不规范问题。

①体制单一陈旧,观念落后,不适应市场竞争。目前,有资格参与公路建设的企业大都是国有独资企业,而且普遍负债高、包袱重,大多没有建立起适应市场经济的现代企业制度。同其他行业相比,公路施工企业的改革相对滞后,相当一部分公路施工企业流动资金匮乏、设备陈旧落后、人才外流严重、企业管理层涣散无力,企业基本是靠"资质"这块牌子来承揽工程。承包工程后分包给没有资质的队伍,靠管理费来维持低水平的生存状态。由于长期习惯于上级主管部门按计划分配工程,即使参加投标,也是靠行业保护、地方保护中标,难以适应市场竞争。反过来,主管部门过多的保护,又使得这些企业不求变革,安于现状。

②公路施工企业规模和结构不适应公路建设的需要。目前大多数公路施工企业规模偏小,省一级的企业一般规模为 2000~3000 人,固定资产 1 亿~3 亿元,而更多的公路施工企业小于这个规模,形不成规模效应;另一方面,企业存在小而全的问题,路基、路面、桥涵样样都搞,却样样不精,由于没有形成专业化,往往承揽工程后再分包,直接增加了施工成本,企业没有积累,很难形成较强的竞争能力。

③非国有企业缺少公平竞争的市场环境。作为公路工程建设不可缺少的大量农民包工队和其他所有制施工企业大多没有公路施工准入证——公路工程资质证书,只能为有资质的公路施工企业"打工",靠分包工程生存。即使是很有实力的新生施工企业,由于各种管理办法的限制,往往拿不到相应的准入证,只能以"挂靠"为生,同样不能参与公路建设市场的公平竞争。

(5)中介机构需要成为真正的第三方

为了规范市场,保证项目建设的质量和效率,我国参照国际惯例并结合具体国情,培育和发展了服务于项目建设的中介机构。但目前,我国公路建设的中介机构离客观公正的第三方还有一定距离,主要表现在以下几个方面:

①招标代理机构形同虚设。招标工作很少请有信誉的中介咨询机构专业人员主持,却有过

多的政府机构、主管部门参与。

②社会监理大多成为业主陪衬。由于监理队伍由业主来确定,监理的职责和权限在一定程度上受到了业主的限制,因此监理很难成为独立于业主与承包商的第三方,很多监理成为业主的办事单位,很难真正地发挥其应有的作用。

以上问题是公路工程建设和公路建设体制改革过程中必然经历的,我们要不断总结我国公路工程建设市场发展过程中的经验和教训,这对研究和探索我国公路工程建设市场的发展方向,促进其健康发展具有重要意义。

1.1.2 公路建设市场的主体和客体

1)公路建设市场的主体

公路建设市场的主体分为业主、承包商(施工企业)、工程咨询服务单位(勘察设计、造价、项目管理、招标代理、监理等)。

(1)业主单位

业主单位即建设发包单位,也是投资者,是公路建设项目的法人,在公路建设市场交易行为中处于买方地位。我国《公路建设四项制度实施办法》第四条规定,"凡列入国家和地方基本建设计划的公路建设项目必须实行项目法人责任制度,由项目法人对建设项目负总责。"通过资格审查的项目法人,可独立享有批准的公路建设项目管理权,对建设项目质量、投资和工期负责。项目法人如委托中介机构对项目进行建设管理,必须按项目管理权限报交通主管部门核备。

公路建设项目法人分为经营性公路建设项目法人和公益性公路建设项目法人。

①经营性公路建设项目法人。依法投资建设经营性公路项目的国内外经济组织为经营性公路建设项目法人。经营性公路建设项目应依法成立有限责任公司或股份有限公司,对建设项目筹划、资金筹措、建设实施、运营管理、债务偿还和资产管理全过程负责。

②公益性公路建设项目法人。非经营性公路建设项目法人为公益性公路建设项目法人。公益性公路建设项目应明确或组建项目法人,由交通主管部门授权,对建设项目筹划、资金筹措、建设实施等过程负责。

(2)承包商

承包商是指公路建设中参与投标获得承包权的工程施工单位,在公路建设交易中处于卖方地位。为了适应社会主义市场经济体制的需要,业主单位与承包商进入工程建设市场,应该进行公平交易、平等竞争,从而达到确保工程质量、控制工程工期、降低工程造价、提高投资效益的目的。

(3)工程咨询服务单位

工程咨询服务单位主要有勘察设计、造价、项目管理、招标代理、监理单位等,在工程建设市场中处于服务地位。其主要工作内容包括项目可行性研究、工程勘察设计工作、组织招标工作、编制招标文件、投标单位资格预审、编制并审定标底、代理业主实施项目管理、计量支付管理、解决合同纠纷、办理竣工决算等。

公路建设市场主体中,业主与承包商之间通过签订工程承包合同构成合同关系;业主与监理咨询单位通过签订委托合同构成委托合同关系;而监理与承包人之间通过各自与业主签订合同构成监理与被监理关系。政府管理部门对公路建设市场主体进行监督管理,与各主体之间构成监督与被监督关系。

2) 公路建设市场的客体

公路建设市场的客体,即公路建设市场的"商品",包括有形公路产品和无形产品。

(1) 有形公路产品

有形公路产品即平常所说的基本建设项目,如单项工程、单位工程、分部工程和分项工程。

① 基本建设项目。即建设项目,是按照总体设计进行施工的各个工程项目的总和,建成后达到设计要求的生产能力或效益。一般把一个独立工程,如一条公路、一条铁路等作为一个建设项目。

② 单项工程。单项工程又称工程项目,是建设项目的组成部分,它具有独立的设计文件,是竣工后可以独立发挥生产能力或效益的工程,如独立的大桥工程、独立的隧道工程等。

③ 单位工程。单位工程是单项工程的组成部分,具有独立设计与施工的条件,建成后不能独立发挥生产能力或效益,如某公路上的路线工程、桥梁工程、隧道工程、涵洞工程等。

④ 分部工程。分部工程是单位工程的组成部分,一般按照单位工程的部位和工种,将某些性质相近、工种用料基本相同的工程划分在一起。例如,路线工程中的分部工程是路基工程、路面工程、材料采集加工工程,桥梁工程的分部工程是上部结构工程、下部结构工程等。

⑤ 分项工程。分项工程是分部工程的组成部分,将分部工程按照结构构造、施工方法、材料、规格、标准等分为若干分项工程。例如,砌筑工程分为浆砌片石和浆砌块石,路面工程分为沥青路面、混凝土路面、级配砾石路面,桥梁基础工程分为桩基础、扩大基础、沉井基础、组合式基础等。

(2) 无形产品

无形产品是指各类相关服务,如技术咨询、招标代理、监理服务等。

1.1.3　公路建设市场招投标的现状与发展趋势

招标投标是市场经济条件下,由买方先提出要约邀请(招标),卖方再提出要约(投标),买方再承诺(定标)的一种商品交易方式。其实质是买方通过询价的方式形成交易价格,签订交易合同。招投标制度是国际通用的、成熟的、科学合理的工程承发包方式。

1) 我国公路建设市场招投标的现状

公路行业是我国推行招投标最早的行业之一,在"七五"期间,随着外资引进,招投标制度被引进国内。目前,我国公路建设招投标基本形成了一套完整的模式和管理办法,特别是原交通部于 1994 年、1999 年、2003 年先后 3 次发布的《公路工程国内招标文件范本》和交通运输部在 2009 年、2018 年发布的《公路工程标准施工招标文件》对规范招投标市场、招投标程序、招投标文件编制和评标办法起了重要作用,为我国公路建设市场健康、有序、快速地发展奠定了基础。

(1) 公路工程招投标的特点

随着我国市场经济体制改革的不断深入,公路招投标工作逐步得到规范和完善,对促进我国公路建设市场的发展起到了重要作用。目前,我国公路工程招投标工作相对于其他承发包方式具有如下特点：

①程序规范。招标投标程序和条件由招标人根据有关法律法规事先拟定,在招标投标双方之间具有法律效力。当事人双方必须严格按既定程序和条件进行招投标活动。可以说,招投标工作就是一项法律性、程序性很强的经济工作。

②开放透明。招标的目的是在尽可能大的范围内寻找符合要求的中标人,一般情况下,邀请参与的投标人是无限制的。为此,招标人一般要在指定或选定的媒体上刊登招标公告,邀请所有潜在的投标人参加投标;提供给承包商的招标文件必须对拟招标的工程作出详细的说明,使承包商有共同的依据来编写投标文件;招标人事先要向承包商明确评价和比较投标文件以及选定中标者的标准;在提交投标文件的最后截止日按规定的程序公开地开标;严格禁止招标人与投标人就投标文件的实质内容单独谈判。这样,招标投标活动置于公开的社会监督之下,可以防止不正当的交易行为。

③公平客观。招投标全过程是按照事先规定的程序和条件,本着公平竞争的原则进行。在招标公告或投标邀请书发出后,任何有能力或资格的投标人均可参加投标。招标人不得有任何歧视性规定。同时,评标委员会的组建必须公正、客观,其在组织评标时也必须公平、客观地对待每一个投标人,中标人的确定或推荐由评标委员会负责,这样就能有效地防止"暗箱操作"等腐败现象发生。

④监管有效。依法进行强制招标的项目必须在有关部门规定的统一程序框架内进行,行业主管部门和政府主管部门的监督机构均要介入整个招投标的过程。

（2）实施公路工程招投标的效益

建设市场实行招标投标制度是适应我国社会主义市场经济的需要。招投标工作的开展促进了社会生产力水平的提高,加快了社会主义市场经济体制在建设市场的建立和完善,促进了建设市场的统一和开放,有利于培育和发展建设市场,规范建设市场,自实施以来,取得了明显的社会效益和经济效益。其作用具体表现在以下几个方面：

①有利于规范业主行为,促进其严格按程序办事。实行招投标制度,招标人始终处于主导地位,掌握着选择投标人与工程投资决策等大权。但是招标人必须做好前期的工程规划、落实资金来源、工程设计、招标文件和合同文件编制等一系列工程前期的准备工作,才能进行招标工作,这就保证了工程前期必须严格按基本建设程序办事,从而使工程招标后能顺利地按合同进行施工。

②有利于降低工程造价,提高投资效益。实行招投标制度以后,为了在竞争中中标,参加投标的承包商都会主动降低标价,从而以报价的优惠条件中标。在施工过程中,由于承包商本身的工程成本控制,提高生产效率和加强工程管理,还可再降低生产成本。只要工程业主和监理工程师进行严格的监督管理,减少工程进展中不必要的环节,可大大降低工程造价,节约建设资金,提高投资效益。据统计,建设工程实行招投标制度,一般可节约投资 10% ~ 15% 。

③有利于提高工效,缩短工期,保证工程质量。招投标制度改变了过去企业向上级要任务的计划管理模式。企业为了自身的生存和发展,必须提高其竞争能力、提高中标率、提高社会效益和经济效益、提高自身信誉。这就要求企业不仅要加速自身经营管理体制和方式的改革,而且还要抓企业内部的技术进步,提高施工队伍的人员素质,以适应市场竞争的需要。实践证明,只有那些不断改善经营方式,注重采用新技术、新工艺,不断提高自身技术优势的企业才能在激

烈的市场竞争中立于不败之地。同时,由于招标文件有详细的技术规范,明确提出了各项工程的验收办法和应达到的质量标准,投标人不仅要满足规范要求,有时为了获得投标竞争的胜利,还主动提出提高质量标准的措施。在中标后执行合同的过程中,承包人也要重视质量。因为,首先,各工程项目都配有监理工程师,专职负责抓质量,承包人为避免因质量不合格返工而造成的经济损失,必须重视质量。其次,招投标资格审查的内容中就包括承包商最近几年内已建工程和在建工程的质量情况,建立良好的信誉可为今后投标竞争的获胜奠定基础。因此,招投标制的实施能促使施工企业提高施工质量。并且招投标制度规定,建设单位不具备一定条件(资金、征地拆迁、图纸等)不能进行招标,当然更谈不上开工了。同时,在投标书中把建设工期以合同的形式固定下来,承包人若延误工期将受罚,提前完成可得奖,这将促使承包人按时或提前完工。据统计,建设工程实行招投标制度一般可缩短工期 10%。

④有利于减少工程纠纷,保护市场主体的合法权益。工程建设在没有普遍实行招投标制度以前,业主和承包商之间经常存在因工程结算、预算、材料、工期、质量等问题上的相互扯皮,有时甚至影响到工程的按期投入使用,从而造成了一些不应有的损失。实行招投标制度后,由于有了法律依据,标价和工程款的支付方法均按招标文件规定办理,从而大大简化了双方的工程预算和决算手续。招标制度也对工期、质量和材料的采购供应方式等作了明确规定,双方职责权利清楚,矛盾、纠纷明显减少。

总之,招标投标对于促进市场竞争机制的形成,使参与投标的承包商获得公平、公正的待遇,以及提高建设领域的透明度和规范化,促进投资节约和项目效益的最大化,减少腐败、滥用职权、行政干预等现象的发生,保护国家和社会公众利益,促进建设市场的健康发展,都具有重要的意义。

2)我国公路工程招投标活动中存在的主要问题

(1)资格审查中存在的问题

在资格预审中强调业绩、人员、设备,却对财务状况重视不够。为了顺利通过资格审查,许多企业在施工业绩、人员履历、设备数量等方面弄虚作假,尽管业主采用多种方法控制,在一些地方仍然出现了一些合同符合资格预审标准的承包人超过 30 家,甚至 60 家。国内目前拥有公路工程施工一、二级资质的施工企业已有 5 000 余家,每次高速公路招标,大部分有资格的单位都会报名。这一方面说明施工企业较多,工程供不应求;另一方面,按目前我国公路招标评标办法,基本上中标后一般都能获得一定利润。在利润驱使下,不管工程的具体情况适合自己与否,本企业是否有足够的工程,施工企业都积极投标。另外,在资格审核中,普遍要求企业具有公路工程施工一级资质,这对保证进入公路施工市场的企业具有合格的素质起到一定的作用,但从长远来看,对公路工程建设市场的发展和完善公路工程招投标机制不利。首先,在资格审批中,要经过许多行政主管部门,过多的行政审批极容易造成权力腐败;在审批过程中,有些无法达标的企业会弄虚作假,采取不正当的手段,蒙混过关。其次,在审批标准中规定必须有一定数量高速公路修建业绩,没有修过高速公路就批不下资质,而没有资质就没有资格修建高速公路,这样新生企业不管多有实力也批不下资质,而一些老企业即使是资不抵债,只要不发生重大质量事故,照样有资格参与市场竞争。不能给新生有活力的企业机会,不能让落后的企业淘汰是审批制存在的一大缺陷。另一方面,在公路工程建设领域拥有一级资质的基本为国有独资企业,股份制尤其是民营等其他所有制企业少,形成了国有企业垄断的局面。这不利于市场主体在公路建设市场中公平竞争,也不利于促使国有企业改善管理。

(2)业主标底是否合理的问题

我国公路工程评标与国际通用的 FIDIC 模式最大的区别是:在国内,业主的标底一般是按照部颁定额结合项目的单价、取费标准编制的,除材料按现行价格随行就市外,定额和取费都是按规定实施。而《公路工程预算定额》一般不会及时修订,层出不穷的新技术、新工艺、新材料、新设备在部颁定额中无法及时体现,尤其是随着施工企业技术管理水平的提高,原来的定额消耗水平已不能反映实际水平。预算编制办法还可以用来对项目进行宏观控制,但用来反映现在的市场价格却显得非常滞后。不同的项目,不同的业主水平高低不同,编制标底的水平也不一样,致使有些标底编制得不合理。那么,由此计算的"复合标底"的合理性同样值得我们探讨。

(3)评标中的暗箱操作问题

评标办法中与业主标底配套的其他规定,给暗箱操作带来了一定空间。复合标底中业主标底占有较大的比重、复合标底下降百分之几为最优报价等规定对投标者确定最终报价都非常重要,但是这些规定往往在投标者送交投标文件后才公布,那些预先知道这些信息的投标者无疑占有很大优势,而对其他投标者则是不公正的。对于这些规定的制定者、操作者,则有机会徇私舞弊,进行暗箱操作,给权力寻租提供了便利。

(4)合理标价定标存在的问题

合理标价并不能起到合理配置资源的功能,这是违背价值规律的。目前,大多数的合理标价工程也就是国内公路工程招标项目都是有利润的,因为要保证标价能满足工程成本。这也是每个项目参加资格审查的承包商都非常多的原因之一,致使资格审查变得非常复杂。在市场经济中,商业行为必须遵循价值规律,公路工程建设也不例外。公路工程项目在这里是"商品",投标竞争就是市场交易。工程项目的承包价是由投标者竞价而产生的,而不应该由业主主观制定,因此业主的合理标价带有严重的计划经济烙印。

3)公路建设市场招投标的发展趋势

对于今后公路工程建设市场和招投标体制,有关专家认为应该有如下变化:

①带有计划经济烙印的资质、准入证等行政手段规范市场的方式逐渐弱化,更多地以市场监督、宏观指导为主。

②各级公路主管部门转变职能、依法办事、依法行政。公路施工企业逐步走向市场,彻底脱离与主管部门的联系。

③公路建设市场向各种所有制施工企业开放,国有公路施工企业加快改革、改组、改造和建立现代企业制度的步伐,以适应市场竞争。

④高水平、专业化、技术实力雄厚的工程技术咨询、监理及仲裁机构不断涌现和发展壮大,并作为社会中介服务机构替代原来行政部门的某些职能,使招投标和工程管理更加规范化、专业化和科学化。

⑤与国际接轨,全面推行 FIDIC 模式管理公路工程建设。

⑥逐步形成以合理的最低标价法为核心的招投标评定标机制,统一的概预算编制办法和定额逐渐由指令性的执行标准变为指导性的标准。业主不能以自定的标底为标准来评定标价的合理性,只能作为投资控制和评标参考。公路工程施工企业建立起各种具有本企业特色的工程造价核算系统。

总之,21 世纪经济突飞猛进,交通基础建设高速发展,改革和完善工程建设项目的招投标机制迫在眉睫。

1.2 公路建设市场的管理方式与运行规则

1.2.1 公路建设市场的管理方式

1)实行统一管理、分级负责的管理体制

公路建设因其特殊性和重要性,我国对其一直实行统一管理、分级负责的管理体制。

国务院交通主管部门负责全国公路建设市场的监督管理工作,主要职责是:

①贯彻执行国家有关法律、法规,制定全国公路建设市场管理的规章制度;

②组织制定和监督执行公路建设的技术标准、规范和规程;

③依法实施公路建设市场准入管理、市场动态管理,并依法对全国公路建设市场进行监督检查;

④建立公路建设行业评标专家库,加强评标专家管理;

⑤发布全国公路建设市场信息;

⑥指导和监督省级地方人民政府交通主管部门的公路建设市场管理工作;

⑦依法受理举报和投诉,依法查处公路建设市场违法行为;

⑧法律、行政法规规定的其他职责。

省级人民政府交通主管部门负责本行政区域内公路建设市场的监督管理工作,主要职责是:

①贯彻执行国家有关法律、法规、规章和公路建设技术标准、规范和规程,结合本行政区域内的实际情况,制订具体的管理制度;

②依法实施公路建设市场准入管理,对本行政区域内公路建设市场实施动态管理和监督检查;

③建立本地区公路建设招标评标专家库,加强评标专家管理;

④发布本行政区域公路建设市场信息,并按规定向国务院交通主管部门报送本行政区域公路建设市场信息;

⑤指导和监督下级交通主管部门的公路建设市场管理工作;

⑥依法受理举报和投诉,依法查处本行政区域内公路建设市场违法行为;

⑦法律、法规、规章规定的其他职责。

省级以下地方人民政府交通主管部门负责本行政区域内公路建设市场的监督管理工作,主要职责是:

①贯彻执行国家有关法律、法规、规章和公路建设技术标准、规范和规程;

②配合省级地方人民政府交通主管部门进行公路建设市场准入管理和动态管理;

③对本行政区域内公路建设市场进行监督检查;

④依法受理举报和投诉,依法查处本行政区域内公路建设市场违法行为;

⑤法律、法规、规章规定的其他职责。

2）实行严格的计划性，按程序建设和管理

公路工程的建设严格按基本建设程序进行。2019 年颁布的最新国家《公路法》明确规定"公路建设应当按照国家规定的基本建设程序和有关规定进行"。交通运输部 2006 年 6 月颁布的《公路建设监督管理办法》要求"县级以上人民政府交通主管部门应当按职责权限审批或核准公路建设项目，不得越权审批、核准项目或擅自简化基本建设程序"。同时明确，除国家另有规定外，公路建设应遵照下列程序进行：

①根据规划，进行预可行性研究，通过工程现场踏勘和项目所在地区的经济调查，进行必要的社会效益和经济效益分析，提出建设项目的规模、技术标准。经有关部门审批后编制项目建议书，作为投资立项的依据。

②根据批准的项目建议书，进行项目可行性研究，通过必要的工程勘测、交通调查及预测，编制工程可行性研究报告，对项目建议方案进行经济、技术综合论证，提出推荐方案和投资估算。经审批后作为编制设计（计划）任务书的依据。

③根据批准的可行性研究报告和下达的编制设计（计划）任务书，对批准的方案进行初步工程测量，编制初步设计文件和工程概算，并列入国家建设计划。

④根据批准的初步设计文件和工程概算，进行详细测量，编制施工图设计文件和工程预算。

⑤根据批准的施工图设计文件编制项目招标文件，进行招标准备和资格预审。

⑥根据批准的项目招标文件、资格预审结果和公路建设计划，组织项目招标投标。

⑦根据国家有关规定，进行征地拆迁等施工前准备工作，编制项目开工报告。

⑧根据批准的项目开工报告，组织项目施工。

⑨项目完工后，编制竣工图表和工程决算，办理项目交工验收，方可投入运营。

⑩缺陷责任期满进行竣工验收，验收合格后，组织项目后评价。

3）实行市场准入管理

为了保护市场主体各方的利益，促进我国公路建设市场健康有序发展，根据我国实际情况，并结合国际通行做法，我国对公路建设市场主体和特殊岗位从业人员实行市场准入管理制度。

（1）项目法人的资格标准

交通运输部 2018 年发布的《公路建设项目法人资格标准》规定，公路建设项目法人分甲、乙两级。甲级公路建设项目法人能承担各级公路（含各类桥梁和隧道）工程的项目管理，负责项目筹划、资金筹措和建设实施。对经营性公路，项目法人还应负责项目的运营管理、债务偿还和资产管理。乙级公路建设项目法人能承担二级及以下公路（含大桥和长隧道）工程的项目管理，负责资金筹措和建设实施。对经营性公路，项目法人还应负责项目的运营管理、债务偿还和资产管理。两级资格标准不同之处在于对主要人员资格和数量的要求。

（2）公路施工企业资质管理

为了规范建筑市场，与国际并轨，住房和城乡建设部以国务院建设行政主管部门的名义于2018 年颁布了新的《建筑业企业资质管理规定》（自 2018 年 12 月 22 日起实施），按照规定，全国建筑业企业资质管理办法和资质等级标准由国务院建设行政主管部门统一制定，国务院铁道、交通、水利、信息产业、民航等有关部门配合国务院建设行政主管部门实施相关自治类别建筑业企业资质的管理工作。除省级建设行政主管部门可制定补充性的实施细则外，国务院其他

部门和地方不得自行制定或修改资质标准,不另外再搞诸如资信登记、专项许可等市场准入限制。

建筑业企业资质分为施工总承包、专业承包和劳务分包 3 个序列。公路工程施工总承包企业资质按照规定条件又可分为特级、一级、二级、三级 4 个等级。

《建筑业企业资质管理规定》第十条规定:"施工总承包序列特级和一级企业、专业承包序列一级企业资质经省级建设行政主管部门审核同意后,由国务院建设行政主管部门审批;其中铁道、交通、水利、信息产业、民航等方面的建筑业企业资质,由省级建设行政主管部门经同级有关部门审核同意后,报国务院建设行政主管部门,经国务院有关部门初审同意后,由国务院建设行政主管部门审批。审核部门应当对建筑业企业的资质条件和申请资质提供的资料审查核实。

施工总承包序列和专业承包序列二级及二级以下企业资质,由企业注册所在地省、自治区、直辖市人民政府建设行政主管部门审批;其中交通、水利、通信等方面的建筑业企业资质,经同级有关部门初审同意后,由省级建设行政主管部门审批。

劳务分包序列企业资质由企业所在地省、自治区、直辖市人民政府建设行政主管部门审批。

(3)施工监理企业资质管理

监理企业资质是指监理企业的人员组成、专业配置、测试仪器的配备、财务状况、管理水平等方面的综合能力。交通运输部是全国公路工程监理单位资质管理的主管部门。监理单位的资质实行分级管理。公路工程专业监理资质分为甲级、乙级、丙级 3 个等级和特殊独立大桥专项、特殊独立隧道专项、公路机电工程专项。交通运输部负责公路工程专业甲级、乙级监理资质和公路工程专业特殊独立大桥专项、特殊独立隧道专项、公路机电工程专项监理资质的行政许可工作。省、自治区、直辖市人民政府交通主管部门负责公路工程专业丙级监理资质的行政许可工作。公路、工程监理企业应当按照其获得的资质等级和业务范围开展监理业务。监理资质证书有效期限为 4 年。监理企业在领取新的资质证书时,应将原资质证书交回原发证机关。破产或者倒闭的监理企业,应将资质证书交回原发证机关予以注销。

(4)勘察设计单位资质管理

建设工程勘察设计单位资质分为工程设计综合资质标准、工程设计行业资质标准、工程设计专业资质标准和工程设计专项资质标准 4 个序列。其中工程设计综合资质只设甲级。工程设计行业资质和工程设计专业资质设甲、乙两个级别。根据行业需要,建筑工程、市政公用、水利、电力(限送变电)和公路行业可设立工程设计丙级。

(5)工程咨询单位资质管理

工程咨询单位资格等级分为甲级、乙级、丙级,分 31 个专业。

(6)工程造价咨询企业资质管理

工程造价咨询企业资质等级分为甲级、乙级。

(7)工程招标代理机构资格管理

工程招标代理机构资格分为甲、乙两级。

(8)从(执)业人员资格准入规定

《公路建设市场准入规定》第十四条规定:"法律、法规对公路建设从业人员的执业资格作出规定的,从业人员应当依法取得相应的执业资格后,方可进入公路建设市场。"交通运输部等有关部门根据"交通发展、社会公认、国际可比、事关公共利益和尽量不与其他部门颁布的职业资格制度冲突"的原则,参照国务院其他行业主管部门建立的职业资格制度,对交通行业重要岗位和职业实行从业资格制度和执业资格制度。目前已有建造师、建筑师、勘察设计注册工程师、造价工程师、监理工程师、注册咨询工程师、项目管理师和部分特殊工种等实行资格准入制度。

1.2.2 公路建设市场运行规则

市场的运行规则是国家有关机构(立法机构、政府、行业协会等)为了保证市场的正常运行而制定的法律、法规、制度中所规定的行为准则,要求进入市场各方必须共同遵守。

1) 市场准入规则

由于公路建设的特殊性,我国对公路工程建设市场主体和特殊、重要、关键岗位从业人员实行资格准入制度。只有取得经认可的相应资格才能从业,不允许没有资格、超越资格条件、借用资质从业。如《建筑业企业资质管理规定》第三条规定:"建筑业企业应当按照其拥有的注册资本、净资产、专业技术人员、技术装备和已完成的建筑工程业绩等资质条件申请资质,经审查合格,取得相应等级的资质证书后,方可在其资质等级许可的范围内从事建筑活动。"《公路建设市场管理办法》(2015 年修正)第十一条规定:"公路建设项目依法实行项目法人负责制。项目法人可自行管理公路建设项目,也可委托具备法人资格的项目建设管理单位进行项目管理。项目法人或者其委托的项目建设管理单位的组织机构、主要负责人的技术和管理能力应当满足拟建项目的管理需要,符合国务院交通主管部门有关规定的要求。"第十三条规定:"公路工程勘察、设计、施工、监理、试验检测等从业单位应当按照法律、法规的规定,取得有关管理部门颁发的相应资质后,方可进入公路建设市场。"《公路建设市场准入规定》第七条规定:"公路建设项目法人必须通过资格审查后方可进入公路建设市场。"第八条规定:"公路建设法人如委托具有相应资格的单位进行建设管理,必须按项目管理权限报交通主管部门核备。经营性公路建设法人应当依法设立有限责任公司或股份有限公司。"取得相应资质或资格,是公路建设市场主体从业的前提条件。

2) 市场竞争规则

保证各市场主体能够在平等、诚实信用的原则基础上进行竞争。如《反不正当竞争法》第二条规定:"经营者在市场交易中,应当遵循自愿、平等、公平、诚实信用的原则,遵守公认的商业道德。"《公路建设市场管理办法》第三条规定:"公路建设市场遵循公平、公正、公开、诚信的原则。"

3) 市场交易规则

公开、公平和公正交易。如交通运输部颁布的《公路建设四项制度实施办法》第十四条明确规定:"公路建设项目应实行公开招标。国家重点项目和省级人民政府确定的地方重点项目不宜公开招标的,经国务院发展计划部门或省级人民政府批准,可以进行邀请招标。"

《招标投标法》第五条规定:"招标投标活动应遵循公开、公正、公平和诚实信用的原则。"第六条规定:"依法必须进行招标的项目,其招标投标活动不受地区或部门的限制。任何单位和个人不得违法限制或者排斥本地区、本系统以外的法人或者其他组织参加投标,不得以任何方式非法干涉招标投标活动。"

《公路建设市场管理办法》第四条规定："国家建立和完善统一、开放、竞争、有序的公路建设市场，禁止任何形式的地区封锁。"第二十一条规定："公路建设项目法人应当按照公开、公平、公正的原则，依法组织公路建设项目的招标投标工作。不得规避招标，不得对潜在投标人和投标人实行歧视政策，不得实行地方保护和暗箱操作。"

按照以上原则，建立起统一开放、竞争有序的市场秩序，避免出现地区保护和部门分割。实践证明，只有切实遵照市场运行规则，在统一规定的条件下进行公开、公平竞争，才能促进项目建设质量、效率不断提高，从而获得良好的效益，使公路建设步入良性循环的轨道，真正实现与国际接轨。同时，也将促进我国公路行业不断提高自身素质和实力，跻身于优秀土建行业之列。

1.3　建设工程交易中心简介

建设市场交易是业主给付建设费、承包商交付工程的过程，而建设工程交易中心是我国建设市场有形化的管理方式。

建设工程从投资性质上可分为两大类：一类是国家投资项目，另一类是私人投资项目。在西方发达国家中，私人投资占绝大多数，私人投资工程项目管理是业主自己的事情，政府只是监督他们是否依法建设；对国家投资项目，一般设置专门的管理部门，代为行使业主的职能。

我国是以社会主义公有制为主体的国家，政府部门、国有企业、事业单位投资在社会投资中占主导地位。建设单位使用的都是国有资产，由于国有资产管理体制不完善和建设单位内部管理制度薄弱，很容易造成工程承发包中的不正之风和腐败现象。针对上述情况，近几年我国出现了建设工程交易中心，把所有代表国家或国有企事业单位投资的业主请进建设工程交易中心进行招标，设置专门的监督机构，这是我国解决国有建设项目交易透明度的问题和加强建筑市场管理的一种独特方式。

1.3.1　建设工程交易中心的性质

建设工程交易中心是服务性的机构，不是政府管理部门，也不是政府授权的监督机构，本身并不具备监督管理职能。但建设工程交易中心又不是一般意义上的服务机构，其设立需得到政府或政府授权主管部门的批准，并非任何单位和个人可随意成立。它不以盈利为目的，旨在为建设公开、公正、平等竞争的招投标制度服务，只可经批准收取一定的服务费，工程交易行为不能在场外发生。

1.3.2　建设工程交易中心的作用及功能

按照我国有关规定，所有建设项目都要在建设工程交易中心内报建、发布招标信息、合同授予、申领施工许可证。招投标活动都需在场内进行，并接受政府有关部门的监督。应该说建设工程交易中心的设立，对建立国有投资监督制约机制、规范建设工程承发包行为、将建筑市场纳入法治化的管理轨道有着重要作用，是符合我国实际情况的一种很好的形式。

建设工程交易中心自建立以来，由于实行集中办公、公开办事的一条龙"窗口"服务，不仅有力地促进了工程招投标制度的推行，而且遏制了违法违规行为，对防止腐败、提高管理透明度起到了显著效果。

1)信息服务功能

信息服务功能包括收集、存储和发布各类工程信息、法律法规、造价信息、建材价格、承包商信息、咨询单位和专业人士信息等。在设施上配备有大型电子墙、计算机网络工作站,为承发包交易提供广泛的信息服务。

2)场所服务功能

对于政府部门、国有企业、事业单位的投资项目,我国明确规定,一般情况下都必须进行公开招标,只有特殊情况下才允许采用邀请招标。所有建设项目进行招标投标必须在有形建筑市场内进行,必须由有关管理部门进行监督。按照这个要求,工程建设交易中心必须为工程承发包交易双方包括建设工程的招标、评定、定标、合同谈判等提供设施和场所服务。住房和城乡建设部《建设工程交易中心管理办法》规定,建设工程交易中心应具备信息发布大厅、洽谈室、开标室、会议室及相关设施,以满足业主和承包商、分包商、设备材料供应商之间的交易需要。同时,要为政府有关部门进驻集中办公,办理有关手续和依法监督招投标活动提供场所服务。

3)集中办公功能

由于众多建设项目要进入有形建筑市场进行报建、招标投标交易和办理有关批准手续,这就要求建设行政主管部门的各职能机构进驻建设工程交易中心集中办理有关审批手续和进行管理。受理申报的内容一般包括工程报建、招标登记、承包商资质审查、合同登记、施工许可证发放等。进驻建设工程交易中心的相关部门集中办公,公布各自的办事制度和程序,既能按照各自的职责依法对建设工程交易活动实施有力监督,又方便当事人办事,有利于提高办公效率。

1.3.3　建设工程交易中心的运行原则

为了保证建设工程交易中心能够有良好的运行秩序和市场功能的充分发挥,必须坚持市场运行的一些基本原则。

1)信息公开原则

建设工程交易中心必须充分掌握政策法规、造价指数、招标规则、评标标准、专家评委库以及工程发包、承包商和咨询单位的资质等各项信息,并保证市场各方主体都能及时获得所需要的信息资料。

2)依法管理原则

建设工程交易中心应严格按照法律、法规开展工作,尊重建设单位依照法律规定选择投标单位和选定中标单位的权利,尊重符合资质条件的建筑业企业提出的投标要求和接受邀请参加投标的权利。任何单位和个人不得非法干预交易活动的正常进行。监察机关应当进驻建设工程交易中心实施监督。

3)公平竞争原则

建立公平竞争的市场秩序是建设工程交易中心的一项重要原则。进驻的有关行政监督管理部门应严格监督招标、投标单位的行为,防止行业、部门垄断和不正当竞争,不得侵犯交易活动各方的合法权益。

4）属地进入原则

按照我国有形建筑市场的管理规定,建设工程交易实行属地进入。每个城市原则上只能设立一个建设工程交易中心,特大城市可以根据需要设立区域性分中心,在业务上受中心领导。对于跨省、自治区、直辖市的铁路、公路、水利等工程,可在政府有关部门的监督下,通过公告由项目法人组织招标投标。

5）办事公正原则

建设工程交易中心是政府建设行政主管部门批准建立的服务性机构,须配合进驻的各行政管理部门做好相应的工程交易活动管理和服务工作。要建立监督制约机制,公开办事规则和程序,制订完善的规章制度和工作人员守则,如发现建设工程交易活动中存在违法违规行为,应当向政府有关部门报告,并协助进行处理。

1.3.4　建设工程交易中心运行程序

按照有关规定,建设项目进入建设工程交易中心之后,其运行程序如图 1.1 所示。

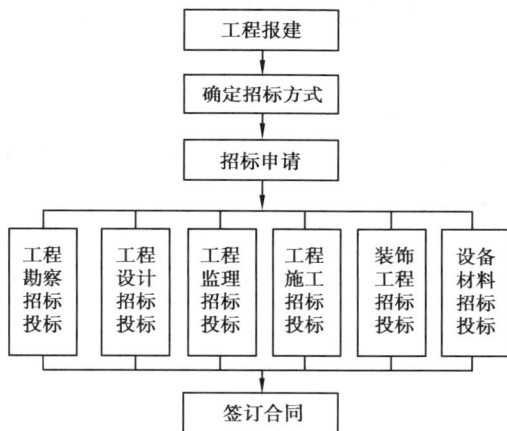

图 1.1　建设工程交易中心运行程序

①拟建工程得到计划管理部门立项(或计划)批准后,到中心办理报建备案手续。工程建设项目的报建内容主要包括工程名称、建设地点、投资规模、资金来源、当年投资额、工程规模、工程筹建情况、计划开工和竣工日期等。

②报建工程由招标监督部门依据《招标投标法》和有关规定确认招标方式。

③招标人根据《招标投标法》和有关规定,履行建设项目包括项目的勘察、设计、工程监理、施工以及与工程建设有关的重要设备、材料等的招标投标程序。

④由招标人组成符合要求的招标工作班子。招标人不具有编制招标文件和组织评标能力的,应委托招标代理机构办理有关招标事宜。

⑤编制招标文件。招标文件应包括工程的综合说明、施工图纸等有关资料、工程量清单、工程价款执行的定额标准和支付方式、拟签订合同的主要条款等。

⑥招标人向招投标监督部门进行招标申请,招标申请书的主要内容包括建设单位的资格、招标工程具备的条件、拟采用的招标方式,以及对投标人的要求、评标方式等,并附招标文件。

⑦招标人在建设工程交易中心统一发布招标公告。招标公告应当载明招标人的名称和地

址,招标项目的性质、数量、实施地点、时间,以及获取招标文件的办法等事项。

⑧招标人申请投标。

⑨招标人对投标人进行资格预审,并将审查结果通知各申请投标的投标人。

⑩在建设工程交易中心向合格的投标人分发招标文件及设计图纸、技术资料等。

⑪组织投标人踏勘现场,并对招标文件答疑。

⑫建立评标委员会,制定评标、定标办法。

⑬在建设工程交易中心接收投标人提交的投标文件,并同时开标;组织评标,决定中标人。

⑭签订承发包合同。

专项实训:走访建设工程交易中心

1)实践目的

通过走访建设工程交易中心,学生熟悉公路工程招投标的基本程序,为今后工作奠定基础,具有毕业后在建设单位、工程咨询公司、招标代理机构从事招标相关工作的能力。

2)实践(训练)方式及内容

学生在老师带领下分组进行。具体步骤如下:

①学生分组:每班学生为一组,分不同时间由相关教师带领,走访建设工程交易中心。

②通过现场考察,学生对招投标的相关工作产生更加形象生动的印象和理解。

③学生自由组合分为几组,分别代表不同的单位模拟建设工程项目招投标的工作流程。

3)实践(训练)要求

实训结束后,以小组为单位完成训练总结或心得体会。

本章小结

公路工程建设逐步由计划经济模式转化为市场经济模式,形成了公路建设市场。目前我国的公路建设市场还存在一些问题,需要我们去认识和解决。公路建设市场实行招投标以来,形成了一套完整的招投标模式和管理办法,对规范公路工程招投标起了一定的作用,但在今后的工作中仍需不断改革和完善。我国公路工程建设项目实行统一领导,分级管理,各级交通行政主管部门各负其责,必须按照职责权限审批公路建设项目。

通过本章的学习,学生应了解我国公路建设市场,熟悉公路建设市场的管理体制、管理方式与运行规则,掌握公路建设市场主体和客体的概念。

复习思考题

1.结合下面资料,说说我国公路建设市场目前存在哪些方面的问题。

(1)2017年4月以来,全国性的工程建筑材料价格一路攀升,材料涨幅达15%～40%,大大超出企业自我调节消化能力,但业主普遍对施工单位的损失不予补偿,使施工企业生存发展面临极大的困难,对工程质量也造成了影响。

（2）近年来,交通运输部通过完善公路建设管理法规、严格公路建设市场准入、加强公路施工招投标管理等措施,公路建设市场秩序明显好转。但近期,部分施工企业在公路工程施工招投标中存在出具虚假证明材料、向评标专家行贿等违法违规行为;部分施工企业在工程建设中存在不严格履行合同、转包、违法分包工程等违法违规行为。上述行为严重违反了《招标投标法》和公路建设管理有关规定,扰乱了公路建设市场秩序,损害了招标人和其他投标人的利益,破坏了招投标公平竞争环境,延误了工程建设工期,造成了极坏的社会影响。

（3）××市路桥集团、××省路桥集团、××路桥集团经过重组改制以后,企业规模扩张,实力大大增强。但是,这几家企业重组后,历史包袱和企业拖欠款问题始终没有解决,给企业持续发展带来了隐患。有的省对企业改制支持力度不够,改制的进度相对滞后。

（4）拖欠工程款问题是造成建筑企业拖欠农民工工资的主要原因,因此,在解决拖欠工程款问题的同时,也要切实解决好拖欠农民工工资问题。因建设单位拖欠建筑业企业工程款,致使建筑业企业不能按时发放工资的,要追究建设单位的责任;建筑业企业拖欠劳务分包企业分包工程款,致使劳务分包企业不能按时发放农民工工资的,要追究建筑业企业的责任。

2.公路建设市场主体有哪些? 它们之间的相互关系怎样?

3.“当前进入公路建设市场的企业数量较多,造成市场竞争过度,企业低价抢标的现象比较突出,为工程质量和市场健康发展带来消极影响。”说说这一现象产生的原因。

4.我国对公路施工企业的资质管理有哪些规定?

5.我国公路建设项目如何实行统一领导、分级管理?

6.我国公路建设市场有哪些运行规则?

第 2 章　公路工程招投标与合同管理相关法规

所谓工程招标投标,是指招标人事先提出工程的条件和要求,邀请众多投标人参加投标并按照规定程序从中择优选择承包商的一种市场交易行为。从招标交易过程来看,必然包括招标和投标两个最基本的环节,前者是招标人按照规定的程序和要求邀请不特定或一定数量的潜在投标人进行"货比三家,优中选优"的行为,后者是投标人响应招标人的要求参加投标竞争的行为。

因此,招标与投标是一对相互对应的范畴。没有招标就不会有承包商的投标;没有投标,招标人的招标就得不到响应,也就没有开标、评标、定标和合同签订等。

目前,公路工程招投标与合同管理工作相关法规已形成一个相对完整的体系,国家和有关部委颁布了一系列的法律和规章,本章仅对《中华人民共和国合同法》(以下简称《合同法》)和《招标投标法》的相关内容作简单介绍。

2.1　《合同法》简介

2.1.1　概述

《合同法》于 1999 年 3 月 15 日第九届全国人民代表大会第二次会议审议通过,于 1999 年10 月 1 日起施行。《合同法》分为总则、分则、附则 3 篇,共 23 章 428 条。《合同法》是调整平等主体的自然人、法人、其他组织之间设立、变更、终止民事权利义务关系的法律规范的总称。《合同法》是规范市场交易的基本法律,是我国社会主义市场经济法律体系的重要组成部分,是与企业、公司的生产经营和个人生活密切相关的法律,是市场经济条件下人们维护自己合法权益的最有效和最普遍的法律工具。

1)合同的基本概念

依据《合同法》的规定,合同是平等民事主体的自然人、法人、其他组织之间订立、变更、终止民事权利、义务关系的协议。但涉及婚姻、收养、监护等有关身份关系的协议,适用相关法律的规定。

《合同法》规定的合同主体范围较宽,可以是法人,也可以是自然人或其他组织。所谓法人,是指具有权利能力和行为能力并依法享有民事权利和承担民事义务的组织。企业、机关、事业单位、社会团体等组织,只要符合法定条件的都可成为法人。法人的本质是法律对一个社会组织的人格化,它是相对于自然人而言的。法人成立必须具备以下 4 个条件:

①依法成立,得到国家机关的登记、注册和认可。企业法人的注册机关是国家工商行政机

关;事业法人的注册机关是上级政府主管机关。

②有独立支配的财产和经费。这是保证法人能独立进行经济活动、承担民事责任的物质基础。法人没有独立支配的财产,或者让法人从事超出自己财产范围之外的生产经营活动,不利于市场经济秩序的稳定。

③有自己的名称和组织机构。企业在办理法人登记时,要申明自己的法人名称、组织机构、联系地址、开户银行等。

④能够独立承担民事义务和进行诉讼活动,即法人对自己的法律行为所产生的法律后果承担全部法律责任。例如签订经济合同,在经营管理中出现了亏损,以及在经济活动中欠了债务等,都要由法人负责。

2)合同的代理

(1)代理的概念与基本特征

在合同的订立与履行过程中,法人的权利能力是由法人的职能范围或服务经营范围来决定的,而法人的职权是通过法人代表的行为来实现的。法人代表是指具有法人资格的企业或事业单位的法定代表人,如经理、董事长等。只有法人代表才能代表公司(对外)进行生产经营活动,参与招标投标,签订经济合同。其他人未经法人代表授权,是不能代表公司(对外)进行经营活动的,法人代表的权利受法律的保护。在企业生产和经营过程中,经济关系涉及各个方面,工作繁多,不可能事事都由法人代表亲自处理,因此常常由法人代表委托其他人(或组织)代行处理。这种一方(代理人)以他方(被代理人,也称本人)的名义,在授权范围内向第三人做出意思表示或接受第三人的意思表示,其法律后果直接归属于他方的行为称为代理。代理具有以下4个基本特征:

①代理活动本身是一种法律行为;

②代理人是以被代理人的名义实施民事法律行为;

③代理人进行民事活动时,在授权范围内独立地表达自己的意志;

④代理人的代理行为所产生的法律后果直接由被代理人负责。

(2)合同代理的基本形式与要求

根据我国法律规定,代理的产生有以下方式:

①委托代理:指按照被代理人委托授权而产生代理权的代理行为。

②法定代理:指由于法律的直接规定,而产生代理权的代理行为。

③指定代理:指根据人民法院或指定单位(一般是国家主管机关)的指定而产生的代理行为。

(3)合同代理的条件

合同代理是一种委托代理,代理人签订合同时,必须事先取得委托人的委托证明,并根据授权范围以委托人的名义签订,才对委托人直接产生权利和义务。因此,在法人代表授权以后,代理人可以代表公司进行经营活动,这种经营活动同样受到法律的保护,但代理人的这种活动只有满足以下条件才具有法律效力:

①必须事先取得委托单位的委托证明,即委托书。委托书须写明代理人的姓名、性别、年龄、单位、职务、委托代理事项、代理权限、有效期限、营业执照号码、开户银行、账号、委托日期等,并由法定代表人签字和委托单位盖章。

②代理人必须在授权范围内签订合同。委托单位对其代理人所签的合同,只对授权范围内部分负责;代理人超越授权范围签订的合同,事后又未被法人代表追认的,超越部分,对法人不具有法律约束力,而应由代理人自己承担损害赔偿责任。

③代理人必须以委托单位的名义签订合同。代理人如以自己的名义签订合同,则此合同只对代理人本人发生效力,而对委托单位无法律约束力。

（4）合同代理的表现形式

充当或作为合同代理人的情况大体上有以下3类：

①企业或经济组织内部的有关人员；

②企业或其他经济组织的外聘和外雇人员；

③其他法人组织或其外驻机构。

3）合同的主要条款

合同的主要条款是指《合同法》规定的合同应当具备的基本条款,这些条款是合同的主要内容和核心。它规定了合同的3个要素,特别是当事人双方的权利和义务,是确认合同内容是否完整、是否有效成立的条件,也是当事人双方履行合同和处理合同争议或纠纷的依据。根据《合同法》的规定,合同的内容由当事人约定,但一般包括以下条款：

①当事人的名称或者姓名和住所。

②标的。标的是指合同中当事人双方权利和义务共同所指的对象。由于合同的种类不同,标的也不相同。标的,可以是某种实物,也可以是某种工程、劳务活动或智力成果等。例如,购销合同的标的是某种产品;勘察设计合同的标的是提供的勘察设计资料;公路工程施工承包合同的标的是公路工程项目。

③数量。所谓数量是对标的的计量,是衡量标的大小、多少、轻重的尺度。签订合同,必须明确规定标的数量。为使数量清楚,计量单位和计量方法要明确,不可含混不清。要采用统一的计量单位,做到计量标准化、规范化。

④质量。标的质量是合同的主要内容,必须明确规定标的质量标准。当前,在订立公路工程施工承包合同时,主要通过"工程量清单""技术规范""图纸"等文件来明确规定标的的数量和质量。

⑤价款或报酬价款或报酬统称为"价金"。所谓价款或报酬,是指合同当事人一方向交付标的物的另一方支付的以货币为表现形式的代价。在以货物为标的的合同中,这种代价称为价款;在以劳务、智力成果为标的的合同中,这种代价称为报酬。标的物的价格,由当事人双方协同确定或通过招标确定。

⑥履行期限、地点和方式。履行期限是指履行经济合同标的和支付价金的时间界限。合同的履行期限并不等于有效期限,合同有效期是指合同生效之日起至合同中当事人的权利和义务终结的时间,有时合同履行期限结束了,合同依然有效。例如,公路工程施工承包合同的有效期并不等于合同工期,合同工期结束了,但承包合同依然有效,合同关系依然存在,所以,如承包商未按时完工,业主可依据合同对其扣留违约金。履行地点是交付或提取标的物的地方。公路工程施工承包合同中,履行地点为公路工程项目所在地。履行地点也应该明确,否则易产生合同纠纷。履行方式是指当事人采用什么方式履行合同义务。合同的履行方式,首先取决于标的的性质。不同性质的标的,有不同的履行方式,但无论采用什么方式都必须明确规定是一次履行

还是分期分批履行,是当事人自己履行还是由他人代为履行等。如公路工程施工承包合同中,通常应将转让和分包问题、分段移交问题等在合同中做出明确规定。履行方式包括标的交付方式和价金的结算方式。在价金结算过程中,除国家允许用现金履行义务的外,必须通过银行转账结算,且应以人民币形式支付。

⑦违约责任。违约责任是指由于当事人一方或双方的过错,造成经济合同不能履行或不能完全履行时,责任方必须承担的责任。明确规定双方的违约责任,有利于双方严肃认真地签订和履行经济合同,有利于追究责任方的违约责任。

⑧解决争议的办法。当事人可以参照各类合同的示范文本订立合同。

4)合同的形式与分类

《合同法》规定,合同在类型上包括买卖合同,供用电、水、气、热力合同,赠予合同,租赁合同,融资租赁合同,承揽合同,建设工程合同,运输合同,技术合同,保管合同,仓储合同,委托合同,行纪合同,居间合同。公路工程建设中的勘察、设计、施工合同属于建设工程合同的范畴,而监理合同属于委托合同的范畴。

合同还可以按照不同的标准,从不同的角度,进行不同的分类。这种分类在法律上具有一定的意义。

(1)合同的形式

根据订立合同的形式划分,合同可分为口头合同、书面合同和其他形式的合同。书面合同是指合同书、信件和数据电文(包括电报、电传、传真、电子数据交换和电子邮件)等可以有形地表现所载内容的形式。口头合同内容简单且当面成交,履约时间短,无须签订书面协议。由于口头合同无据可查,一旦发生合同纠纷,难以举证,无从处理,因此,对于法律、行政法规规定采用书面形式的以及当事人约定采用书面形式的,应当采用书面形式。根据《合同法》规定,建设工程合同应当采用书面形式。对于必须采用书面形式的合同,是否采用书面的形式,是经济合同有效与否的条件。在公路工程承包合同中,不仅其合同应采用书面形式,而且双方来往的函件,以及监理工程师在合同管理中做出的指示、同意、决定或批准等都应当采用书面形式,这些文件都可以视为承包合同的补充文件。随着电子技术的飞速发展,人们将采用电子技术签订经济合同,而使传统书面形式的合同进入电子合同时代。

(2)合同的分类

①根据履行期限的长短不同,可分为长期合同和短期合同。长期合同是指合同期在一年以上的合同,短期合同是指合同期不超过一年的合同。按国际惯例,长期合同中应单独设立因通货膨胀等因素对价款或报酬额产生影响的处理条款,而不应笼统地让承包商在报价中去考虑此类风险。

②根据合同的效力不同,可分为有效合同、无效合同和可撤销合同。无效合同不具有法律约束力。

③按合同内容的包含关系可分为总合同与分合同。分合同的内容属于总合同的组成部分,分包商只和总包商发生合同关系,总包商应就分包商的权利和义务向业主负责。当分包商违约时,业主只追究总包商的违约责任。

④根据合同的主从关系可分为主合同与从合同。主合同是指不以其他合同的存在为前提而独立成立和独立发生效力的合同;而从合同是指以其他合同的存在为前提而成立并发生效力

的合同。例如,担保合同、保险合同等就是施工承包合同的从合同。主从合同的关系是,主合同不仅影响从合同的存在,而且影响从合同的履行;而从合同并不影响主合同的存在,但它却影响主合同的履行。有没有从合同,主合同的履行情况和履行质量是不一样的,主合同与从合同并存可产生互补作用。

2.1.2　合同的订立

1)合同订立的基本原则

订立合同的过程是合同当事人就经济合同的权利、义务及合同的主要条款达成一致的过程。当事人之间订立合同是产生一定社会后果的法律行为。为保证合同的有效性,在合同的订立过程中应遵守以下基本原则。

(1)合法原则

订立合同时,必须遵守法律和行政法规,服从法律、法规的规定和要求。合法原则的内容如下:

①主体资格合法。即订立合同的当事人应该是法人或其他经济组织、个体工商户、农村承包经营户等,且应满足合同条例和行政法规的规定。

②合同的内容必须合法、真实。即合同的标的必须是法律允许交易的标的,合同的条款应服从法律、法规的规定,合同的主要条款应完备,内容表述应真实。

③代理合法。即合同的代理应符合我国的合同代理制度,代订合同前,应取得委托人的委托证明,并根据授权范围以委托人的名义签订。

④程序和形式合法。即合同的订立程序和订立形式应符合法律、法规的具体规定。

(2)平等、自愿、公平原则

在订立合同过程中,应遵循利益平等、权利平等、意志平等的要求。当事人有订立或不订立合同的自由。任何一方不得把自己的意志强加给对方,更不得胁迫对方签订合同,任何单位和个人不得非法干预合同的订立。

2)合同的订立程序

当事人订立合同的过程,是要约和承诺的过程,即合同的订立程序,包括要约和承诺两个阶段。

(1)要约

要约是希望和他人订立合同的意思表示。一项要约欲取得法律效力必须具备一定的条件。《合同法》要求应符合以下规定:

①内容具体确定;

②表明经受要约人承诺,要约人即受该意思的约束。

内容具体确定是指要约的内容明确、全面,受要约人通过要约不但能明白地了解要约人的真实意愿,而且还能知道未来合同的一些主要条款。经受要约人承诺,要约人即受要约的约束是指要约一经到达受要约人,在法律或者约定的期限内,要约人不得擅自撤回或变更其要约;一旦受要约人对要约予以承诺,要约人与受要约人之间的合同订立过程即告结束,合同也就成立了,发出要约的人自然要受已经成立的合同的约束。

要约不同于要约邀请(或称要约吸引)。要约邀请是希望他人向自己发出要约的意思表示,它通常不满足要约的构成条件,没有特定的对象,它自身并不发生必须与对方订立合同的效力,而只是唤起别人向自己做出要约的意思表示。寄送的价目表、拍卖公告、招标广告、招股说明书、商业广告等为要约邀请。

要约到达受要约人时生效。采用数据电文形式订立合同,收件人指定特定系统接收数据电文的,该数据电文进入该系统的时间视为到达时间;未指定特定系统的,该数据电文进入收件人的任何系统的首次时间,视为到达时间。采用直接送达的方式发出要约的,记载要约的文件交给受要约人时即为到达;采用普通邮寄送达方式发出要约的,以受要约人收到要约文件或者要约送达受要约人信箱的时间为到达时间;在要约中提出了生效时间的,则以要约中提出的生效时间为准。

在公路工程招标投标过程中,招标属于要约邀请,不具有约束力。而投标则是要约行为,在投标有效期内,对投标人有一定的约束力。投标人如果在投标有效期内更改投标条件,则应承担法律责任。具体来说,就是会造成投标保证金被没收。

(2)承诺

承诺又称为接受提议,是受要约人同意要约的意思表示。承诺有效成立,必须具备以下条件:

①承诺的内容应当与要约的内容一致。受要约人对要约的内容提出或附带实质性的变更条件,则这种意思表示不是承诺而是新要约。所谓实质性变更是指有关合同标的、数量、质量、价款或者报酬、履约时间、地点和方式、违约责任和解决争议方法等的变更。

②承诺须由受要约人或其合法的代理人表示。

③承诺应当在要约确定的期限内到达要约人。要约没有确定承诺期限的,承诺应当依照下列规定到达:

a. 要约以对话方式做出的,应当即时做出承诺,但当事人另有约定者除外;

b. 要约以非对话方式做出的承诺应当在合理期限内到达。合同期限要根据要约发出的客观情况和交易习惯确定,既要保证受要约人有足够的时间考虑,也要使要约人的正当利益不受损害。

承诺生效后,当事人不得撤回承诺,除非撤回承诺的通知在承诺通知之前或与承诺通知同时到达要约人。因为根据《合同法》的规定,承诺生效时合同成立,特别是当要约和承诺方主体合格、内容合法、真实、完整,程序和代理合法有效,且符合前述合同订立原则的基本要求,就产生了有效成立的合同(或合同关系),对当事人双方具有法律约束力。

(3)要约邀请、要约和承诺的表现形式

以竞争形式订立合同时,在公路工程建设中,要约邀请、要约和承诺最典型的表现形式是招标、投标和定标。

(4)编制合同条款的法律要求

编制合同条款时,一方面应符合合法、公平和诚实信用的原则;另一方面,合同的主要条款应完备且具有较强的可操作性,同时应遵守以下规定:

①国家根据需要下达指令性任务或者国家订货任务的,有关法人、其他组织之间应当依照有关法律、行政法规规定的权利和义务订立合同。

②采用格式条款订立合同的,提供格式条款的一方应当遵循公平原则确定当事人之间的权利和义务,并采取合理的方式提请对方注意免除或者限制其责任的条款,按照对方的要求,对该条款予以说明。格式条款是当事人为了重复使用而预先拟定,并在订立合同时未与对方协商的条款。

（5）缔约过失责任

《合同法》规定,当事人在订立合同中,因以下各种过错给对方造成损失的,应承担损害赔偿责任:

①假借订立合同,进行恶意磋商;

②故意隐瞒与订立合同有关的重要事实或者提供虚假情况;

③有其他违背诚实信用原则的行为。

缔约过失责任往往是基于合同不成立或合同无效而产生的民事责任,违反的是合同前义务。

（6）合同的成立

根据《合同法》规定,下列情形下合同成立:

①承诺生效时合同成立;

②当事人采用合同书形式订立合同的,自双方当事人签字或盖章时合同成立;

③采用合同书形式订立合同,在签字或盖章前,当事人一方已履行主要义务,对方接受的,该合同成立;

④当事人采用信件、数据电文等形式订立合同的,可以在合同成立之前要求签订确认书,签订确认书时合同成立。

（7）合同成立的地点

合同成立地点有如下规定:

①承诺生效的地点为合同成立的地点。

②采用数据电文形式订立合同的,收件人的主营业地点为合同成立的地点;没有主营业地点的,其经常居住地为合同成立的地点。

③当事人采用合同书形式订立合同的,双方当事人签字或盖章的地点为合同成立的地点。

④当事人约定了合同成立地点的,约定的地点为合同成立的地点。

3）合同的生效

《合同法》规定,下列情况下合同正式生效:

①依法成立的合同,自成立时生效;

②法律、行政法规规定应当办理批准、登记等手续的,只有经过批准、登记以后合同才能生效;

③当事人对合同的效力附生效条件的,则自条件成熟时生效;

④当事人对合同的效力附生效期限的,则自期限届至时生效。

4）无效合同与可撤销合同

（1）无效合同的概念

凡违反合同订立原则的合同都属于无效合同,无效合同是自始至终没有法律效力的合同。

（2）无效合同的确认及法律责任

无效合同的确认权归仲裁机构或人民法院。无效合同的确认具有溯及既往的效力，无效合同从订立时起就没有法律约束力。对无效合同的财产后果，应当根据当事人的过错大小，按以下办法处理：

①返还财产，即使当事人的财产关系恢复到签约以前的状态。如果当事人依据无效经济合同取得的标的物还存在，则应返还给对方；如果标的物已不存在，不能返还时，可用赔偿损失的方法给对方抵偿。

②赔偿损失。这是过错方造成损失时，应当承担的责任。如果双方都有过错，应当按照责任的主次、轻重来承担经济损失中责任相适应的份额。

③追缴财产。这是对当事人故意损害国家利益或社会公共利益的行为所采取的一种惩罚手段，追缴的财产上缴国库。

（3）可撤销合同

可撤销合同是指合同的内容对当事人一方显失公平或当事人一方对合同内容有重大误解时，可以依法变更或撤销的合同。可撤销合同履行中发生纠纷，当事人有权请求仲裁机构或人民法院对合同予以变更或撤销。合同被变更后，应按变更后的合同执行；合同被撤销后，原合同从签订时起即告无效。

（4）无效免责条款

无效免责条款是指没有法律约束力的，当事人约定免除或者限制其未来责任的合同条款。这些条款有：

①造成对方人身伤害的免责条款；

②因故意或者重大过失造成对方财产损失的免责条款；

③提供格式条款一方免除自身责任、加重对方责任、排除对方主要权利的合同条款。

（5）部分无效合同

无论是无效合同还是可撤销合同，如果其无效，或者被撤销而宣告无效只涉及合同的部分内容，不影响其他部分效力的，则其他部分仍然有效。部分无效的合同须具备以下条件：

①合同内容是可分的；

②合同无效或者被撤销的部分不影响其他部分的效力，即无效部分或被撤销部分与其他部分之间没有直接的、必然的联系。

5）合同的担保

（1）合同担保的概念

合同的担保是指合同当事人根据法律规定或双方约定，为确保合同的切实履行而设定的一种权利、义务关系。

（2）合同担保的形式

根据我国法律规定，合同的担保形式有定金、保证、抵押、留置权、质押 5 种。

①定金。定金是指缔约一方为了保证合同的履行，在订立合同前向对方给付一定数额的货币的担保形式。《合同法》规定的定金罚则是：债务人履行债务后，定金应当抵作价款或收回。给付定金的一方不履行约定债务的，无权要求返还定金；收受定金的一方不履行约定债务的，应当双倍返还定金。

在采用定金作担保形式时,定金的大小应适当,定金过高会加重当事人的负担,实践中也难以执行;定金过低则不利于促进合同的履行,起不到定金应具备的作用。勘察设计合同实行定金担保制度,根据《建设工程勘察设计合同条例》的规定,勘察合同的定金应为勘察费的30%,设计合同的定金应为设计费的20%。

合同双方在适用定金罚则后,合同是否继续履行,法律尚无明文规定。应该指出,采取定金担保在适用定金罚则后,当事人过错违约时,仍要支付违约金、赔偿金,但并用的结果应以不超过合同标的总额为限。

②保证。保证是指保证人以自己的名义作为一方当事人的关系人,向另一方当事人作履行合同的一种担保方式。保证合同履行的第三人是保证人,被担保履行合同的义务人为被保证人。保证合同一般由保证人与被担保合同的权利人订立。保证合同是从合同,被担保的合同是主合同,保证人是保证合同的义务人,保证人以自己的资产和名义做出担保。因此,保证人承担保证责任的意思表示是保证合同成立的根本条件。此外,订立保证合同时应符合合同的订立原则,并采用书面形式。

公路工程施工承包合同中,通常采用保证作为合同担保,一般由承包人开户银行出具履约保证书(又称银行保函),对承包人在合同中的义务做出保证。如果承包人违约给业主造成损失,业主可以向银行索赔,银行应在限额(通常规定为合同价的5%～10%)范围内向业主赔偿。

③抵押。抵押是合同当事人一方用自己或第三方财物为另一方当事人提供清偿债务的权利。当义务当事人不履行合同时,权利当事人可以变卖其财物,优先取得补偿;如有剩余,仍应退还给义务当事人;如果仍不足以补偿时,权利人当事人有继续向义务当事人追偿的权利。

抵押在现行的公路工程施工承包合同中也常采用,它规定承包商履行合同时,应以现场的施工机械作抵押。

④留置权。留置权是用标的物作为担保的一种形式。根据法律规定,当义务人未在法定或约定的期限内全面履行合同时,权利人有权处置所留置的财物。留置权的行使必须有法律明文规定,权利人不得违反法律规定滥用留置权。

⑤质押。质押是当事人一方以动产或某种权利作为抵押的一种担保形式。债务人不履行合同时,债权人有权以该动产或权利折价或者以拍卖、变卖该动产或权利的价款优先受偿。

2.1.3 合同的履行

1)合同履行的概念

合同的履行是指合同依法生效以后,当事人双方按照约定的内容和约定的履行期限、地点和方式,全面完成各自所承担的合同义务,从而使该合同所产生的合同法律关系得以全部实现,当事人的经济目的得以达到的整个行为过程。

2)合同履行原则

①合法原则。当事人在履行合同中,应当遵守法律、行政法规,尊重社会公德,不得扰乱社会经济秩序,损害社会公共利益。

②诚实信用原则。当事人在履行合同过程中,应信守合同承诺,履行合同规定的义务和附随义务(如通知、协助、保密)。

③全面履行原则。当事人应按照合同规定的标的、数量、质量、价款或报酬、履约时间、地点、方式等全面履行合同的义务。

3）合同的不履行

凡是违反实际履行和适当履行要求的行为,都称为不履行合同。不履行合同的情况是复杂的,原因是多种的,它包括全部不履行、部分不履行、到期不履行等情况。

①全部不履行是指合同签订或者当事人的合同关系产生以后当事人即拒不履行合同的行为。如获得中标资格后,承包商不进场施工(或未按规定时间与业主签订合同、未按规定时间提供履约担保),属于全部不履行的违约行为,按通常规定,应该没收投标保证金。

②部分不履行是指当事人没有按约定全面履行合同的内容,这是违反全面履行原则的行为,实践中这种问题相当普遍。

③到期不履行是指到了约定的期限未按期履行或过期履行,也称为履行迟延。到期不受理,也是一种到期不履行。如公路工程施工承包合同履行中,承包商已按期完工,但业主不予及时验收。

2.1.4　合同的变更、转让、解除及终止

1）合同变更

《合同法》中的合同变更是指对有效成立的合同就其内容即当事人的权利、义务进行变更(增减或修改)的过程。它不包括合同主体的变更和合同标的的变更。合同主体的变更称为合同的转让,而合同标的的变更会导致原有合同关系的消灭和新合同关系的产生,即相当于将原合同解除后重新订立一项新的合同。

合同依法成立后,对当事人具有法律约束力。根据合同的履行原则,当事人双方应按照合同规定的标的及当事人的权利和义务认真、严肃、全面地履行合同义务,任何一方无权擅自变更或者解除合同,否则应承担违约责任。但《合同法》同时也规定,如果符合以下条件,当事人可以变更合同。

(1)双方协商一致

由于合同是当事人协商一致而达成的协议,所以只要当事人双方愿意,而且能就变更的事宜达成一致,则可以变更合同;反之,当事人一方不愿意或双方不能就变更合同的协议达成一致,则不能变更合同,在变更协议达成前,原协议有效。

(2)符合合同订立的基本原则

变更合同是一个订立新的补充合同的过程,同样应符合合同订立的基本原则。因此,当事人在订立合同过程中,应遵守法律和行政法规,不得损害国家利益、社会公共利益和第三方的利益;在变更合同过程中,应遵守平等、自愿、公平原则;规定合同应采用书面形式的,变更合同的协议同样应采用书面形式,法律、法规规定变更合同应当办理批准、登记手续的,应办理登记手续。否则,变更协议是一份无效协议。

(3)不损害合同履行的基本原则

基本原则包括合法原则和诚实信用原则。

（4）合同变更协议的内容明确

合同变更协议的内容约定不明确，会使当事人无法按照该协议履行合同义务，因而不产生法律效力，《合同法》规定按未变更处理。

2）合同转让

（1）合同转让的概念

合同转让是指合同主体的变更，是合同变更的一种特殊形式。合同转让后，原合同主体之间的权利义务关系随之全部消失或部分消失。合同转让包括合同权利的转让（包括债权的转让）、合同义务的转让（包括债务的转让）以及合同权利、义务的一并转让3种情况。

（2）公路工程等建设工程合同转让的特别法律规定

①禁止承包人将其承包的工程全部转包给第三人。

②禁止承包人将其承包的全部工程肢解以后以分包的名义分别转包给第三人。

3）合同解除

合同解除是指在合同成立以后，因当事人一方的意思表示或者双方的协议，使基于合同而发生的债权债务关系归于消灭的行为。合同解除包括约定解除和法定解除。

（1）约定解除的一般法律规定

①当事人协商一致，可以解除合同。协商解除合同的过程是解除协议的订立过程，因而在订立解除协议时，须遵守合同订立原则。

②如果当事人在合同中约定了解除合同的条件，则解除合同的条件成立时，解除权人可以解除合同。

（2）法定解除的一般法律规定

《合同法》规定，下列情况均允许当事人解除合同：

①因不可抗力致使不能实现合同目的。

②在履行期限届满之前，当事人一方明确表示或者以自己的行为表明不履行主要债务的。

③当事人一方迟延履行主要债务，经催告后在合理期限内仍未履行。

④当事人一方迟延履行债务或者有其他违约行为致使不能实现合同目的。

⑤法律规定的其他情形。如《合同法》规定，合同在依法中止履行后，对方在合理期限内未恢复履行能力并且未提供适当担保的，中止履行的一方可以解除合同。

（3）合同解除的法律后果

①合同解除后，尚未履行的终止履行。

②已经履行的，当事人可以要求恢复原状、采取其他补救措施，并有权要求赔偿损失。

4）合同终止

合同终止是指因某种原因而引起合同的债权债务客观上不复存在。《合同法》规定，有下列情形之一者，合同的权利、义务终止：

①债务已按照约定履行。即合同当事人已按照合同的履行原则全面履行了合同。

②合同解除。即合同已按照前述的约定解除情况或法定解除情况解除。

③债务相互抵消。即当事人互负债务时，各自用其债权来充当债务的清偿从而使其债务与对方的债务在对等金额内相互抵消。

④债务人依法将标的物提存。即债务人依法将无法赔偿的标的物交有关部门保存而使得合同关系消灭。

⑤债权人免除债务。即债权人以债务消灭为目的而抛弃债权。

⑥债权债务同归于一人。即债权、债务人因某种原因合为一体而使得合同自然终止。

⑦法律规定或者当事人约定终止的其他情形。

2.1.5　违约责任

违反合同的法律责任可分为当事人责任和直接责任人责任。不履行经济合同的行为是由于当事人的过错所引起的,则当事人行为是一种违约行为,应承担法律责任,简称违约责任。

1)违约责任的形式

根据《合同法》的规定,当事人违反合同时应承担违约责任,其形式有支付违约金、支付赔偿金、采取补救措施、继续履行合同、解除合同。

（1）支付违约金

《合同法》规定的违约金首先具有赔偿作用,其次在法律允许的范围内可体现一定的惩罚作用。违约金的额度应适当,太高会有悖于合同订立的公平原则,实践中也难于执行,不利于合同的正常履行;太低则起不到赔偿作用。因此,《合同法》规定,约定的违约金低于造成的损失的,当事人可以请求人民法院或者仲裁机构予以增加;约定的违约金过分高于造成损失的,当事人可以请求人民法院或者仲裁机构予以适当减少。违约金有法定违约金与约定违约金,当二者不一致时,应按照约定优先的原则,以约定违约金为准。

对约定了违约金,同时采用了定金做担保的合同,当事人只能在违约金及定金罚则中选择一种。

【例2.1】　某甲与某乙签订了一份材料供应合同,在合同中双方约定:"……乙向甲支付定金6万元……假如一方违约,应向另一方支付7万元的违约金……"在合同履行的过程中,甲方因自身的原因造成违约,乙方因此损失12万元。请问,乙方应如何处理这起违约事件。

根据合同违约处理原则,乙方应按违约金原则向甲方索要违约金18万元,即违约金12万元(从7万元调整为12万元)+退还的定金6万元,而不是按定金罚则索要12万元(定金的双倍)。

（2）支付赔偿金

赔偿金是指由于当事人一方的过错不履行或不适当履行合同给对方造成损失时,在违约金不足以弥补损失时而向对方支付不足部分的货币。它是违约责任的形式之一。它具有赔偿损失的性质,即补偿性。赔偿损失的范围,既包括直接损失,又包括间接损失。直接损失是指违约行为所直接造成的财物减少或当事人的成本增加(即由于违约使对方为此多付的费用);间接损失是指可得利益的损失,是因违约行为使对方失去实际上可以获得的利益,主要是利润损失。为简化赔偿金的计算,当事人可以在合同中约定赔偿金的计算方法,但其方法同样应满足公平合理的原则,否则当事人一方可以向人民法院申请予以适当增加或减少。

（3）采取补救措施

补救措施指违约方在违约事实发生后,所采取的返工、修理、重做等措施。

（4）继续履行合同

根据合同实际履行原则，违约方在承担经济责任后，无论是支付违约金还是支付赔偿金，都不能代替合同的履行。《合同法》规定，违约方在支付违约金、赔偿金以后，如果对方要求继续履行的，应继续履行；如果违约方不履行，可请求人民法院强制执行。如果双方都同意解除合同（或经人民法院调解后解除合同），则应按变更与解除合同的法律规定办理。

（5）解除合同

根据《合同法》的规定，如果当事人一方违约致使合同无法按期履行或无法实现合同目的，则合同可以解除而不必继续履行。因此，解除合同也是处理违约责任的一种形式。

除当事人的违约责任外，对由于失职、渎职或其他违法行为造成重大事故或严重损失的直接责任者个人，应追究经济、行政责任直至刑事责任。

2）承担违约责任的原则与条件

根据《合同法》的规定，承担违反经济合同责任的原则与条件是：

①要有不履行合同的行为。这是裁定当事人是否需要承担违约责任的基本条件，也是违约行为产生的根源。

②行为人要有过错。不履行合同的原因可归结为两个方面：一是当事人自己的过错；二是其他无法防止的外因（包括不可抗力）。只有当不履行合同是当事人的过错造成时，当事人才必须承担违约责任。

③要有损害事实。损害事实是指当事人违约给对方造成的经济损失和其他不利后果。损害事实必须是客观存在的，不是主观估计的。损害事实包括直接损失和可得利益损失，损害事实要依靠充分的证据来说明。

④违约行为和损害事实之间要有因果关系。损害事实一定是由于当事人的违约行为造成的，而不是由于其他原因造成的或部分是由于其他原因造成的。

3）违约责任的减免

根据《合同法》的规定，当事人一方由于不可抗力的原因不能履行合同时，可以根据情况部分或全部免予承担违约责任。

4）违约责任与无效合同法律责任的区别

（1）产生的前提不同

违约责任是在合同有效情况下产生的法律责任，而无效合同的法律责任是合同无效情况下产生的法律责任。两者的性质是不同的，当当事人产生经济纠纷而需确定法律责任时，合同是有效合同，则涉及违约责任的处理问题；如合同是无效合同，则无违约责任问题，而只涉及无效合同的法律责任的处理问题。

（2）法律责任的表现形式不同

违约责任包括支付违约金、赔偿损失等形式，而无效合同的法律责任形式中不存在违约金的支付问题，通常只要求恢复到合同签订前的状态，因而责任的表现形式是返还财产、赔偿损失，对损害国家和社会利益的合同则追缴其财产。

2.1.6　合同纠纷的处理

1）合同纠纷的处理方式

合同纠纷是指在合同履行中双方当事人对权利和义务所发生的争执，或称争议。《合同法》规定："当事人可以通过和解或者调解解决合同争议。当事人不愿通过和解调解解决或者调解不成的，可以根据仲裁协议向仲裁机构申请仲裁。当事人没有订立仲裁协议或者仲裁协议无效的，可以向人民法院起诉。"根据以上规定，合同在履行过程中，合同纠纷的处理方式有协商、调解、仲裁、诉讼 4 种。

（1）协商

既然合同是双方协商一致的结果，当然合同纠纷也同样可以通过协商来解决。所谓合同纠纷的协商又称和解，是指合同当事人在履行合同过程中，对所产生的合同纠纷，互相主动接触，充分商议，取得一致意见，从而正确解决合同纠纷的一种方法。

合同纠纷的协商也称合同谈判。当事人双方在合同纠纷发生以后，由于自身利益的关系，会对一些问题产生不同的理解。合同履行中发生的问题是千变万化的，有些问题合同中可能未做出具体规定，有些问题的处理原则上虽然合同条款中有所涉及，但处理的细节又得通过互相谈判才能解决。因此，合同谈判是必要的，有时双方对一些问题的理解差异很大，距离很远，谈判会很艰难甚至反复。但通过谈判，可以达到缩短距离、形成一致意见的目的。

（2）调解

调解是指在第三者参加下，由第三者出面，认真查明事实，分清责任，通过说服调解，从而促使双方互相谅解，在双方当事人同意的条件下，达成解决合同纠纷协议的一种方法。调解合同纠纷主要有 4 种方式：当事人上级主管机关的调解、律师事务所调解、工商行政管理部门调解、人民法院调解。工程承包合同实行监理制度后，监理工程师也有责任进行合同的调解。

（3）仲裁

仲裁也称公断，是第三者就某一争议公正裁决的过程。合同的仲裁是指合同双方当事人之间因合同发生争议经双方协商不成，调解又达不成协议时，根据当事人双方的协议或申请，由合同仲裁机关做出裁决。

合同纠纷的仲裁必须坚持平等、自愿、独立和先调解的原则。

合同纠纷的仲裁结果生效后，当事人应当执行。当事人一方在规定的期限内不履行仲裁机构裁决的，另一方可向有管辖权的人民法院申请强制执行。

（4）诉讼

诉讼即合同纠纷的审理，是指人民法院依照国家法律对经济合同纠纷案件进行审查判决，以保护当事人的合法权益，制裁违法违约行为，维护社会经济秩序的法律活动。

提请人民法院审理的合同纠纷案件，应当是未经仲裁或仲裁不成立的合同纠纷案件。合同纠纷通常由合同成立地点的人民法院审理。合同纠纷案件的审理实行二审终局制，人民法院审理合同纠纷案件之前，通常先进行调解，但不能久调不决。调解不成，即由法庭判决。合同纠纷判决后，当事人若不服一审判决，应在 15 日内向二审人民法院提起诉讼，过期不上诉的，判决即发生法律效力。如果当事人不自动履行，人民法院有权强制执行。二审法院审理上诉案件，可以进行调解，调解达成协议的，原审法院的判决即视为撤销。二审即为终审，当事人只能申诉不得再行上诉,必须无条件执行二审判决。

2)合同纠纷的处理原则

合同纠纷处理到底采用哪种方式,可由当事人自行选择,但在实践中,不论采取哪种方式,都要以"弄清事实,分清是非,明确责任,适用条款"为前提并坚持以下原则:

①协商为主的原则。合同纠纷发生以后,要立足于双方通过协商解决。协商解决合同纠纷,符合当事人双方的经济利益,有利于维护各自的合法权益。合同纠纷给当事人双方都会带来一定的经济损失,如果不能及时解决,损失会更大。协商既可以减轻仲裁机构和人民法院的工作(任务),又可以减少当事人双方的经济损失。

②调解优先的原则。这主要指合同纠纷无法协商解决时,无论是仲裁机构还是人民法院,都应该先行调解。通过调解让双方自愿达成协议,只有在调解不能解决双方的纠纷时,才采用仲裁或诉讼方式。

2.2　招标投标法规简介

2.2.1　《招标投标法》概述

招投标是一种国际上普遍应用的、有组织的市场交易行为,是贸易中一种工程、货物或服务的买卖方式。通常是采购人事先提出采购的条件和要求,邀请众多的交易对象参与竞争,按照规定的程序从中择优选定成交者的过程。

为了规范招投标活动,调整在招投标过程中产生的各种关系的法律,1999 年 8 月 30 日中华人民共和国第九届全国人民代表大会常务委员会第十一次会议通过了《招标投标法》,于2000 年 1 月 1 日起执行。现行《招标投标法》于 2017 年 12 月 27 日修订。《招标投标法》是国家用来规范招标投标活动,调整在招标投标过程产生的各种关系的法律规范的总称,其内容共6 章,68 条,立法目的是规范招标投标活动,保护国家利益、社会公共利益和招标投标活动当事人的合法权益,提高经济效益,保证项目质量。

《招标投标法》是整个招标投标领域的基本招标投标法,一切有关招标投标的法规、规章和规范性文件都必须与《招标投标法》相一致。

按照法律效力不同,招标投标法律规范分为 3 个层次:

第一层次是全国人民代表大会及其常委会颁发的招标投标法律。

第二层次是由国务院颁发的招标投标行政法规以及有立法权的地方人民代表大会颁发的地方性招标投标法规。

第三层次是由国务院有关部门颁发的有关招标投标的部门规章以及有立法权的地方人民政府颁发的地方性招标投标规章,如交通运输部 2018 年颁发的《公路工程标准施工招标文件》即属于此层次。

本章所称的《招标投标法》是属第一层次的,即由全国人民代表大会常务委员会制定和颁发的招标投标法律。

1)《招标投标法》适用范围

《招标投标法》适用于在中华人民共和国境内(港澳台地区除外)进行的一切招标投标活

动。只要是在我国境内进行的招标投标活动,都必须遵循一套标准的程序,即《招标投标法》中规定的程序。不仅包括《招标投标法》列出的必须进行招标的活动,而且包括必须招标以外的所有招标投标活动。也就是说,凡是在中国境内进行的招投标活动,不论招标主体的性质、招标采购的资金性质、招标采购项目的性质如何,都要适用《招标投标法》的有关规定。

在中华人民共和国境内进行下列工程建设项目包括项目的勘察、设计、施工、监理以及与工程建设有关的重要设备、材料等的采购,在达到下述规模标准时,必须依法进行招标:

①大型基础设施、公用事业等关系社会公共利益、公众安全的项目。

②全部或者部分使用国有资金投资或者国家融资的项目。

③使用国际组织或者外国政府贷款、援助资金的项目。

2)招投标活动的原则与特点

《招标投标法》明确规定,招标投标活动应当遵循公开、公平、公正和诚实信用的原则,即"三公"原则和诚信原则。

一个完整的招标投标过程,包括招标、投标、开标、评标和定标5个环节。整个招投标活动体现以下特点:

①程序规范。在招投标活动中,每个环节都有严格的程序、规则。这些程序和规则具有法律约束力,当事人不能随意改变。

②编制招标、投标文件。在招投标活动中,招标人必须编制招标文件,投标人据此编制投标文件参加投标,招标人组织评标委员会对投标文件进行评审和比较,从中选出中标人。因此,是否编制招标、投标文件,是区别招标与其他采购方式的最主要特征之一。

③开放透明。招投标的基本原则是"公开、公平、公正",将采购行为置于透明的环境中,防止腐败行为的发生。招投标活动的各个环节均体现了这一原则。

④公平客观。在投标人递交投标文件后到确定中标人之前,严格禁止招标人与投标人就投标文件的实质内容单独谈判。也就是说,投标人只能一次报价,不能与招标人讨价还价,更不能相互串通。

2.2.2　招标

1)招标方式

招标分为公开招标和邀请招标。

公开招标,是招标人在指定的报刊、电子网络或其他媒体上发布招标公告、吸引众多的投标人参加投标竞争,招标人从中择优选择中标单位的招标方式。简单地说,公开招标就是指招标人以招标公告的方式邀请不特定的法人或者其他组织投标。

邀请招标,也称选择性招标,由招标人根据自己的经验和有关供应商、承包人资料,如企业信誉、设备性能、技术力量、以往业绩等情况,选择一定数目的企业(一般应邀请5~10家为宜,不能少于3家),向其发出投标邀请书,邀请他们参加投标竞争。简单地说,邀请招标是指招标人以投标邀请书的方式邀请特定的法人或者其他组织投标。

国务院发展计划部门确定的国家重点建设项目和各省、自治区、直辖市人民政府确定的地方重点建设项目,以及全部使用国有资金投资或者国有资金投资占控股或者主导地位的工程建

设项目,应当公开招标。有下列情形之一的,经批准可以进行邀请招标:

①项目技术复杂或有特殊要求,只有少量几家潜在投标人可以选择的;

②涉及国家安全、国家秘密或者抢险救灾,适宜招标但不宜公开招标;

③采用公开招标方式的费用占项目合同金额的比例过大。

需要审批的工程建设项目,有下列情形之一的,由审批部门批准,可以不进行施工招标:

①涉及国家安全、国有秘密、抢险救灾或者属于利用扶贫资金实行以工代赈需要使用农民工等特殊情况,不适宜招标;

②施工主要技术采用特定的专利或者专有技术的;

③已通过招标方式选定的特许经营项目投资人依法能够自行建设;

④采购人能够依法自行建设;

⑤在建工程追加的附属小型工程或者主体加层工程,原中标人仍具备能力,并且其他人承担将影响施工或者功能配套要求;

⑥国家规定的其他情形。

2)招标的组织

(1)招标人自行招标

招标人是依照招标投标法规定提出招标项目、进行招标的法人或者其他组织。招标人具有组织编制招标文件和组织评标的能力,可以自行办理招标事宜。任何单位和个人不得强制其委托招标代理机构办理招标事宜。

依法必须进行招标的项目,招标人自行办理招标事宜的,应当向有关行政监督部门备案。

(2)委托招标代理机构办理招标事宜

招标代理机构是依法设立、从事招标代理业务并提供相关服务的社会中介组织。招标代理机构应当具备下列条件:

①有从事代理业务的营业场所和相应资金;

②有能够编制招标文件和组织评标的相应专业力量。

从事工程建设项目招标代理业务的招标代理机构,其资格由国务院或者省、自治区、直辖市人民政府的建设行政主管部门认定。工程招标代理机构可以跨省、自治区、直辖市承担招标代理业务,任何单位或个人不得限制或者排斥工程招标代理机构依法开展工程招标代理业务。

招标人有权自行选择招标代理机构,委托其办理招标事宜。任何单位和个人不得以任何方式为招标人指定招标代理机构。

招标代理机构应当与招标人签订书面合同,在合同约定的范围内实施代理,并按照国家有关规定收取费用;超出合同约定实施代理的,依法承担民事责任。

3)招标的程序

①招标人确定招标方式,采用邀请招标的,应当按照规定报有关主管部门审批。

②招标人编制投标资格预审文件和招标文件,招标文件应当按项目管理权限报交通主管部门审批。

③发布招标公告,发售投标资格预审文件;采用邀请招标的,招标人可直接发出投标邀请,发售招标文件。

④对潜在投标人进行资格审查,并将资格预审结果按项目管理权限报交通主管部门审批。

⑤向资格预审合格的潜在投标人发售招标文件。

⑥组织投标人考察工程现场,召开标前会。

⑦接受投标人的投标文件,公开开标。

⑧组建评标委员会评标,推荐中标候选人。

⑨招标人确定中标人,并将评标报告和评标结果报交通主管部门核备。

⑩招标人发出中标通知书(目前发中标通知书之前要进行公示)。

⑪招标人与中标人订立公路工程施工合同。

4)资格预审

(1)资格预审的基本要求

①招标人可以根据招标项目本身的要求,在招标公告或者投标邀请书中要求潜在投标人提供有关资质证明文件和业绩情况,并对潜在投标人进行资格审查;国家对投标人的资格条件有规定的,依照其规定。

②招标人审查潜在投标人的资格,应当严格按照投标资格预审文件的规定进行,不得采用抽签、摇号等博彩性方式进行资格审查。但有的地方采用分类资格预审、抽签确定标段的方法,可对围标现象起一定的限制作用,应值得提倡。

③国道主干线、国家重点公路建设项目的工程施工招标的招标人应当将资格预审结果报省级交通主管部门审批,报交通运输部核备;其他公路建设项目的工程施工的招标人应当将资格预审结果报省级交通主管部门规定的部门审批。

④使用国际金融组织或者外国政府贷款、援助资金的公路建设项目,其工程施工招标资格预审结果经省级交通主管部门初审后,报交通运输部审批。

(2)交通运输部《关于贯彻国务院办公厅关于进一步规范招投标活动的若干意见的通知》中关于资格预审的规定

①为保证资格预审工作的公平、公正和准确,招标人应邀请评标专家参加资格预审评审工作,评标专家的人数应达到资格预审评审委员会人数的1/3以上。要充分利用互联网等信息渠道收集申请资格预审单位的详细情况,真正选择能力强、信用好的单位通过资格预审。

②要调整施工招标的资格预审工作的内容,将投标阶段对投标人技术能力、管理水平、财务能力和以往业绩信誉的审查前移到资格预审阶段,对项目主要负责人员要提出备选人员的要求。

③为防止潜在投标人围标或串通投标,通过资格预审的单位数量要适当增加,但也要防止过度竞争和恶性竞争。根据目前施工招标的情况,通过资格预审的单位数量宜控制在 8 ~ 12 家。

(3)资格预审的程序

①招标人编制资格预审文件。

②发布资格预审公告。

③出售资格预审文件。

④潜在投标人编制并递交资格预审申请文件。

⑤对资格预审申请文件进行评审;对潜在投标人进行必要的调查,对资格预审申请书进行

评审;交通运输部资格预审管理办法规定,资格预审评审委员会必须由不少于 1/2 的交通运输部或交通厅专家组成。

⑥编写资格评审报告。

⑦向通过资格预审的投标申请人发出投标邀请。

5)招标文件

①招标人应当根据招标项目的特点和需要编制招标文件。招标文件应当包括招标项目的技术要求、对投标人资格审查的标准、投标报价要求和评标标准等所有实质性要求和条件以及拟签订合同的主要条款。

②国家对招标项目的技术、标准有规定的,招标人应当按照其规定在招标文件中提出相应要求。

③招标项目需要划分标段、确定工期的,招标人应当合理划分标段、确定工期,并在招标文件中载明。

④招标文件不得要求或者标明特定的生产供应者以及含有倾向或者排斥潜在投标人的其他内容。

2.2.3　投标

1)投标人

投标人是响应招标、参加投标竞争的法人或者其他组织。投标人在投标前作为潜在的投标人,向招标人提出资格预审申请。通过资格预审后,将成为投标人。

投标人应当具备承担招标项目的能力;国家有关规定或者招标文件对投标人资格条件有规定的,投标人应当具备规定的资格条件。

2)投标文件

投标人应当按照招标文件的要求编制投标文件。投标文件应当对招标文件提出的实质性要求和条件做出响应。

招标项目属于建设施工的,投标文件的内容应当包括拟派出的项目负责人与主要技术人员的简历、业绩和拟用于完成招标项目的机械设备等。

投标人应当在招标文件要求提交投标文件的截止时间前,将投标文件送达投标地点。招标人收到投标文件后,应当签收保存,不得开启。投标人少于 3 个的,招标人应当依照有关规定重新招标。

在招标文件要求提交投标文件的截止时间后送达的投标文件,招标人应当拒收。

投标人在招标文件要求提交投标文件的截止时间前,可以补充、修改或者撤回已提交的投标文件,并书面通知招标人。补充、修改的内容为投标文件的组成部分。

投标人根据招标文件载明的项目实际情况,拟在中标后将中标项目的部分非主体、非关键性工作进行分包的,应当在投标文件中载明。

3)联合体投标

两个以上法人或者其他组织可以组成一个联合体,以一个投标人的身份共同投标。

联合体各方均应当具备承担招标项目的相应能力;国家有关规定或者招标文件对投标人资

格条件有规定的,联合体各方均应当具备规定的相应资格条件。由同一专业的单位组成的联合体,按照资质等级较低的单位确定资质等级。

联合体各方应当签订共同投标协议,明确约定各方拟承担的工作和责任,并将共同投标协议连同投标文件一并提交招标人。联合体中标的,联合体各方应当共同与招标人签订合同,就中标项目向招标人承担连带责任。

招标人不得强制投标人组成联合体共同投标,不得限制投标人之间的竞争。

4)投标人参加投标活动的法律规定

①投标人不得相互串通投标报价,不得排挤其他投标人的公平竞争,损害招标人或者其他投标人的合法权益。

②投标人不得与招标人串通投标,损害国家利益、社会公共利益或者他人的合法权益。

③禁止投标人以向招标人或者评标委员会成员行贿的手段谋取中标。

④投标人不得以低于成本的报价竞标,也不得以他人名义投标或者以其他方式弄虚作假、骗取中标。

2.2.4　开标与评标

1)开标

①开标应当在招标文件确定的提交投标文件截止时间的同一时间公开进行;开标地点应当为招标文件中预先确定的地点。

②开标由招标人主持,邀请所有投标人参加。投标人如果不派人参加的,视为默认开标结果。

③开标时,由投标人或者其推选的代表检查投标文件的密封情况,也可以由招标人委托的公证机构检查并公证;经确认无误后,由工作人员当众拆封,宣读投标人名称、投标价格和投标文件的其他主要内容。

④招标人在招标文件要求提交投标文件的截止时间前收到的所有投标文件,开标时都应当当众予以拆封、宣读。因此,招标人在接受投标文件时,应检查其外装是否合格,不合格的不予接受。

⑤开标过程应当记录,并存档备查。

2)评标

（1)评标机构

评标由招标人依法组建的评标委员会负责。依法必须进行招标的项目,其评标委员会由招标人的代表和有关技术、经济等方面的专家组成,成员人数为 5 人以上单数,其中技术、经济等方面的专家不得少于成员总数的 2/3。评标专家应当从事相关领域工作满 8 年并具有高级职称或者具有同等专业水平,由招标人从国务院有关部门或者省、自治区、直辖市人民政府有关部门提供的专家名册或者招标代理机构的专家库内的相关专业的专家名单中确定;一般招标项目可以采取随机抽取方式,特殊招标项目可以由招标人直接确定。

与投标人有利害关系的人不得进入相关项目的评标委员会,已经进入的应当更换。

交通运输部《公路工程施工招标评标委员会评标工作细则》规定,属于下列情况之一的人

员,不得进入评标工作组和评标委员会:

①本地交通主管部门或者其他行政监督部门的人员;

②与投标人法定代表人或者授权代理人有近亲属关系的人员;

③与投标人有利害关系的,可能影响公正评标的人员;

④在与招标投标有关的活动中有过违法违规行为、5年内曾受过行政或党纪处分的人员。

评标委员会成员的名单在中标结果确定前应当保密。

（2）评标要求

①招标人应当采取必要的措施,保证评标在严格保密的情况下进行。

②任何单位和个人不得非法干预、影响评标的过程和结果。

③评标委员会可以要求投标人对投标文件中含义不明确的内容作必要的澄清或者说明,但是澄清或者说明不得超出投标文件的范围或者改变投标文件的实质性内容。

④评标委员会应当按照招标文件确定的评标标准和方法,对投标文件进行评审和比较;设有标底的,应当参考标底。一般招标人会在评标前提供评标细则,有的甚至将评标细则在招标文件中公布,因此评标委员会一般不对评标细则进行修改。但《公路工程评标委员会工作细则》中明确规定,对招标文件中规定的评标标准和方法,评标委员会认为不符合国家有关法律、法规,或其中含有限制、排斥投标人进行有效竞争的,评标委员会有权按规定对其进行修改,并在评标报告中说明修改的内容和修改原因。

⑤评标委员会完成评标后,应当向招标人提交书面评标报告,并推荐合格的中标候选人。

《招标投标法》规定,中标人的投标人应当符合下列条件之一:

①能够最大限度地满足招标文件中规定的各项综合评价标准;

②能够满足招标文件的实质性要求,并且经评审的投标价格最低,但是投标价格低于成本的除外。

（3）评标方法

交通运输部颁布的《关于改进公路工程施工招标评标办法的指导意见》（以下简称《指导意见》）推荐了以下评标方法:合理低价法、技术评分最低标价法、综合评估法、经评审的最低投标价法。

《指导意见》明确规定,除技术特别复杂的特大桥和长大隧道工程可以采用综合评估法评标外,其他工程采用合理低价法进行评标。使用世界银行、亚洲开发银行等国际金融组织贷款的项目和工程规模较小、技术含量较低的工程,采用最低价评标价法进行评标。

3）定标

①招标人根据评标委员会提出的书面评标报告和推荐的中标候选人确定中标人。招标人也可以授权评标委员会直接确定中标人。使用国有资金或者国家融资的项目,招标人应当确定排名第一的中标候选人为中标人。

②评标委员会经评审,认为所有投标都不符合招标文件要求的,可以否决所有投标。依法必须进行招标的项目的所有投标被否决的,招标人应当重新招标。

③《公路工程施工招标投标管理办法》规定,有下列情形之一的,招标人应当依照本办法重新招标:

a.一个标段少于3个投标人的;

b. 经评标委员会评审,所有投标均不符合招标文件要求;

c. 由于招标人、招标代理人或投标人的违法行为,导致中标无效;

d. 评标委员会推荐的中标候选人均未与招标人签订公路工程施工合同的。

④确定中标人前,招标人不得与投标人就投标价格、投标方案等实质性内容进行谈判。

⑤中标人确定后,招标人应当向中标人发出中标通知书,并同时将中标结果通知所有未中标的投标人。中标通知书对招标人和中标人具有法律效力。中标通知书发出后,招标人改变中标结果的,或者中标人放弃中标项目的,应当依法承担法律责任。

⑥招标人和中标人应当自中标通知书发出之日起 30 日内,按照招标文件和中标人的投标文件订立书面合同。招标人和中标人不得再行订立背离合同实质性内容的其他协议。

招标文件要求中标人提交履约保证金的,中标人应当在签订合同时提交。

⑦依法必须进行招标的项目,招标人应当自确定中标人之日起 15 日内,向有关行政监督部门提交招标投标情况的书面报告。

⑧中标人应当按照合同约定履行义务,完成中标项目。中标人不得向他人转让中标项目,也不得将中标项目肢解后分别向他人转让。

⑨中标人按照合同约定或者经招标人同意,可以将中标项目的部分非主体、非关键性工作分包给他人完成。接受分包的人应当具备相应的资格条件,并不得再次分包。

中标人应当就分包项目向招标人负责,接受分包的人就分包项目承担连带责任。

4) 评标专家的责任

①评标委员会成员应当客观、公正地履行职务,遵守职业道德,对所提出的评审意见承担个人责任。评标委员会成员对评标结论持有异议的,可保留意见,但应以书面方式在评标报告中阐述理由。评标委员会成员拒绝在评标报告上签字且不陈述理由的,视为同意评标结论。

②评标委员会成员不得私下接触投标人,不得收受投标人的财物或者其他好处。

③评标委员会成员和参与评标的有关工作人员不得透露对投标文件的评审和比较、中标候选人的推荐情况以及与评标有关的其他情况。

2.2.5　法律责任

1) 规避招标

违反《招标投标法》规定,必须进行招标的项目而不招标的,将必须进行招标的项目化整为零或者以其他任何方式规避招标的,责令限期改正,可以处项目合同金额 0.5% 以上 1% 以下的罚款;对全部或者部分使用国有资金的项目,可以暂停项目执行或者暂停资金拨付;对单位直接负责的主管人员和其他直接责任人员依法给予处分。

2) 招标代理机构违规

招标代理机构违反《招标投标法》规定,泄露应当保密的与招标投标活动有关的情况和资料的,或者与招标人、投标人串通损害国家利益、社会公共利益或者他人合法权益的,处 5 万元以上 25 万元以下的罚款,对单位直接负责的主管人员和其他直接责任人员处单位罚款数额 5% 以上 10% 以下的罚款;有违法所得的,并处没收违法所得;情节严重的,暂停直至取消招标代理资格;构成犯罪的,依法追究刑事责任。给他人造成损失的,依法承担赔偿责任。

前款所列行为影响中标结果的,中标无效。

3)招标人违规

招标人以不合理的条件限制或者排斥潜在投标人的,对潜在投标人实行歧视待遇的,强制要求投标人组成联合体共同投标的,或者限制投标人之间竞争的,责令改正,可以处1万元以上5万元以下的罚款。

依法必须进行招标的项目的招标人向他人透露已获取招标文件的潜在投标人的名称、数量或者可能影响公平竞争的有关招标投标的其他情况的,或者泄露标底的,给予警告,可以并处1万元以上5万元以下的罚款;对单位直接负责的主管人员和其他直接责任人员依法给予处分;构成犯罪的,依法追究刑事责任。

前款所列行为影响中标结果的,中标无效。

招标人在评标委员会依法推荐的中标候选人以外确定中标人的,依法必须进行招标的项目在所有投标被评标委员会否决后自行确定中标人的,中标无效。责令改正,可以处中标项目金额0.5%以上1%以下的罚款;对单位直接负责的主管人员和其他直接责任人员依法给予处分。

4)投标人违规

投标人相互串通投标或者与招标人串通投标的,投标人以向招标人或者评标委员会成员行贿的手段谋取中标的,中标无效,处中标项目金额0.5%以上1%以下的罚款,对单位直接负责的主管人员和其他直接责任人员处单位罚款数额5%以上10%以下的罚款;有违法所得的,并处没收违法所得;情节严重的,取消其1~2年内参加依法必须进行招标的项目的投标资格并予以公告,直至由工商行政管理机关吊销营业执照;构成犯罪的,依法追究刑事责任。给他人造成损失的,依法承担赔偿责任。

投标人以他人名义投标或者以其他方式弄虚作假,骗取中标的,中标无效,给招标人造成损失的,依法承担赔偿责任;构成犯罪的,依法追究刑事责任。

依法必须进行招标的项目的投标人有前款所列行为尚未构成犯罪的,处中标项目金额0.5%以上1%以下的罚款,对单位直接负责的主管人员和其他直接责任人员处单位罚款数额5%以上10%以下的罚款;有违法所得的,并处没收违法所得;情节严重的,取消其1~3年内参加依法必须进行招标的项目的投标资格并予以公告,直至由工商行政管理机关吊销营业执照。

5)串通

①招标人与投标人串通。依法必须进行招标的项目,招标人违反《招标投标法》规定,与投标人就投标价格、投标方案等实质性内容进行谈判的,给予警告,对单位直接负责的主管人员和其他直接责任人员依法给予处分。

前款所列行为影响中标结果的,中标无效。

②投标人与评标委员会成员串通。评标委员会成员收受投标人的财物或者其他好处的,评标委员会成员或者参加评标的有关工作人员向他人透露对投标文件的评审和比较、中标候选人的推荐以及与评标有关的其他情况的,给予警告,没收收受的财物,可以并处3 000元以上5万元以下的罚款、对有所列违法行为的评标委员会成员取消担任评标委员会成员的资格,不得再参加任何依法必须进行招标的项目的评标;构成犯罪的,依法追究刑事责任。

6）中标后的违规行为

中标人将中标项目转让给他人的,将中标项目肢解后分别转让给他人的,违反《招标投标法》规定将中标项目的部分主体、关键性工作分包给他人的,或者分包人再次分包的,转让、分包无效,处转让、分包项目金额0.5%以上1%以下的罚款;有违法所得的,并处没收违法所得;可以责令停业整顿;情节严重的,由工商行政管理机关吊销营业执照。

招标人与中标人不按照招标文件和中标人的投标文件订立合同的,或者招标人、中标人订立背离合同实质性内容的协议的,责令改正;可以处中标项目金额0.5%以上1%以下的罚款。

中标人不履行与招标人订立的合同的,履约保证金不予退还,给招标人造成的损失超过履约保证金数额的,还应当对超过部分予以赔偿;没有提交履约保证金的,应当对招标人的损失承担赔偿责任。

中标人不按照与招标人订立的合同履行义务,情节严重的,取消其2～5年内参加依法必须进行招标的项目的投标资格并予以公告,直至由工商行政管理机关吊销营业执照。

因不可抗力不能履行合同的,不适用前两款规定。

《招标投标法》第五章规定的行政处罚,由国务院规定的有关行政监督部门决定。《招标投标法》已对实施行政处罚的机关做出规定的除外。

7）非法干涉招标

任何单位违反《招标投标法》规定,限制或者排斥本地区、本系统以外的法人或者其他组织参加投标的,为招标人指定招标代理机构的,强制招标人委托招标代理机构办理招标事宜的,或者以其他方式干涉招标投标活动的,责令改正;对单位直接负责的主管人员和其他直接责任人员依法给予警告、记过、记大过的处分,情节较重的,依法给予降级、撤职、开除的处分。

个人利用职权进行前款违法行为的,依照前款规定追究责任。

对招标投标活动依法负有行政监督职责的国家机关工作人员徇私舞弊、滥用职权或者玩忽职守,构成犯罪的,依法追究刑事责任;不构成犯罪的,依法给予行政处分。

依法必须进行招标的项目违反《招标投标法》规定,中标无效的,应当依照《招标投标法》规定的中标条件从其余投标人中重新确定中标人或者依照《招标投标法》重新进行招标。

专项实训:走访工程招标咨询公司

1）实践目的

通过走访工程招标咨询公司,学生熟悉公路工程招投标工作的基本程序,为今后工作奠定基础,具有毕业后在工程咨询公司、招标代理机构从事招标相关工作的能力。

2）实践(训练)方式及内容

学生在老师带领下分组进行。具体步骤如下:

①学生分组:每班学生为一组,分不同时间由相关教师带领,走访工程招标咨询公司,并请公司相关专业人员作陪同介绍讲解。

②通过走访,学生对招标工作产生更深刻的认识,对工程项目招标的相关条件和程序更加熟悉。

③学生自由组合分为几组,分别模拟工程项目招标的流程。

3)实践(训练)要求

实训结束后,以小组为单位完成训练总结或心得体会。

本章小结

本章结合与工程合同与招标投标相关的法规,重点阐述了合同订立、履行及合同效力,以及招标的概念、程序、评标原则和方法等内容。

通过本章的学习,应了解招投标与合同管理相关法规体系及相关知识;熟悉合同缔约责任、合同履行、违约责任,以及招投标人的法律行为及责任;掌握合同的概念、合同的要素、合同签订的原则与程序、合同纠纷的处理、强制招标的范围、招标的程序。

复习思考题

1.填空题

(1)合同中承担违约责任的形式有_____、_____、_____、_____。

(2)公路工程施工招标投标活动应该遵循_____、_____、_____、_____和_____的原则。

(3)公路工程招标评标分为_____、_____两个阶段。

2.选择题

(1)投标人在签订施工合同时,应同时提供担保,这称为(   )。

    A.履约保证金   B.定金   C.保险费   D.投标保证金

(2)招标投标中的标的是指(   )。

    A.合同中权利和义务的对象   B.投标单位的报价

    C.招标单位编制的标价   D.合同中的价格

(3)工程招标项目合同成立的时间为(   )。

    A.购买招标文件   B.中标通知书送达

    C.投标书送达   D.提交履约担保

(4)关于投标人的澄清,以下说法正确的是(   )。

    A.评标委员会直接要求投标人澄清   B.评标委员会通过招标人要求投标人澄清

    C.投标人主动提出澄清   D.投标人可以不澄清而不影响评标结果

3.简答题

(1)什么是合同?合同订立的程序是什么?

(2)阐述合同履行的原则。

(3)简述有效合同和无效合同的概念和合同管理中的处理方法。

(4)什么是招标?招标的原则是什么?招标的方式有哪几种?

(5)简述公路工程招标的程序。

(6)简述公路工程评标原则和方法。

4.综合分析题

（1）某公路施工企业（甲）于9月1日通过信函向某水泥厂（乙）发出求购525#水泥的要约。9月3日，乙收到了要约，9月4日，甲认为乙还未收到要约，于是又通过传真向乙发出"要约作废"的函件。但乙公司收传真的小李忘了将该函件交给总经理，9月6日，乙方总经理向甲发函提出"除了交货日期推迟两星期外，同意其他条款"。

试分析：①甲的行为属于要约中哪种行为？

②乙的行为属于承诺还是要约？

（2）某公司（甲）借用某一级企业（乙）的名义，与发包人（丙）签订了某项目承包合同，并交纳了保证金50万元，双方约定："……7.若发生争议，采用先请某仲裁委员会仲裁，若不接受，再向丁（甲的控股公司，与甲、乙、丙均不在同一城市）所在地人民法院起诉……"后双方因工程款的支付发生纠纷（已支付100万元，还欠50万元），双方请丁调解，丁说这是无效合同。

①指出上述表述中不合法之处。

②丁是否可以认定该合同无效？为什么？

③该合同纠纷应如何处理？

第3章　公路工程施工招标

公路工程施工招标是一项社会关注度高、影响面广的经济工作,因此,公路工程招标人在编制招标文件时,必须坚持合法、合理、双赢的原则。为了规范招标行为,降低交易成本,交通运输部根据我国的实际情况和国际惯例,制定了一系列招标范本。本章主要根据《公路工程标准施工招标文件》(2018 年版)讲述公路工程施工招标文件的编制及相关内容。

3.1　概　述

3.1.1　公路工程施工招标条件

1)工程条件

根据《工程建设项目施工招标投标办法》(2013 年版)及其他相关规定,公路工程施工招标必须满足以下条件:

①招标人已经依法成立;

②初步设计及概算应当履行审批手续的,已经批准;

③有相应的资金或资金来源已经落实;

④有招标所需的设计图纸及技术资料。

在实际操作中,通常资格预审工作可在初步设计批准前进行,而发出投标邀请书必须在初步设计文件批准后。

2)招标人条件

招标人具有组织编制招标文件和组织评标的能力,可以自行办理招标事宜。招标人不具备相关条件的,应当委托具有相应资格的招标代理机构办理公路工程施工招标事宜。任何组织和个人不得强行为招标人指定招标代理机构。

3.1.2　《公路工程标准施工招标文件》概述

为加强公路工程施工招标管理,规范招标文件及资格预审文件编制工作,依照《招标投标法》《中华人民共和国招标投标法实施条例》(以下简称《招投标法实施条例》)等法律法规,按照《公路工程建设项目招标投标管理办法》(交通运输部令 2015 年第 24 号),在国家发展改革委牵头编制的《公路标准施工招标资格预审文件》及《公路工程标准施工招标文件》(2018 年版)基础上,结合公路工程施工招标特点和管理需要,交通运输部组织制定了《公路工程标准施工招标文件》(2018 年版)及《公路工程标准施工招标资格预审文件》(2018 年版)。

《公路工程标准施工招标文件》(2018 年版)自 2018 年 3 月 1 日起施行,原《公路工程标准施工招标文件》(2009 年版)同时废止,之前根据《公路工程标准施工招标文件》(2009 年版)完成招标工作的项目仍按原合同执行。

1)内容组成

《公路工程标准施工招标文件》(2018 年版)包括招标公告(投标邀请书)、投标人须知、评标办法、合同条款及格式、工程量清单、图纸、技术规范、工程量清单计量规则和投标文件格式共 9 章。

2)适用范围

《公路工程标准施工招标文件》(2018 年版)适用于依法必须进行招标的各等级公路和桥梁、隧道建设项目,其他公路项目可参照执行。

3.2　招标准备

3.2.1　招标的方式

《招标投标法》规定:"公路工程施工招标分为公开招标、邀请招标。"一般应采用公开招标,采用邀请招标的,必须按规定程序报批后才能实行。

(1)公开招标

公开招标是指招标人以招标公告的方式邀请不特定的法人或者其他组织投标。除特殊规定外,公路工程施工招标应当实行公开招标。公开招标又称为无限竞争招标,其特点是招标过程中投标人的数量不受限制,凡是符合条件的投标人均可参加投标。它有效地贯彻了公平竞争原则,有利于打破地区保护和行业封锁以及降低投标报价,促进完全竞争的建设市场的形成。公开招标存在着工作量大、费用高的缺陷,影响市场的交易效率,同时也会增大投标的社会成本。投标人越多,投标的社会总成本越大。

(2)邀请招标

邀请招标是招标人以投标邀请书的方式邀请特定的法人或者其他组织投标。邀请招标的特点是投标人的数量受到限制,通常称为有限竞争招标。招标人必须邀请 3 个以上的投标人,一般以 5 ~ 8 个为宜。

3.2.2　招标的组织与管理

1)招标的组织

公路工程施工招标是一项很复杂的工作,涉及技术、经济、财务、法律等方面,需要广泛的知识和各部门的支持、配合,因此成立招标机构是十分必要的。

《公路工程施工招标投标管理办法》规定:"公路工程施工招标的管理工作,按工程项目的隶属关系,分别由交通运输部和地方交通主管部门负责。地方交通主管部门设立相应机构,负责招标工作的领导。"根据这条规定和以往公路工程施工招标的经验,成立招标工作的"招标领导小组"和"招标工作组"这两级机构比较符合我国国情。招标领导小组的主要任务是对招标工作中的重大问题进行决策并负责协调好各方面的关系,而大量的具体业务则由招标工作组来完成。

(1)招标领导小组

招标领导小组或招标委员会是一个临时组织,是为某项工程而设立的,随着该工程招标工作的结束而完成使命,但也应常设机构。招标领导小组的组建,应根据工程建设规模的大小、工程所在地、技术复杂程度和工程重要性确定其组成成员。一般应由相应一级政府的领导,相应一级发改委、交通等有关部门的领导同志组成。它的主要任务是做好招标工作中的行政监督,协调好各方面的关系,审定招标工作计划,及时研究和解决招标工作中的重大问题,监督和检查招标工作的进展情况,审查评标委员会推荐的中标候选单位和定标等。

(2)招标工作组

招标工作组应以建设单位(业主)工作人员为主,并邀请设计、监理、咨询公司的人员参加。在招标工作组中,除应了解和熟悉招标工作的领导者外,还必须把各职能部门和各方面的专家(包括计划、技术、造价、财务、施工、监理、材料、劳动人事、法律等)组织进来,形成一个精明强干的班子,以便最有效地完成招标工作任务。

招标工作组主要完成工作:从准备申请批准招标,组织或委托编制资格审查文件和招标文件,发招标通告或投标邀请书,发售资格审查文件和招标文件,主持标前会议和组织现场考察,开标,协助审查和评比投标文件,向招标领导小组报送评标委员会的评标报告,到准备好签约的合同文件等一系列日常工作。招标工作组是业主的代理人和招标领导小组的参谋部。

(3)招标代理机构

当招标人不具备相应能力时,可委托具有相应资格的招标代理机构办理公路工程施工招标事宜。

(4)招投标监管机构

当前,各地成立了具有监督职能的招标投标管理机构,规定各地的招标投标工作均由当地的招标投标管理机构进行监督和管理。其主要任务是贯彻实施国家和当地政府有关招标、投标的法规和规章,进行招标项目登记,审核招标、投标、咨询、监理等单位的资格,核准招标文件,处理招标、投标中的违法行为等。

2)制订招标工作计划

制订一个完整、严密、合理的招标工作计划,使招标工作有条不紊地顺利进行,也便于检查,中间环节出现问题时能及时发现,尽快修正,保证总计划的完成。编制招标工作计划既要和设计阶段(初步设计和施工图设计)计划、建设资金计划、征地拆迁计划、工期计划等相互呼应,又要考虑合理的招标阶段时间间隔,并要结合工程规模和范围,做不同的安排。在编制时应该考虑到两个方面:一方面,招标工作的时间不能太长,如果时间太长,不但可能影响建设计划的完成,而且还会造成人、财、物的浪费;另一方面,招标工作也不能安排得过紧,如果时间太短,不仅会影响招标工作的质量,而且会使投标单位没有足够的时间编制标书,对招标单位和投标单位都不利。

3)标段划分

公路工程是线形结构,一个工程项目几十甚至几百公里,除主体土建工程外,还有建筑工程、机电工程、绿化工程、交通安全工程等,一个承包人是不可能完成的,只能将工程划分为若干部分,即若干标段,由多家承包人同时分别施工。划分标段需要考虑很多方面,不同性质的工程划分成不同的标段,同性质的工程根据长度划分为若干标段。路线长度划分时,到底多长一个标段才合理,要看具体情况,从公路的等级、投资额、行政区域、工程数量、工程的内容、施工条件、土石方调配和施工队伍的施工能力等方面综合考虑。应按下列原则合理划分标段:

①适合采用现代化的施工方法和施工工艺,确保工程质量;

②工程量至少能满足一个具有相应资质的施工单位经济合理、保质保量按时完成施工任务;

③防止产生标段之间的相互干扰以及内部工序之间的相互交叉;

④工程性质相同的标段尽量避免化整为零,以免影响工效和施工质量;

⑤保持构造的完整性,除特大桥外,尽可能不肢解完整的工程构造。

3.3 资格预审

资格预审是对已获取招标信息愿意参加投标的报名者进行申请单位填报的资格预审文件和资料评比和分析,按程序确定出潜在投标人名单,由招标管理机构核准后向其发出资格预审合格通知书。投标人收到资格预审合格通知书后,应以书面形式予以确认是否参加投标,并在规定的时间领取招标文件、图纸及有关技术资料。

对资格预审的要求与内容,一般在公布招标公告之前预先发布招标资格预审公告或在招标公告中提出,以审查投标人的投标资格。

3.3.1 资格预审的作用

对已获取招标信息且愿意参加投标的报名者都要进行资格审查。资格预审的作用在于:

①了解和掌握潜在投标人的技术能力、类似本工程的施工经验以及财务状况,为招标人选择具有合格资质和能力的投标人奠定基础。

②事先淘汰不合格的投标人,排除将合同授予不合格的投标人的风险。

③降低招标人的招标成本。如果允许所有愿意投标的投标人都参加投标,招标工作量大,招标成本也会增加。通过资格预审,排除掉不合格的投标人,把参加投标的投标人控制在一个合理的范围内,有利于降低招标成本,提高招标工作效率,节省评标时间,减少评标费用。

④使不合格的投标人节约因购买和阅读招标文件、现场考察以及编制投标文件等参与投标的时间和费用。

⑤可以吸引实力雄厚的投标人参加竞标。资格预审排除一些条件差的投标人,可以避免恶性竞争,这对实力雄厚的潜在投标人是一个吸引。

3.3.2 资格预审的程序

①编制资格预审文件。资格预审文件由招标人或委托招标代理机构编制,编制内容要求及

格式应符合国家发展和改革委员会《公路工程标准施工招标资格预审文件》(2018 年版)规定。资格预审文件应报请有关行政监督部门审查。

②刊登资格预审通告或招标公告,一般采用招标公告的形式。招标公告或资格预审通告应该在国家指定的报刊、信息网络或其他媒介发布。

③出售资格预审文件。

④针对资格预审文件疑难点进行答疑。

⑤报送投标人的资格预审申请文件。资格预审申请文件多为应答方式的调查表格。投标人按要求填报完毕后,应在规定的截止日期前报送给招标人。

⑥澄清投标人的资格预审申请文件。

⑦评审投标人的资格预审申请文件。

⑧向投标人通知评审结果。

3.3.3　资格预审的内容

为加强公路工程施工招标管理,规范资格预审文件编制工作,交通运输部公路局会同国家发展和改革委员会法规司对《公路工程标准施工招标资格预审文件》(2009 年版)进行修订,并经审定形成了《公路工程标准施工招标资格预审文件》(2018 年版),文件共 4 章,第 1 章为资格预审公告;第 2 章为申请人须知;第 3 章为资格审查办法;第 4 章为资格预审申请文件格式;第 5 章为项目建设概况。

资格预审申请文件由投标人填写,内容包括资格预审申请函、授权委托书或法定代表人身份证明、联合体协议书、申请人基本情况、近年财务状况、近年完成的类似项目情况表、申请人的信誉情况表、拟委任的项目经理和项目总工资历表、拟委任的其他管理和技术人员情况表、拟投入本标段的主要设备表等。

限于篇幅,这里不详细介绍,详见《公路工程标准施工招标资格预审文件》(2018 年版)。

3.3.4　资格预审评审方法及标准

资格预审的方法有合格制法和有限数量法两种(表3.1、表3.2)。无特殊情况,招标人一般采用合格制法。审查委员会根据资格审查办法中规定的审查标准,对所有已受理的资格预审申请文件进行审查,没有规定的方法和标准不得作为审查依据。

1)合格制法

资格预审合格制法是一种符合性审查的方法,凡符合表 3.1 中"初步审查标准"和"详细审查标准"的申请人均通过资格预审。

(1)初步审查

审查委员会对资格预审申请文件进行初步审查,有一项因素不符合审查标准的,不能通过资格预审。审查委员会可以要求申请人提交近年财务状况和今年发生的诉讼及仲裁情况有关证明和证件的原件,以便核验。

表 3.1　资格审查办法(合格制)

条款号		审查因素与标准
2.1	初步审查标准	(1)申请人名称与营业执照、组织机构代码证、资质证书、安全生产许可证一致; (2)资格预审申请文件按照资格预审文件规定的格式、内容填写,字迹清晰可辨; (3)资格预审申请文件签署、盖章情况符合第二章"申请人须知"规定;① (4)提交资格预审申请文件的标段与购买资格预审文件的标段一致; (5)申请人的授权委托书或法定代表人身份证明符合第二章"申请人须知"规定; (6)资格预审申请文件正、副本份数符合第二章"申请人须知"规定; (7)资格预审申请人如果以联合体形式申请,符合第二章"申请人须知"规定; (8)资格预审申请文件没有对招标人的权利提出削弱性或限制性要求,没有对申请人的责任和义务提出实质性修改; ……
2.2	详细审查标准	(1)申请人具备有效的营业执照、组织机构代码证、资质证书、安全生产许可证和基本账户开户许可证; (2)申请人的资质等级符合第二章"申请人须知"第1.4.1项规定; (3)申请人的财务状况符合第二章"申请人须知"第1.4.1项规定; (4)申请人的类似项目业绩符合第二章"申请人须知"第1.4.1项规定; (5)申请人的信誉符合第二章"申请人须知"第1.4.1项规定; (6)申请人的项目经理(包括备选人)和项目总工(包括备选人)资格符合第二章"申请人须知"第1.4.1项规定; (7)申请人的其他要求符合第二章"申请人须知"第1.4.1项规定; (8)申请人不存在第二章"申请人须知"第1.4.3项或第1.4.4项规定的任何一种情形; (9)申请人符合第二章"申请人须知"第1.4.5项规定; (10)以联合体形式申请资格预审的,联合体各方均未再以自己的名义单独或参加其他联合体在同一标段中申请资格预审;独立提出资格预审申请的,申请人未同时参加联合体在同一标段中申请资格预审; (11)在资格预审过程中,申请人不存在串通投标、弄虚作假、行贿或其他违法违规行为,串通投标、弄虚作假行为按照《中华人民共和国招标投标法实施条例》第三十九条至第四十二条的规定进行评审和认定; ……
3.2.3	详细审查	单位负责人为同一人或存在控股、管理关系的不同单位参加同一标段资格预审申请的,按照以下优先顺序确定通过资格预审的单位: (1)被招标项目所在地省级交通运输主管部门评为较高信用等级的申请人优先; (2)上一年度净资产高的申请人优先; ……

---

①此处"第二章"是指《公路工程标准施工招标资格预审文件》(2018年版)第二章",下同。

（2）详细审查

审查委员会对通过初步审查的资格预审申请文件进行详细审查。有一项因素不符合审查标准的,不能通过资格预审。通过资格预审的申请人除应满足初步审查和详细审查标准外,还不得存在下列任何一种情况:

①不按审查委员会要求澄清或说明的;招标人不具有独立法人资格的附属机构(单位);

②为本标段前期准备提供设计或咨询服务的,但设计施工总承包的除外;

③为本标段的监理人、代建人提供招标代理机构服务的;

④与本标段的监理人或代建人或招标代理机构同为一个法定代表人的;

⑤与本标段监理人或代建人或招标代理机构相互控股或参股的;

⑥与本标段监理人或代建人或招标代理机构相互任职或工作的;

⑦被责令停业的;

⑧被暂停或取消投标资格的;

⑨财产被接管或冻结的;

⑩在最近3年内有骗取中标或严重违约或重大工程质量问题的;

⑪在资格预审过程中有弄虚作假、行贿或有其他违法违规行为的。

（3）资格预审申请文件的澄清

在审查过程中,审查委员会可以书面形式要求申请人对所提交的资格预审申请文件中不明确的内容进行必要的澄清或说明。申请人的澄清或说明应采用书面形式,且不得改变资格预审申请文件的实质性内容。申请人的澄清和说明内容属于资格预审申请文件的组成部分。招标人和审查委员会不接受申请人主动提出的澄清或说明。

2）有限数量制法

在初步审查和详细审查标准满足的前提下,对资格预审申请文件进行量化打分,再按得分由高到低的顺序确定通过资格预审的申请人。通过资格预审的申请人不超过有限数量制资格审查办法中规定的数量。具体步骤如下:

该方法第①—③步骤同合格制法。第4步为评分。情况一:通过详细审查的申请人不少于3个且没有超过表3.2规定资格预审的人数,均为通过资格预审,不再进行评分;情况二:通过详细审查的申请人数量超过表3.2规定资格预审的人数,审查委员会会依据表3.2中2.3项评分内容和标准(人员、财务状况、类似项目业绩、信誉、初步施工组织计划)进行评分,按得分由高到低的顺序进行排序。

表 3.2   资格预审办法（有限数量制）

条款号	条款名称	编列内容
1	通过资格预审的人数	通过初步审查和详细审查的申请人,按综合得分由高到低的顺序排序,选择前_____名通过资格预审

续表

条款号	条款名称	编列内容
2		审查因素与标准
2.1	初步审查标准	（1）申请人名称与营业执照、组织机构代码证、资质证书、安全生产许可证一致； （2）资格预审申请文件按照资格预审文件规定的格式、内容填写，字迹清晰可辨； （3）资格预审申请文件签署、盖章情况符合第二章"申请人须知"第3.3.1项规定；① （4）提交资格预审申请文件的标段与购买资格预审文件的标段一致； （5）申请人的授权委托书或法定代表人身份证明符合第二章"申请人须知"第3.2.2项规定； （6）资格预审申请文件正、副本份数符合第二章"申请人须知"第3.3.2项规定； （7）资格预审申请人如果以联合体形式申请，符合第二章"申请人须知"第1.4.2项规定； （8）资格预审申请文件没有对招标人的权利提出削弱性或限制性要求，没有对申请人的责任和义务提出实质性修改； ……
2.2	详细审查标准	（1）申请人具备有效的营业执照、组织机构代码证、资质证书、安全生产许可证和基本账户开户许可证； （2）申请人的资质等级符合第二章"申请人须知"第1.4.1项规定； （3）申请人的财务状况符合第二章"申请人须知第1.4.1项规定； （4）申请人的类似项目业绩符合第二章"申请人须知"第1.4.1项规定； （5）申请人的信誉符合第二章"申请人须知"第1.4.1项规定； （6）申请人的项目经理（包括备选人）和项目总工（包括备选人）资格、在岗情况符合第二章"申请人须知"第1.4.1项规定； （7）申请人的其他要求符合第二章"申请人须知"第1.4.1项规定； （8）申请人不存在第二章"申请人须知"第1.4.3项或第1.4.4项规定的任何一种情形； （9）申请人符合第二章"申请人须知"第1.4.5项规定； （10）以联合体形式申请资格预审的，联合体各方均未再以自己名义单独或参加其他联合体在同一标段中申请资格预审；独立提出资格预审申请的，申请人未同时参加联合体在同一标段中申请资格预审； （11）在资格预审过程中申请人不存在串通投标、弄虚作假、行贿或其他违法违规行为，串通投标、弄虚作假行为按照《中华人民共和国招标投标法实施条例》第三十九条至第四十二条的规定进行评审和认定； （12）审查委员会要求申请人对资格预审申请文件进行澄清或说明的，申请人的澄清或说明符合本章正文第3.3款规定；② ……

①此处"第二章"是指《公路工程标准施工招标资格预审文件》（2018年版）第二章"，下同。
②此处"本章"是指《公路工程标准施工招标资格预审文件》（2018年版）第三章"。

续表

条款号	条款名称	编列内容
3.2.3	详细审查	单位负责人为同一人或存在控股、管理关系的不同单位参加同一标段资格预审申请的,按照以下优先顺序确定通过资格预审的单位: (1)综合得分高的申请人优先; (2)被招标项目所在地省级交通运输主管部门评为较高信用等级的申请人优先; (3)上一年度净资产高的申请人优先; ……

条款号	条款名称	评分因素与权重分值				评分标准
		评分因素	评分因素权重分值	各评分因素细分项	分　值	
2.3	评分标准	拟投入本标段的项目经理(包括备选人)和项目总工(包括备选人)资历				
		类似工程施工经验				
		履约信誉				
		财务能力				
		初步施工组织计划				

招标人应根据项目具体情况确定各评分因素及评分因素权重分值,并对各评分因素进行细分(如有),确定各评分因素细分项的分值,各评分因素权重分值合计应为 100 分。各评分因素得分应以审查委员会各成员的打分平均值确定,审查委员会成员总数为 7 人以上时,该平均值以去掉一个最高分和一个最低分后计算。

招标人应列明各评分因素或各评分因素细分项(如有)的评分标准,并作为审查委员会进行评分的依据。

对于特别复杂的特大桥梁和特长隧道项目主体工程以及其他有特殊要求的工程,还可以将其他管理和技术人员(如项目副经理、专业工程师等)以及主要机械设备和试验检测设备列为评分因素进行评分,并适当调整本标准文件规定的评分因素权重分值范围。

各评分因素权重分值范围如下:拟投入本标段的项目经理(包括备选人)和项目总工(包括备选人)资历、信誉为 25～40 分;类似工程施工经验为 25～35 分;履约信誉为 10～25 分;财务能力为 10～20 分;技术能力为 0～10 分。

招标人可结合招标项目所在地省级交通运输主管部门对申请人的信用评级,对其履约信用进行评分,但不得任意设置歧视性条款并不得任意设立行政许可。

"技术能力"指申请人的科研开发和技术创新能力,招标人可结合招标项目的具体情况提出相关要求,包括申请人获得的与项目施工有关的国家级工法、专利(发明专利或实用新型专利)、国家或省级科学技术进步奖,以及主编或参编过的国家、行业或地方标准等。

3.3.5　资格后审

1)适用范围

资格后审适用于某些开工期要求紧迫、工程较为简单的情况。

2)审核时间

投标人在提交投标书的同时报送资格审查资料,以便评标委员会在开标后或评标前对投标人资格进行审查。

3)审查的内容

基本上同资格预审的内容。经评标委员会审查资格合格者,才能进入下一步评标工作程序。

3.4　招标文件的编制

3.4.1　招标文件的组成

为加强公路工程施工招标管理,规范招标文件编制工作,交通运输部公路局组织国内专家对 2009 年版《公路工程标准施工招标文件》进行修订并经审定形成了《公路工程标准施工招标文件》(2018 年版)。《公路工程标准施工招标文件》(2018 年版)共分 4 卷,具体内容如下:第一卷分 5 章,分别是招标公告/投标邀请书格式、投标人须知、评标办法、合同条款及格式、工程量清单;第二卷共 1 章,为图纸;第三卷共 2 章,分别是技术规范、工程量清单计量规则;第四卷共 1 章,为投标书文件格式。

3.4.2　招标公告

采用公开招标的,根据资格审查方式不同,招标公告分为采用资格预审方式的招标公告和采用资格后审的招标公告。

招标公告(未进行资格预审)①

_____(项目名称)_____标段施工招标公告②

1. 招标条件

本招标项目_____(项目名称)已由_____(项目审

---

　①招标人可根据项目具体特点和实际需要对本章内容进行补充、细化,但应遵守《中华人民共和国招标投标法》第十六条和《招标公告和公示信息发布管理办法》等有关法律法规的规定。

　②招标人应自招标文件开始发售之日起,将招标文件的关键内容上传至具有招标监督职责的交通运输主管部门政府网站或其指定的其他网站上进行公开,公开内容包括项目概况、对投标人的全部资格条件要求、评标办法全文、招标人联系方式等。招标人可将招标文件的关键内容全部载明在招标公告正文中,或作为招标公告的附件进行公开,或作为独立文件在网站上进行公开。

批、核准或备案机关名称)以＿＿＿＿＿＿＿＿＿＿＿＿＿＿＿(批文名称及编号)批准建设,施工图设计已由(批准机关名称)以＿＿＿＿＿＿＿＿＿＿＿＿＿＿(批文名称及编号)批准,项目业主为＿＿＿＿＿＿＿＿＿＿＿＿＿,建设资金来自＿＿＿＿＿＿＿＿＿＿＿＿＿＿(资金来源),出资比例为＿＿＿＿＿＿＿＿＿＿＿＿＿,招标人为＿＿＿＿＿＿＿＿＿＿＿＿＿。项目已具备招标条件,现对该项目的施工进行公开招标。

2.项目概况与招标范围

＿＿＿＿＿＿＿＿＿＿(说明本次招标项目的建设地点、规模、计划工期、招标范围、标段划分等)。

3.投标人资格要求

3.1 本次招标要求投标人须具备＿＿＿＿＿＿＿＿＿资质、＿＿＿＿＿＿＿＿＿业绩,并在人员、设备、资金等方面具有相应的施工能力。

投标人应进入交通运输部"全国公路建设市场信用信息管理系统"中的公路工程施工资质企业名录,且投标人名称和资质与该名录中的相应企业名称和资质完全一致。[①]

3.2 本次招标＿＿＿＿＿＿＿＿＿(接受或不接受)联合体投标。联合体投标的,应满足下列要求:＿＿＿＿＿＿＿＿＿＿＿＿＿＿＿。

3.3 每个投标人最多可对＿＿＿＿＿＿(具体数量)个标段投标;被招标项目所在地省级交通运输主管部门评为＿＿＿＿＿信用等级的投标人,最多可对＿＿＿＿＿＿(具体数量)个标段投标。[②]每个投标人允许中＿＿＿＿＿＿个标。对投标人信用等级的认定条件为:＿＿＿＿＿＿＿＿＿＿。

3.4 与招标人存在利害关系可能影响招标公正性的单位,不得参加投标。单位负责人为同一人或存在控股、管理关系的不同单位,不得参加同一标段投标,否则,相关投标均无效。

3.5 在"信用中国"网站中被列入失信被执行人名单的投标人,不得参加投标。

4.招标文件的获取

4.1 凡有意参加投标者,请于＿＿＿＿＿＿＿年＿＿＿＿＿＿＿＿＿＿月＿＿＿＿＿＿＿＿＿＿日至＿＿＿＿＿＿＿年＿＿＿＿＿＿＿＿＿＿月＿＿＿＿＿＿＿＿＿＿日[③],每日上午＿＿＿＿＿＿时＿＿＿＿＿＿分至＿＿＿＿＿＿时＿＿＿＿＿＿分,下午＿＿＿＿＿＿＿＿＿时＿＿＿＿＿＿分至＿＿＿＿＿＿＿＿＿时＿＿＿＿＿＿分(北京时间,下同),在＿＿＿＿＿＿＿＿＿＿＿＿＿(详细地址)持单位介绍信和经办人身份证购买招标文件。参加多个标段投标的投标人必须分别购买相应标段的招标文件,并对每个标段单独递交投标文件。

4.2 招标文件每套售价＿＿＿＿＿＿＿＿＿元[④],图纸每套售价＿＿＿＿＿＿＿＿＿元,招标人根据对本合同工程勘察所取得的水文、地质、气象和料场分布、取土场、弃土场位置等资料编制的参考资料每套售价＿＿＿＿＿＿＿＿＿元,售后不退[⑤]。

---

①本段规定仅适用于根据《关于发布公路工程从业企业资质名录的通知》(厅公路字〔2011〕114号)要求,招标人应通过名录对投标人资质条件进行审核的公路施工企业。

②招标人可根据招标项目所在地省级交通运输主管部门的有关规定,对信用等级高的投标人,给予增加参与投标标段数量的优惠。

③招标文件(未进行资格预审)的发售时间不得少于5日。

④招标文件中提到的货币单位除有特别说明外,均指人民币元。

⑤每套招标文件售价只计工本费,最高不超过1 000元(不含图纸部分);图纸每套售价最高不超过3 000元;参考资料也应只计工本费,最高不超过1 000元。

5. 投标文件的递交及相关事宜

5.1　招标人将于下列时间和地点组织进行工程现场踏勘并召开投标预备会。

踏勘现场时间：_____年_____月_____日_____时_____分,集中地点：_____；

投标预备会时间：_____年_____月_____日_____时_____分,地点：_____。

5.2　投标文件递交的截止时间(投标截止时间,下同)为_____年_____月_____日_____时_____分①,投标人应于当日_____时_____分至_____时_____分将投标文件递交至_____(详细地址)。

5.3　逾期送达的、未送达指定地点的或不按照招标文件要求密封的投标文件,招标人将予以拒收。

6. 发布公告的媒介

本次招标公告同时在_____(发布公告的媒介名称)上发布。

7. 联系方式

招 标 人：_____	招标代理机构：_____
地　　址：_____	地　　　　址：_____
邮政编码：_____	邮 政 编 码：_____
联 系 人：_____	联　系　人：_____
电　话：_____	电　　　话：_____
传　真：_____	传　　　真：_____
电子邮件：_____	电 子 邮 件：_____
网　址：_____	网　　　址：_____
开户银行：_____	开 户 银 行：_____
账　号：_____	账　　　号：_____

_____年_____月_____日

3.4.3　投标邀请书

采用邀请招标方式的,招标人应向 3 家及以上具备承担施工招标项目能力、资信良好的特定的法人或者其他组织发出投标邀请书。

---

①依法必须进行招标的公路工程,自招标文件开始发售之日起至投标人递交投标文件截止之日止,不得少于 20 日。

投标邀请书（适用于邀请招标）①

_____（项目名称）_____标段施工投标邀请书②

_____（被邀请单位名称）：

1. 招标条件

本招标项目_____（项目名称）已由_____（项目审批、核准或备案机关名称）以_____（批文名称及编号）批准建设，施工图设计已由_____（批准机关名称）以_____（批文名称及编号）批准，项目业主为_____，建设资金来自_____（资金来源），出资比例为_____，招标人为_____。项目已具备招标条件，现邀请你单位参加_____（项目名称）标段施工投标。

2. 项目概况与招标范围

_____（说明本次招标项目的建设地点、规模、计划工期、招标范围、标段划分等）。

3. 投标人资格要求

3.1　本次招标要求投标人须具备_____资质、_____业绩，并在人员、设备、资金等方面具有承担本标段施工的能力。

投标人应进入交通运输部"全国公路建设市场信用信息管理系统"中的公路工程施工资质企业名录，且投标人名称和资质与该名录中的相应企业名称和资质完全一致。③

3.2　本次招标_____（接受或不接受）联合体投标。联合体投标的，应满足下列要求：_____。

4. 招标文件的获取

4.1　请于_____年_____月_____日至_____年_____月_____日，每日上午_____时_____分至_____时_____分，下午_____时_____分至_____时_____分（北京时间，下同），在_____（详细地址）持本邀请书和单位介绍信、经办人身份证购买招标文件。

4.2　招标文件每套售价_____元，图纸每套售价_____元，招标人根据对本合同工程勘察所取得的水文、地质、气象和料场分布、取土场、弃土场位置等资料编制的参考资料每套售价_____元，售后不退。④

---

①招标人可根据项目具体特点和实际需要对本章内容进行补充、细化，但应遵守《中华人民共和国招标投标法》等有关法律法规的规定。

②招标人应自招标文件开始发售之日起，将招标文件的关键内容上传至具有招标监督职责的交通运输主管部门政府网站或其指定的其他网站上进行公开，公开内容包括项目概况、对投标人的全部资格条件要求、评标办法全文、招标人联系方式等。

③本段规定仅适用于根据《关于发布公路工程从业企业资质名录的通知》（厅公路字〔2011〕114 号）要求，招标人应通过名录对投标人资质条件进行审核的公路施工企业。

④每套招标文件售价只计工本费，最高不超过 1 000 元（不含图纸部分）；图纸每套售价最高不超过 3 000 元；参考资料也应只计工本费，最高不超过 1 000 元。

5.投标文件的递交及相关事宜

5.1 招标人将于下列时间和地点组织进行工程现场踏勘并召开投标预备会。

踏勘现场时间：_____年_____月_____日_____时_____分,集中地点：_____；

投标预备会时间：_____年_____月_____日_____时_____分,地点：_____。

5.2 投标文件递交的截止时间(投标截止时间,下同)为_____年_____月_____日_____时_____分,①投标人应于当日_____时_____分至_____时_____分将投标文件递交至_____(详细地址)。

5.3 逾期送达的、未送达指定地点的或不按照招标文件要求密封的投标文件,招标人将予以拒收。

6.确认

你单位收到本邀请书后,请于_____年_____月_____日_____时_____分前,以书面形式确认是否参加投标。在本邀请书规定的时间内未表示是否参加投标或明确表示不参加投标的,不得再参加投标。

7.联系方式

招 标 人：_____ 招标代理机构：_____
地　　址：_____ 地　　　　址：_____
邮政编码：_____ 邮 政 编 码：_____
联 系 人：_____ 联　系　人：_____
电　　话：_____ 电　　　　话：_____
传　　真：_____ 传　　　　真：_____
电子邮件：_____ 电 子 邮 件：_____
网　　址：_____ 网　　　　址：_____
开户银行：_____ 开 户 银 行：_____
账　　号：_____ 账　　　　号：_____

_____年____月____日

3.4.4 投标人须知及投标人须知前附表

1)投标人须知前附表

投标须知中首先应列出投标须知前附表(表3.3),将一些重要内容集中列在表中,便于投标人重点和概括地了解招标情况。

---

①依法必须进行招标的公路工程,自招标文件开始发售之日起至投标人递交投标文件截止之日止,不得少于20日。

表 3.3　投标人须知前附表①

条款号	条款名称	编列内容
1.1.2	招标人	名称： 地址： 联系人： 电话：
1.1.3	招标代理机构	名称： 地址： 联系人： 电话：
1.1.4	招标项目名称	
1.1.5	标段建设地点	
1.2.1	资金来源及比例	
1.2.2	资金落实情况	
1.3.1	招标范围	
1.3.2	计划工期	计划工期：_____日历天 计划开工日期：_____年_____月_____日 计划交工日期：_____年_____月_____日②
1.3.3	质量要求	标段工程交工验收的质量评定：_____ 竣工验收的质量评定：_____
1.3.4	安全目标③	
1.4.1④	投标人资质条件、能力和信誉	资质要求：见附录1⑤ 财务要求：见附录2 业绩要求：见附录3 信誉要求：见附录4 项目经理和项目总工资格：见附录5 其他要求：⑥

①a."投标人须知前附表"用于进一步明确正文中的未尽事宜,由招标人根据招标项目具体特点和实际需要编制和填写,且应与招标文件中其他章节相衔接,并不得与本章正文内容相抵触。

　b."投标人须知前附表"中的附录表格同属"投标人须知前附表"内容,具有同等效力。

②招标人如有阶段工期要求,请在此补充。

③招标人应根据招标项目具体特点和实际需要,对工程施工过程中的人员安全提出目标要求。

④本项适用于未进行资格预审的情况。

⑤此处"附录1"指《公路工程标准施工招标文件》(2018年版)附录1",下同。

⑥对于特别复杂的特大桥梁和特长隧道项目主体工程以及其他有特殊要求的工程,招标人还可增加附录7对投标人的其他管理和技术人员(如项目副经理、专业工程师等)以及主要机械设备和试验检测设备提出要求。

条款号	条款名称	编列内容
1.4.2①	是否接受联合体投标	□不接受 □接受,应满足下列要求: 　(1)联合体所有成员数量不得超过_____家; 　(2)联合体牵头人应具有_____资质; ……
1.4.3	投标人不得存在的其他关联情形	
1.4.4	投标人不得存在的其他不良状况或不良信用记录	
1.10.2	投标人在投标预备会前提出问题	时间: 形式:
1.11.1	分包	□不允许 □允许,允许分包的专项工程(或不允许分包的专项工程):_____ 对分包人的资格要求:_____
2.1	构成招标文件的其他资料	
2.2.1	投标人要求澄清招标文件	时间:_____年_____月_____日_____时_____分
		形式:
2.2.2	招标文件澄清发出的形式	
2.2.3	投标人确认收到招标文件澄清	时间:收到澄清后_____小时内(以发出时间为准)
		形式:
2.3.1	招标文件修改发出的形式	
2.3.2	投标人确认收到招标文件修改	时间:收到修改后_____小时内(以发出时间为准)
		形式:
3.1.1	投标文件密封形式	□双信封 □单信封
3.1.1	构成投标文件的其他资料	
3.2.1	增值税税金的计算方法	
3.2.1	工程量清单的填写方式	□投标人按照招标人提供的工程量固化清单电子文件填写工程量清单,下载网站:_____ □投标人按照招标人提供的书面工程量清单填写工程量清单

---

①本项适用于未进行资格预审的情况。

续表

条款号	条款名称	编列内容
3.2.3	报价方式	□单价 □总价
3.2.6	是否接受调价函①	□是 □否
3.2.8	最高投标限价	□无 □有,最高投标限价_____元(其中含暂列金额_____元)
3.2.9	投标报价的其他要求	
3.3.1	投标有效期	自投标人提交投标文件截止之日起计算_____日
3.4.1	投标保证金	是否要求投标人递交投标保证金: □要求,投标保证金的金额:_____② 　　　　投标保证金可采用的其他形式:_____③招标人 　　　　指定的开户银行及账号如下: 　　　　账户名称:_____ 　　　　开户银行:_____ 　　　　账　　号:_____ 　　　　采用银行保函时,出具保函的银行级别:_____ □不要求
3.4.3	投标保证金的利息计算原则	(1)计算利息的起始日期为投标截至当日,终止日期为招标人退还投标保证金日期的前一日; (2)投标保证金的利息按照第①款所述计息时间段内招标人指定汇入银行公告的活期存款利率计付,并扣除招标人汇款手续费; (3)利息金额计算至分位,分以下尾数四舍五入
3.4.4	其他可以不予退还投标保证金的情形	
3.5④	资格审查资料的特殊要求	□无 □有,具体要求:_____
3.5.2⑤	近年财务状况的年份要求	_____年至_____年

①一般情况下建议招标人不接受调价函。
②招标人可根据招标项目所在地省级交通运输主管部门的有关规定,对信用等级高的投标人,给予减免投标保证金金额的优惠。
③招标人不得强制限定投标保证金必须采用现金或支票方式缴纳,不得拒绝银行保函形式的投标保证金。
④本项适用于未进行资格预审的情况。
⑤本项适用于未进行资格预审的情况。

条款号	条款名称	编列内容
3.5.3①	近年完成的类似项目情况的时间要求	_____年_____月_____日至_____年_____月_____日
3.6.1	是否允许递交备选投标方案	□不允许 □允许
3.7.4	投标文件副本份数及其他要求	投标文件副本份数： 是否要求提交电子版文件： 其他要求：
3.7.5	装订的其他要求	
4.1.2②	封套上应载明的信息	投标文件第一个信封（商务及技术文件）封套： 招标人名称：_____ 招标人地址：_____ _____（项目名称）_____标段施工招标第一个信封（商务及技术文件）投标文件 招标项目编号：_____ 在_____年_____月_____日_____时_____分前不得开启 投标人名称：_____ 投标文件第二个信封（报价文件）封套： 招标人名称：_____ 招标人地址：_____ _____（项目名称）_____标段施工招标第二个信封（报价文件）投标文件 招标项目编号：_____ 在投标文件第二个信封（报价文件）开标前不得开启 投标人名称：_____ 投标人地址：_____ 银行保函封套： 招标人名称：_____ 招标人地址：_____ _____（项目名称）_____标段施工招标投标保证金（银行保函原件） 招标项目编号：_____ 投标人名称：_____ _____

①本项适用于未进行资格预审的情况。
②本项适用于采用双信封形式的投标文件。

续表

条款号	条款名称	编列内容
4.1.2①	封套上应载明的信息	投标文件封套： 招标人名称：＿＿＿＿＿＿＿＿＿＿＿＿＿＿＿＿ 招标人地址：＿＿＿＿＿＿＿＿＿＿＿＿＿＿＿＿ ＿＿（项目名称）＿＿标段施工招标投标文件 招标项目编号：＿＿＿＿＿＿＿＿＿＿＿＿＿＿ 在＿＿＿＿＿＿年＿＿＿＿＿＿＿月＿ 日＿＿＿＿＿＿＿时＿＿＿＿＿＿＿分前不得开启 投标人名称：＿＿＿＿＿＿＿＿＿＿＿＿＿＿ 银行保函封套：＿＿＿＿＿＿＿＿＿＿＿＿＿＿ 招标人名称：＿＿＿＿＿＿＿＿＿＿＿＿＿＿ 招标人地址：＿＿＿＿＿＿＿＿＿＿＿＿＿＿ ＿＿（项目名称）＿＿标段施工招标投标保证金（银行保函原件） 招标项目编号：＿＿＿＿＿＿＿＿＿＿＿＿＿ 投标人名称：＿＿＿＿＿＿＿＿＿＿＿＿＿＿
4.2.3	是否退还投标文件	□否 □是,退还时间:
5.1②	开标时间和地点	投标文件第一个信封（商务及技术文件） 开标时间:同投标截止时间 投标文件第一个信封（商务及技术文件） 开标地点:同递交投标文件地点 投标文件第二个信封（报价文件）开标时间:＿＿＿＿ 投标文件第二个信封（报价文件）开标地点:＿＿＿＿
5.1③	开标时间和地点	开标时间:同投标截止时间 开标地点:同递交投标文件地点
5.2.1④	第一个信封（商务及技术文件）开标程序	(4)密封情况检查:检查商务及技术文件是否存在提前开启情况 (5)开标顺序:＿＿＿＿＿＿＿＿＿
5.2.3⑤	第二个信封（报价文件）开标程序	(4)密封情况检查:检查报价文件是否存在提前开启情况 (5)开标顺序:＿＿＿＿＿＿＿＿＿

①本项适用于采用单信封形式的投标文件。
②本项适用于采用双信封形式的投标文件。
③本项适用于采用单信封形式的投标文件。
④本项适用于采用双信封形式的投标文件。
⑤本项适用于采用双信封形式的投标文件。

条款号	条款名称	编列内容
5.2.1①	开标程序	(4)密封情况检查:<u>检查投标文件是否存在提前开启情况</u> (5)开标顺序:＿＿＿＿＿
6.1.1	评标委员会的组建②	评标委员会构成:＿＿＿＿＿＿＿人,其中招标人代表＿＿＿＿＿人,专家＿＿＿＿＿人; 评标专家确定方式:依法从相应评标专家库中随机抽取
6.3.2	评标委员会推荐中标候选人的人数	
7.1	中标候选人公示媒介及期限	公示媒介: 公示期限:＿＿＿＿＿＿＿＿＿＿日 公示的其他内容:＿＿＿＿＿＿＿＿＿
7.4	是否授权评标委员会确定中标人	□是 □否
7.5	中标通知书和中标结果通知发出的形式	
7.6	中标结果公告媒介及期限	公告媒介: 公告期限:＿＿＿＿＿＿＿＿＿＿日
7.7.1	履约保证金	是否要求中标人提交履约保证金: □要求,履约保证金的形式:<u>银行保函或现金、支票形式</u>③ 　履约保证金的金额:＿＿＿＿＿%签约合同价,被招标项目所在地省级交通运输主管部门评为＿＿＿＿＿＿信用等级的中标人,履约保证金金额为＿＿＿＿＿＿%签约合同价④ 　采用银行保函时,出具保函的银行级别:＿＿＿＿＿＿ □不要求
8.5.1	监督部门	监督部门:＿＿＿＿＿＿＿ 地　　　址:＿＿＿＿＿＿＿ 电　　　话:＿＿＿＿＿＿＿ 传　　　真:＿＿＿＿＿＿＿ 邮政编码:＿＿＿＿＿＿＿
9	是否采用电子招标投标	□否 □是,具体要求:
需要补充的其他内容		

①本项适用于采用单信封形式的投标文件。

②评标委员会应由招标人代表和有关方面的专家组成,人数为 5 人以上单数,其中技术、经济专家人数应不少于成员总数的 2/3。

③招标人不得强制限定履约保证金必须采用现金或支票方式缴纳,不得拒绝银行保函形式的履约保证金。

④招标人可根据招标项目所在地省级交通运输主管部门的有关规定,对信用等级高的投标人,给予减少履约保证金金额的优惠。

编制投标人须知的目的是让投标人了解业主对编标的要求,并提供必要的资料,如投标人在整个投标过程中所必须遵守的各项规定及招标时应考虑的问题或应注意的事项。

在编写投标须知时,特别要注意下列问题:

①投标有效期。自开标日算起,一般项目采用70～120天,大型复杂的项目可用180天,业主可根据需要选定一个投标有效期。

②投标担保、履约担保。设立投标担保和履约担保是对招标人和业主的合理保护,担保金额既要能起到保护的作用,还要照顾投标人的利益,不宜过高。投标担保一般为合同总价的2%～3%,或规定一个固定金额。履约担保一般为合同总价的10%左右。担保的形式既要方便,还应该保险,一般有现金支票、银行汇票、银行保函或其他形式。这些可由招标人确定。

③选择性报价。招标人要确定是否允许选择性报价,如果允许,应在完成原标书选定方案的标价以外,另附选择性方案及其对原方案总标价的增减金额,并附施工方案及相关的技术规范、设计计算书。只有选择性方案比原方案标价低,或者技术上更合理、更先进,或者能缩短工期的投标人才有可能被考虑。

④标前会议。招标人通常要召开标前会议,但其会期安排应在现场考察之后进行,并与现场考察时间安排有一定的间隔。这有利于投标人研究招标文件,在参加现场考察后,才能书面向招标人提问并得到解答。

⑤投标书的数量。投标书的正本一份、副本数量多少以及是否需要电子文档。如果需要,用什么作为载体,是光盘、软盘还是U盘。

⑥投标书的更改与撤回。在投标书送出后,如需修改或撤销投标,必须在投标截止期之前用书面修改或撤销通知书递交业主或招标人。递交方式与投标书一样,递交日期应不迟于投标截止期。

⑦投标截止期及开标的时间安排。一般情况下,投标截止的时间就是开标的时间,投标文件送交的地方就是开标的地点。

⑧评标方法的确定。这是一个关键的问题,评标方法的好坏很大程度上决定了招标工作的成败。

2)投标人须知

投标人须知是指导投标人正确地进行投标报价的文件,规定了编制投标文件和投标应注意、考虑的程序规定和一般规定,特别是实质性规定。《公路工程标准施工招标文件》(2018年版)关于投标须知的内容如下:

①第一部分:总则;

②第二部分:招标文件;

③第三部分:投标文件;

④第四部分:投标;

⑤第五部分:开标;

⑥第六部分:评标;

⑦第七部分:合同授予;

⑧第八部分:纪律和监督;

⑨第九部分:是否采用电子招标投标;

⑩第十部分:需要补充的其他内容。

(1)总则

①项目概况。根据《招标投标法》等有关法律、法规和规章的规定,招标项目已具备招标条件,对本标段施工进行招标。

②资金来源和落实情况。

③招标范围、计划工期和质量要求。

④投标人资格要求:

a.投标人须知前附表规定接受联合体投标的,联合体除应符合本章第 1.4.1 项和投标人须知前附表的要求外,还应遵守以下规定:[①]

● 联合体各方应按招标文件提供的格式签订联合体协议书,明确联合体牵头人和各方权利义务,并承诺就中标项目向招标人承担连带责任。

● 由同一专业的单位组成的联合体,按照资质等级较低的单位确定资质等级。

● 联合体各方不得再以自己名义单独或参加其他联合体在同一标段中投标。

● 联合体各方应分别按照本招标文件的要求,填写投标文件中的相应表格,并由联合体牵头人负责对联合体各成员的资料进行统一汇总后一并提交给招标人;联合体牵头人所提交的投标文件应认为已代表了联合体各成员的真实情况。

● 尽管委任了联合体牵头人,但联合体各成员在投标、签订合同与履行合同过程中,仍负有连带的和各自的法律责任。

b.投标人(包括联合体各成员)不得存在下列不良状况或不良信用记录:

● 被省级及以上交通运输主管部门取消招标项目所在地的投标资格且处于有效期内。

● 被责令停业,暂扣或吊销执照,或吊销资质证书。

● 进入清算程序,或被宣告破产,或其他丧失履约能力的情形。

● 在国家企业信用信息公示系统中被列入严重违法失信企业名单。

● 在"信用中国"网站中被列入失信被执行人名单。

● 投标人或其法定代表人、拟委任的项目经理在近 3 年内有行贿犯罪行为的(行贿犯罪行为的认定以检察机关职务犯罪预防部门出具的查询结果为准)。

● 法律法规或投标人须知前附表规定的其他情形。

⑤费用承担。投标人准备和参加投标活动发生的费用自理。

⑥保密。参与招标投标活动的各方应对招标文件和投标文件中的商业和技术等秘密保密,违者应对由此造成的后果承担法律责任。

⑦语言文字。招标投标使用的语言文字为中文。专用术语使用外文的,应附有中文注释。

⑧计量单位。所有计量均采用中华人民共和国法定计量单位。

⑨踏勘现场。第一章"招标公告"或"投标邀请书"规定组织踏勘现场的,招标人按规定的时间、地点组织投标人踏勘项目现场。部分投标人未按时参加踏勘现场的,不影响踏勘现场的正常进行。招标人不得组织单个或部分投标人踏勘项目现场。[②]

---

① "本章"是指《公路工程标准施工招标文件》(2018 年版)第二章"。
② "第一章"是指《公路工程标准施工招标文件》(2018 年版)第一章。"

⑩投标预备会。

a. 第一章"招标公告"或"投标邀请书"规定召开投标预备会的,招标人按规定的时间和地点召开投标预备会,澄清投标人提出的问题。[①]

b. 投标人应按投标人须知前附表规定的时间和形式将提出的问题送达招标人,以便招标人在会议期间澄清。

c. 投标预备会后,招标人将对投标人所提问题的澄清,以本章第2.2款规定的形式通知所有购买招标文件的投标人。该澄清内容为招标文件的组成部分。

⑪分包。项目严禁转包和违规分包,且不得再次分包。投标人拟在中标后将中标项目的部分非主体、非关键性工作进行分包的应符合规定的分包内容、分包金额和接受分包的第三人资质要求等的限制性条件。

⑫响应和偏差。偏差包括重大偏差和细微偏差。投标文件偏离招标文件某些要求,视为投标文件存在偏差。

a. 投标文件偏离招标文件某些要求,视为投标文件存在偏差。

b. 投标文件应对招标文件的实质性要求和条件做出满足性或更有利于招标人的响应,否则,视为投标文件存在重大偏差,投标人的投标将被否决。

投标文件存在第三章"评标办法"中所列任一否决投标情形的,均属于存在重大偏差。

c. 投标文件中的下列偏差为细微偏差:

● 在按照第三章"评标办法"的规定对投标价进行算术性错误修正及其他错误修正后,最终投标报价未超过最高投标限价(如有)的情况下,出现第三章"评标办法"规定的算术性错误和投标报价的其他错误。

● 施工组织设计(含关键工程技术方案)和项目管理机构不够完善。

● 投标文件页码不连续、采用活页夹装订、个别文字有遗漏错误等不影响投标文件实质性内容的偏差。

d. 评标委员会对投标文件中的细微偏差按如下规定处理:

● 对于本章第1.12.3项(1)目所述的细微偏差,按照第三章"评标办法"的规定予以修正并要求投标人进行澄清。

● 对于本章第1.12.3项(2)目所述的细微偏差,如果采用合理低价法或经评审的最低投标价法评标,应要求投标人对细微偏差进行澄清。只有投标人的澄清文件被评标委员会接受,投标人才能参加评标价的最终评比。如果采用技术评分最低标价法或综合评分法评标,可在相关评分因素的评分中酌情扣分。

● 对于本章第1.12.3项(3)目所述的细微偏差,可要求投标人对细微偏差进行澄清。

e. 投标人应根据招标文件的要求提供施工组织设计等内容以对招标文件做出响应。

(2)招标文件

招标文件的组成:

a. 本招标文件包括招标公告(或投标邀请书)、投标人须知、评标办法、合同条款及格式、工

---

① "第一章"指《公路工程标准施工招标文件》(2018年版)第一章,下文中"本章""第三张""附录6""附录7"等均指《公路工程标准施工招标文件》(2018年版)"对应章节内容,不再一一注释。

程量清单、图纸、技术规范、工程量清单计量规则、投标文件格式、投标人须知前附表规定的其他材料。

对招标文件所作的澄清、修改,构成招标文件的组成部分。

b.招标文件的澄清。招标文件的澄清将在投标人须知前附表规定的投标截止时间 15 天前以书面形式发给所有购买招标文件的投标人,但不指明澄清问题的来源。如果澄清发出的时间距投标截止时间不足 15 天,相应延长投标截止时间。投标人有责任保证所有购买招标文件的投标人收到招标文件的澄清。

c.招标文件的修改。投标截止时间 15 天前,招标人可以书面形式修改招标文件,并通知所有已购买招标文件的投标人。如果修改招标文件的时间距投标截止时间不足 15 天,且修改内容可能影响文件编制的,相应延长投标截止时间。招标人有责任保证所有购买招标文件的投标人收到招标文件的修改。

d.招标文件的异议。投标人或其他利害关系人对招标文件有异议的,应在投标截止时间 10 日前以书面形式提出。招标人将在收到异议之日起 3 日内作出答复;作出答复前,将暂停招标投标活动。

（3）投标文件

①投标文件的组成。根据投标人须知前附表规定的不同形式,投标文件的组成应满足相应条款要求。若采用双信封形式,采用以下条款:投标文件应包括第一个信封（商务及技术文件）和第二个信封（报价文件）。

第一个信封（商务及技术文件）包括以下内容:

a.投标函及投标函附录;

b.授权委托书或法定代表人身份证明;

c.联合体协议书;

d.投标保证金;

e.施工组织设计;

f.项目管理机构;

g.拟分包项目情况表;

h.资格审查资料;

i.投标人须知前附表规定的其他资料。

第二个信封（报价文件）包括以下内容:

a.调价函及调价后的工程量清单（如有）;

b.投标函;

c.已标价工程量清单;

d.合同用款估算表。

投标人在评标过程中做出的符合法律法规和招标文件规定的澄清确认,构成投标文件的组成部分。

若采用单信封形式,采用以下条款:

a.投标函及投标函附录;

b.授权委托书或法定代表人身份证明;

c.联合体协议书；

d.投标保证金；

e.已标价工程量清单；

f.施工组织设计；

g.项目管理机构；

h.拟分包项目情况表；

i.资格审查资料；

j.调价函及调价后的工程量清单（如有）；

k.投标人须知前附表规定的其他资料。

投标人在评标过程中做出的符合法律法规和招标文件规定的澄清确认，构成投标文件的组成部分。

②投标报价：

a.投标报价应包括国家规定的增值税税金，除投标人须知前附表另有规定外，增值税税金按一般计税方法计算。投标人应按第九章"投标文件格式"的要求在投标函中进行报价并填写工程量清单相应表格。

投标人应按投标人须知前附表规定的方式填写工程量清单。工程量清单的填写分下列两种方式：

● 本项目招标采用工程量固化清单，招标人在出售招标文件的同时向投标人提供工程量固化清单电子文件（光盘或 U 盘），或将工程量固化清单电子文件上传至投标人须知前附表载明的网站供投标人自行下载。投标人填写工程量清单中各子目的单价及总额价，即可完成投标工程量清单的编制，确定投标报价，并打印出投标工程量清单，编入投标文件。投标人未在工程量清单中填入单价或总额价的工程子目，将被认为其已包含在工程量清单其他子目的单价和总额价中，招标人将不予支付。

投标人必须严格遵循工程量固化清单电子文件中的数据、格式及运算定义，并将已填写完毕的投标工程量清单电子文件单独拷入招标人提供的光盘（或 U 盘）中密封在投标文件内一并交回。严禁投标人修改工程量固化清单电子文件中的数据、格式及运算定义。

投标人根据招标人提供的工程量固化清单电子文件填报，完成并打印的投标工程量清单中的投标报价和投标函大写金额报价应一致。如果报价金额出现差异，其投标将被否决。

● 本项目招标由招标人提供书面工程量清单，由投标人按照招标人提供的工程量清单填写本合同各工程子目的单价、合价和总额价。评标委员会将按照第三章"评标办法"的规定对投标价进行算术性错误修正及其他错误修正。

b.投标人应充分了解本项目的总体情况以及影响投标报价的其他要素。

c.项目的报价方式见投标人须知前附表。投标人在投标截止时间前修改投标函中的投标总报价，应同时修改投标文件"已标价工程量清单"中的相应报价。

d.投标人如果发现工程量清单中的数量与图纸中数量不一致时，应立即通知招标人核查。除非招标人以书面方式予以更正，否则，应以工程量清单中列出的数量为准。

e.投标人应根据《公路水运工程安全生产监督管理办法》，在投标总价中计入安全生产费用，安全生产费用应符合合同条款第 9.2.5 项的规定。工程量清单第 100 章内列有上述安全生产费的支付子目,由投标人按招标文件的规定填写总额价。

f. 除投标人须知前附表另有规定外,招标人不接受调价函。若招标人接收调价函,则应在招标文件中给出调价函的格式。投标人若有调价函则应遵循如下规定:

●调价函必须采用招标文件规定的格式;调价函应说明调价后的最终报价,并以最终报价为准,而且投标人只能有一次调价的机会。

●工程量清单中招标人指定的报价不允许调价。

●调价函必须附有调价后的工程量清单;调价函必须粘贴或机械装订在投标文件正本首页,与投标文件一起密封提交。

若投标人未提交调价后的工程量清单,或调价函未装在投标文件正本首页,调价函均视为无效,仍以原报价作为最终报价。若投标人提交的调价函多于一个,或对不允许调价的内容进行调价,或调价函有附加条件,其投标将被否决。

●若招标人接受调价函,投标人调价后的工程量清单和有效调价函的大写金额报价应保持一致。如果报价金额出现差异,则以有效调价函的大写金额报价为准。

g. 在合同实施期间,投标人填写的单价、合价和总额价是否由于物价波动进行价格调整按照合同条款第 16.1 款的规定处理。如果按照合同条款第 16.1.1 项的规定采用价格调整公式进行价格调整,由招标人根据项目实际情况测算确定价格调整公式中的变值权重范围,并在投标函附录价格指数和权重表中约定范围;投标人在此范围内填写各可调因子的权重,合同实施期间将按此权重进行调价。

h. 招标人设有最高投标限价的,投标人的投标报价不得超过最高投标限价。最高投标限价在投标人须知前附表中载明。

i. 投标报价的其他要求见投标人须知前附表。

③投标有效期:

a. 除投标人须知前附表另有规定外,投标有效期为 90 日。

b. 在投标有效期内,投标人撤销投标文件的,应承担招标文件和法律规定的责任。

c. 出现特殊情况需要延长投标有效期的,招标人以书面形式通知所有投标人延长投标有效期。投标人应予以书面答复,同意延长的,应相应延长其投标保证金的有效期,但不得要求或被允许修改其投标文件;投标人拒绝延长的,其投标失效,但投标人有权收回其投标保证金及以现金或支票形式递交的投标保证金的银行同期活期存款利息。

④投标保证金:

a. 投标人在递交投标文件的同时,应按投标人须知前附表规定的金额和第九章"投标文件格式"规定的投标保证金格式递交投标保证金,并作为其投标文件的组成部分。联合体投标的,其投标保证金由牵头人递交,并应符合投标人须知前附表的规定。

投标保证金应采用现金、支票、银行保函或招标人在投标人须知前附表规定的其他形式。

●若采用现金或支票,投标人应在递交投标文件截止时间之前,将投标保证金由投标人的基本账户转入招标人指定账户,否则视为投标保证金无效。招标人指定的开户银行及账号见投标人须知前附表。

●若采用银行保函,则应由符合投标人须知前附表规定级别的银行开具,并采用招标文件提供的格式。银行保函复印件装订在投标文件内,原件应在递交投标文件截止时间之前单独密封递交给招标人。

无论采取何种形式的投标保证金,投标保证金有效期均应与投标有效期一致。招标人如果按本章的规定延长了投标有效期,则投标保证金的有效期也相应延长。

b.投标人不按本章要求提交投标保证金的,评标委员会将否决其投标。

c.招标人最迟将在中标通知书发出后5日内向中标候选人以外的其他投标人退还投标保证金,与中标人签订合同后5日内向中标人和其他中标候选人退还投标保证金。投标保证金以现金或支票形式递交的,招标人应同时退还投标保证金的银行同期活期存款利息,且退还至投标人的基本账户。

利息计算原则见投标人须知前附表。

d.有下列情形之一的,投标保证金将不予退还:

● 投标人在投标有效期内撤销投标文件;

● 中标人在收到中标通知书后,无正当理由不与招标人订立合同,在签订合同时向招标人提出附加条件,或不按照招标文件要求提交履约保证金;

● 发生投标人须知前附表规定的其他可以不予退还投标保证金的情形。

⑤资格审查资料(适用于已进行资格预审的):

a.投标人在递交投标文件前,发生可能影响其投标资格的新情况的,应在投标文件中更新或补充其申请资格预审时提供的资料,以证实其各项资格条件仍能继续满足资格预审文件的要求。投标人至少应更新以下资料(如有):

● 财务状况方面的变化,新近取得银行信贷额度(如有必要)的证明和(或)获得其他资金来源的证据,以及现已接受(中标或签约)的新合同工程对财务状况的影响。

● 投标人名称的变化及有关批件。

b.如果投标人在投标阶段发生合并、分立、破产等重大变化,或发生重大安全或质量事故,或由于其他任何情况,导致投标人不再具备资格预审文件规定的各项资格条件或其投标影响招标公正性时,投标人必须在其投标文件中对上述情况进行如实说明。否则,招标人一经查实,将视为投标人弄虚作假,其投标将被否决。

c.招标人有权核查投标人在资格预审申请文件和投标文件中提供的资料。若在评标期间发现投标人提供了虚假资料,其投标将被否决;若在签订合同前发现作为中标候选人的投标人提供了虚假资料,招标人有权取消其中标资格;若在合同实施期间发现投标人提供了虚假资料,招标人有权从工程支付款或履约保证金中扣除不超过10%签约合同价的金额作为违约金。同时,招标人将投标人上述弄虚作假行为上报省级交通运输主管部门,作为不良记录纳入公路建设市场信用信息管理系统。

⑥资格审查资料(适用于未进行资格预审的)。除投标人须知前附表另有规定外,投标人应按下列规定提供资格审查资料,以证明其满足本章第1.4款规定的资质、财务、业绩、信誉等要求。

a.“投标人基本情况表”应附企业法人营业执照副本和组织机构代码证副本(按照“三证合一”或“五证合一”登记制度进行登记的,可仅提供营业执照副本,下同)、施工资质证书副本、安全生产许可证副本、基本账户开户许可证的复印件①,投标人在交通运输部"全国公路建设市场信用信息管理系统"公路工程施工资质企业名录中的网页截图复印件,以及投标人在国家企业信用信息公示系统中基础信息(体现股东及出资详细信息)的网页截图或由法定的社会验资机构出具的验资报告或注册地工商部门出具的股东出资情况证明复印件。

企业法人营业执照副本和组织机构代码证副本、施工资质证书副本、安全生产许可证副本、基本账户开户许可证的复印件应提供全本(证书封面、封底、空白页除外),应包括投标人名称、投标人其他相关信息、颁发机构名称、投标人信息变更情况等关键页在内,并逐页加盖投标人单位章。

b."财务状况表"应附经会计师事务所或审计机构审计的财务会计报表,包括资产负债表、现金流量表、利润表和财务情况说明书的复印件,具体年份要求见投标人须知前附表。投标人的成立时间少于投标人须知前附表规定年份的,应提供成立以来的财务状况表。

c."近年完成的类似项目"应是已列入交通运输主管部门"公路建设市场信用信息管理系统"并公开的主包已建业绩或分包已建业绩,具体时间要求见投标人须知前附表。

"近年完成的类似项目情况表"应附在交通运输部"全国公路建设市场信用信息管理系统"中查询到的企业"业绩信息"相关项目网页截图复印件,即包括"项目名称""标段类型""合同价""主要工程量""项目主要管理人员"等栏目在内的项目详细信息网页截图复印件。在交通运输部"全国公路建设市场信用信息管理系统"中无法查询,但可在省级交通运输主管部门"公路建设市场信用信息管理系统"中查询的,应附省级交通运输主管部门"公路建设市场信用信息管理系统"中查询到的网页截图复印件。除网页截图复印件外,投标人无须再提供任何业绩证明材料。

如投标人未提供相关项目网页截图复印件或相关项目网页截图中的信息无法证实投标人满足招标文件规定的资格审查条件(业绩最低要求),则该项目业绩不予认定。

d."投标人的信誉情况表"应附投标人在国家企业信用信息公示系统中未被列入严重违法失信企业名单、在"信用中国"网站中未被列入失信被执行人名单的网页截图复印件,以及由项目所在地或投标人住所地检察机关职务犯罪预防部门出具的近3年内投标人及其法定代表人、拟委任的项目经理均无行贿犯罪行为的查询记录证明原件。

e."拟委任的项目经理和项目总工资历表"应附项目经理和项目总工的身份证、职称资格证书以及资格审查条件所要求的其他相关证书(如建造师注册证书、安全生产考核合格证书等)的复印件,建造师注册证书、安全生产考核合格证书在政府相关部门网站上公开信息的网页截图复印件,以及投标人所属社保机构出具的拟委任的项目经理和项目总工程师的社保缴费证明或其他能够证明拟委任的项目经理和项目总工程师参加社保的有效证明材料复印件。

"拟委任的项目经理和项目总工资历表"还应附交通运输部"全国公路建设市场信用信息管理系统"中载明的、能够证明项目经理和项目总工具有相关业绩的网页截图复印件。在交通运输部"全国公路建设市场信用信息管理系统"中无法查询,但可在省级交通运输主管部门"公路建设市场信用信息管理系统"中查询的,应附省级交通运输主管部门"公路建设市场信用信

---

①招标文件中要求投标人提供的各类证照复印件均指彩色扫描件或彩色复印件,其他资料的复印件可为黑白扫描件或黑白复印件。

息管理系统"中查询到的网页截图复印件。除网页截图复印件外，投标人无须再提供任何业绩证明材料。如投标人未提供相关业绩网页截图复印件或相关业绩网页截图中的信息无法证实投标人满足招标文件规定的资格审查条件(项目经理和项目总工程师最低要求)，则该业绩不予认定。

如项目经理或项目总工程师目前仍在其他项目上任职，则投标人应提供由该项目发包人出具的、承诺上述人员能够从该项目撤离的书面证明材料原件。

f. "拟委任的其他管理和技术人员汇总表"(如有)应填报满足投标人须知前附表附录6规定的其他人员的相关信息。"拟委任的其他管理和技术人员资历表"(如有)中相关人员应附身份证、职称资格证书以及资格审查条件所要求的其他相关证书的复印件，相关业绩证明材料复印件，以及投标人所属社保机构出具的社保缴费证明或其他能够证明其参加社保的有效证明材料复印件。

g. "拟投入本标段的主要施工机械表""拟配备本标段的主要材料试验、测量、质检仪器设备表"(如有)应填报满足投标人须知前附表附录7规定的机械设备和试验检测设备。

h. 投标人须知前附表规定接受联合体投标的，本章第3.5.1项至第3.5.7项规定的表格和资料应包括联合体各方相关情况。

i. 除合同条款约定的特殊情形外，投标人在投标文件中填报的项目经理和项目总工程师不允许更换。

j. 投标人在投标文件中填报的资质、业绩、主要人员资历和目前在岗情况、信用等级等信息，应与其在交通运输主管部门"公路建设市场信用信息管理系统"上填报并发布的相关信息一致。投标人应根据本单位实际情况及时完成相关信息的申报、录入和动态更新，并对相关信息的真实性、完整性和准确性负责。

k. 招标人有权核查投标人在资格预审申请文件和投标文件中提供的资料。若在评标期间发现投标人提供了虚假资料，其投标将被否决；若在签订合同前发现作为中标候选人的投标人提供了虚假资料，招标人有权取消其中标资格；若在合同实施期间发现投标人提供了虚假资料，招标人有权从工程支付款或履约保证金中扣除不超过10%签约合同价的金额作为违约金。同时，招标人将投标人上述弄虚作假行为上报省级交通运输主管部门，作为不良记录纳入公路建设市场信用信息管理系统。

⑦备选投标方案：

a. 除投标人须知前附表规定允许外，投标人不得递交备选投标方案，否则其投标将被否决。

b. 允许投标人递交备选投标方案的，只有中标人所递交的备选投标方案方可予以考虑。评标委员会认为中标人的备选投标方案优于其按照招标文件要求编制的投标方案的，招标人可以接受该备选投标方案。

c. 投标人提供两个或两个以上投标报价，或在投标文件中提供一个报价，但同时提供两个或两个以上施工组织设计的，视为提供备选方案。

⑧投标文件的编制：

a. 投标文件应按第九章"投标文件格式"进行编写，如有必要，可以增加附页，作为投标文件的组成部分。其中，投标函附录在满足招标文件实质性要求的基础上，可以提出比招标文件要求更有利于招标人的承诺。

b. 投标文件应对招标文件有关工期、投标有效期、质量要求、安全目标、技术标准和要求、招标范围等实质性内容做出响应。

c. 投标文件应用不褪色的材料书写或打印。投标文件格式中明确要求投标人法定代表人或其委托代理人签字之处,必须由相关人员亲笔签名,不得使用印章、签名章或其他电子制版签名代替;明确要求投标人加盖单位章之处,必须加盖单位章。其中,投标函、调价函及对投标文件的澄清和说明应加盖投标人单位章,或由投标人的法定代表人或其委托代理人签字。

如果投标文件由委托代理人签署,则投标人须提交授权委托书,授权委托书应按第九章"投标文件格式"的要求出具,并由法定代表人和委托代理人亲笔签名,不得使用印章、签名章或其他电子制版签名代替。

如果由投标人的法定代表人亲自签署投标文件,则投标人须提交法定代表人身份证明,身份证明应符合第九章"投标文件格式"的要求。

以联合体形式参与投标的,投标文件由联合体牵头人的法定代表人或其委托代理人按上述规定签署并加盖联合体牵头人单位章。法定代表人授权委托书或法定代表人身份证明须由联合体牵头人按上述规定出具。

投标文件应尽量避免涂改、行间插字或删除。如果出现上述情况,改动之处应由投标人的法定代表人或其授权的代理人签字或盖单位章。

d. 投标文件正本一份,副本份数见投标人须知前附表。正本和副本的封面右上角上应清楚地标记"正本"或"副本"字样。投标人应根据投标人须知前附表要求提供电子版文件。当副本和正本不一致或电子版文件和纸质正本文件不一致时,以纸质正本文件为准。

e. 投标文件的正本与副本应分别装订成册(A4 纸幅),编制目录并逐页标注连续页码。投标文件不得采用活页夹装订,否则,招标人对由于投标文件装订松散而造成的丢失或其他后果不承担任何责任。装订的其他要求见投标人须知前附表。

(4)投标

①投标文件的密封和标识。

a. 若采用双信封形式,采用以下条款:

● 投标文件应采用双信封形式密封。投标文件第一个信封(商务及技术文件)以及第二个信封(报价文件)应单独密封包装。商务及技术文件的正本与副本应统一密封在一个封套中。报价文件的正本与副本、投标文件电子版文件(如需要)以及填写完毕的工程量固化清单电子文件(如采用工程量固化清单形式)应统一密封在另一个封套中。封套应加贴封条,并在封套的封口处加盖投标人单位章或由投标人的法定代表人或其委托代理人签字。

采用银行保函形式提交投标保证金的,银行保函原件应密封在单独的封套中。

● 投标文件第一个信封(商务及技术文件)、第二个信封(报价文件)以及银行保函封套上应写明的内容见投标人须知前附表。

b. 若采用单信封形式,采用以下条款:

● 投标文件应采用单信封形式密封。投标文件的正本与副本、投标文件电子版文件(如需要)以及填写完毕的工程量固化清单电子文件(如采用工程量固化清单形式)应统一密封在一个封套中。封套应加贴封条,并在封套的封口处加盖投标人单位章或由投标人的法定代表人或其委托代理人签字。

采用银行保函形式提交投标保证金的,银行保函原件应密封在单独的封套中。

- 投标文件以及银行保函封套上应写明的内容见投标人须知前附表。
- 未按相关要求密封的投标文件,招标人将予以拒收。

②投标文件的递交:

a. 投标人应在第一章"招标公告"或"投标邀请书"规定的投标截止时间前递交投标文件。

b. 投标人递交投标文件的地点:见第一章"招标公告"或"投标邀请书"。

c. 除投标人须知前附表另有规定外,投标人所递交的投标文件不予退还。投标人少于3个的,投标文件当场退还给投标人。

d. 逾期送达的或未送达指定地点的投标文件,招标人将予以拒收。

③投标文件的修改与撤回:

a. 在本章第4.2.1项规定的投标截止时间前,投标人可以修改或撤回已递交的投标文件,但应以书面形式通知招标人。

b. 投标人撤回投标文件的,招标人自收到投标人书面撤回通知之日起5日内退还已收取的投标保证金。

c. 修改的内容为投标文件的组成部分。修改的投标文件应按照本章第3条、第4条的规定进行编制、密封、标记和递交,并标明"修改"字样。

(5)开标

①开标时间和地点。

若采用双信封形式,采用以下条款:

招标人在本章第4.2.1项规定的投标截止时间(开标时间)和投标人须知前附表规定的地点对收到的投标文件第一个信封(商务及技术文件)公开开标,并邀请所有投标人的法定代表人或其委托代理人准时参加。

招标人在投标人须知前附表规定的时间和地点对投标文件第二个信封(报价文件)公开开标,并邀请所有投标人的法定代表人或其委托代理人准时参加。

投标人若未派法定代表人或委托代理人出席开标活动,视为该投标人默认开标结果。

若采用单信封形式,采用以下条款:

招标人在本章第4.2.1项规定的投标截止时间(开标时间)和投标人须知前附表规定的地点公开开标,并邀请所有投标人的法定代表人或其委托代理人准时参加。

投标人若未派法定代表人或委托代理人出席开标活动,视为该投标人默认开标结果。

②开标程序。

若采用双信封形式,采用以下条款:

a. 主持人按下列程序对投标文件第一个信封(商务及技术文件)进行开标:

- 宣布开标纪律;
- 公布在投标截止时间前递交投标文件的投标人数量;
- 宣布开标人、唱标人、记录人等有关人员姓名;
- 按照投标人须知前附表规定,由投标人推选的代表检查投标文件的密封情况;
- 按照投标人须知前附表规定的开标顺序当众开标,公布标段名称、投标人名称、投标保证金的递交情况、工期及其他内容,并记录在案;

- 投标人代表、招标人代表、记录人等有关人员在开标记录上签字确认；
- 开标结束。

b. 在投标文件第一个信封（商务及技术文件）开标现场，投标文件第二个信封（报价文件）不予开封，由招标人密封保存。

c. 招标人将按照本章第 5.1 款规定的时间和地点对投标文件第二个信封（报价文件）进行开标。主持人按下列程序进行开标：

- 宣布开标纪律；
- 当众拆开投标文件第一个信封（商务及技术文件）评审结果的密封袋，宣布通过投标文件第一个信封（商务及技术文件）评审的投标人名单；
- 宣布开标人、唱标人、记录人等有关人员姓名；
- 按照投标人须知前附表规定，由投标人推选的代表检查投标文件的密封情况；
- 按照投标人须知前附表规定的开标顺序当众开标，开标人只拆封通过投标文件第一个信封（商务及技术文件）评审的投标文件第二个信封（报价文件），公布标段名称、投标人名称、投标报价①及其他内容，并记录在案；
- 计算并宣布评标基准价；
- 将未通过投标文件第一个信封（商务及技术文件）评审的投标文件第二个信封（报价文件）退还给投标人；
- 投标人代表、招标人代表、记录人等有关人员在开标记录上签字确认；
- 开标结束。

d. 若采用合理低价法或综合评分法，在投标文件第二个信封（报价文件）开标现场，招标人将按第三章"评标办法"规定的原则计算并宣布评标基准价。若招标人发现投标文件出现以下任一情况，其投标报价将不再参加评标基准价的计算：

- 未在投标函上填写投标总价；
- 投标报价或调价函中的报价超出招标人公布的最高投标限价（如有）；
- 投标报价或调价函中报价的大写金额无法确定具体数值；
- 投标函上填写的标段号与投标文件封套上标记的标段号不一致。

如果投标人认为某一标段的评标基准价计算有误，有权在开标现场提出，经招标人当场核实确认之后，可重新宣布评标基准价。开标现场宣布的评标基准价除计算有误经评标委员会修正外，在整个评标期间保持不变，不随任何因素发生变化。

e. 在投标文件第一个信封（商务及技术文件）或第二个信封（报价文件）开标过程中，若招标人宣读的内容与投标文件不符，投标人有权在开标现场提出疑问，经招标人当场核查确认之后，可重新宣读其投标文件。若投标人现场未提出疑问，则认为投标人已确认招标人宣读的内容。

若采用单信封形式，采用以下条款：

a. 主持人按下列程序进行开标：

- 宣布开标纪律；

---

①若投标函或调价函中的投标价大小写金额不一致，应以大写金额为准。

- 公布在投标截止时间前递交投标文件的投标人数量；
- 宣布开标人、唱标人、记录人等有关人员姓名；
- 按照投标人须知前附表规定，由投标人推选的代表检查投标文件的密封情况；
- 按照投标人须知前附表规定的开标顺序当众开标，公布标段名称、投标人名称、投标保证金的递交情况、投标报价①、工期及其他内容，并记录在案；
- 计算并宣布评标基准价；
- 投标人代表、招标人代表、记录人等有关人员在开标记录上签字确认；
- 开标结束。

b. 若采用合理低价法或综合评分法，在开标现场，招标人将按第三章"评标办法"规定的原则计算并宣布评标基准价。若招标人发现投标文件出现以下任一情况，其投标报价将不再参加评标基准价的计算：

- 未在投标函上填写投标总价；
- 投标报价或调价函中的报价超出招标人公布的最高投标限价（如有）；
- 投标报价或调价函中报价的大写金额无法确定具体数值；
- 投标函上填写的标段号与投标文件封套上标记的标段号不一致。

如果投标人认为某一标段的评标基准价计算有误，有权在开标现场提出，经招标人当场核实确认之后，可重新宣布评标基准价。开标现场宣布的评标基准价除计算有误经评标委员会修正外，在整个评标期间保持不变，不随任何因素发生变化。

c. 若招标人宣读的内容与投标文件不符，投标人有权在开标现场提出疑问，经招标人当场核查确认之后，可重新宣读其投标文件。若投标人现场未提出疑问，则认为投标人已确认招标人宣读的内容。

③开标异议。投标人对开标有异议的，应在开标现场提出，招标人当场作出答复，并制作记录，有异议的投标人代表、招标人代表、记录人等有关人员在记录上签字确认。

（6）评标

①评标委员会：

a. 评标委员会成员有下列情形之一的，应主动提出回避：

- 为负责招标项目监督管理的交通运输主管部门的工作人员；
- 与投标人法定代表人或其委托代理人有近亲属关系；
- 为投标人的工作人员或退休人员；
- 与投标人有其他利害关系，可能影响评标活动公正性；
- 在与招标投标有关的活动中有过违法违规行为、曾受过行政处罚或刑事处罚。

b. 评标过程中，评标委员会成员有回避事由、擅离职守或因健康等原因不能继续评标的，招标人有权更换。被更换的评标委员会成员作出的评审结论无效，由更换后的评标委员会成员重新进行评审。

②评标原则：

③评标：

---

① 若投标函或调价函中的投标价大小写金额不一致，应以大写金额为准。

a. 评标委员会按照第三章"评标办法"规定的方法、评审因素、标准和程序对投标文件进行评审。第三章"评标办法"没有规定的方法、评审因素和标准,不作为评标依据。

b. 评标完成后,评标委员会应向招标人提交书面评标报告和中标候选人名单。评标委员会推荐中标候选人的人数见投标人须知前附表。

(7)合同授予

①中标候选人公示。招标人在收到评标报告之日起 3 日内,按照投标人须知前附表规定的公示媒介和期限公示中标候选人,公示期不得少于 3 日。公示内容包括:

a. 中标候选人排序、名称、投标报价,对工程质量要求、安全目标和工期的响应情况;

b. 中标候选人在投标文件中承诺的项目经理和项目总工程师姓名、个人业绩、相关证书名称和编号;

c. 中标候选人在投标文件中填报的项目业绩;

d. 被否决投标的投标人名称、否决依据和原因;

e. 提出异议的渠道和方式;

f. 投标人须知前附表规定公示的其他内容。

②评标结果异议。投标人或其他利害关系人对依法必须进行招标的项目的评标结果有异议的,应在中标候选人公示期间提出。招标人将在收到异议之日起 3 日内作出答复;作出答复前,将暂停招标投标活动。

③中标候选人履约能力审查。中标候选人的经营、财务状况发生较大变化或存在违法行为,招标人认为可能影响其履约能力的,将在发出中标通知书前提请原评标委员会按照招标文件规定的标准和方法进行审查确认。

④定标。按照投标人须知前附表的规定,招标人或招标人授权的评标委员会依法确定中标人。

⑤中标通知。在本章第 3.3 款规定的投标有效期内,招标人以投标人须知前附表规定的形式向中标人发出中标通知书,同时将中标结果通知未中标的投标人。

⑥中标结果公告。招标人在确定中标人之日起 3 日内,按照投标人须知前附表规定的公告媒介和期限公告中标结果,公告期不得少于 3 日。公告内容包括中标人名称、中标价。

⑦履约保证金:

a. 在签订合同前,中标人应按投标人须知前附表规定的形式、金额和招标文件第四章"合同条款及格式"规定的或事先经过招标人书面认可的履约保证金格式向招标人提交履约保证金。除投标人须知前附表另有规定外,履约保证金为签约合同价的 10%。联合体中标的,其履约保证金以联合体各方或联合体中牵头人的名义提交。

采用银行保函时,应由符合投标人须知前附表规定级别的银行开具,所需的费用由中标人承担,中标人应保证银行保函有效。

b. 中标人不能按本章第 7.7.1 项要求提交履约保证金的,视为放弃中标,其投标保证金不予退还。给招标人造成的损失超过投标保证金数额的,中标人还应对超过部分予以赔偿。

⑧签订合同:

a. 招标人和中标人应在中标通知书发出之日起 30 日内,根据招标文件和中标人的投标文件订立书面合同。中标人无正当理由拒签合同,在签订合同时向招标人提出附加条件,或不按照招标文件要求提交履约保证金的,招标人取消其中标资格,其投标保证金不予退还;给招标人造成的损失超过投标保证金数额的,中标人还应对超过部分予以赔偿。

　　b.发出中标通知书后,招标人无正当理由拒签合同,或在签订合同时向中标人提出附加条件的,招标人向中标人退还投标保证金;给中标人造成损失的,还应赔偿损失。

　　c.签约合同价的确定原则如下:①

　　●按照评标办法规定对投标报价进行修正后,若修正后的最终投标报价小于开标时的投标函大写金额报价,则签订合同时以修正后的最终投标报价为准;

　　●按照评标办法规定对投标报价进行修正后,若修正后的最终投标报价大于开标时的投标函大写金额报价,则签订合同时以开标时的投标函大写金额报价为准,同时按比例修正相应子目的单价或合价。

　　d.联合体中标的,联合体各方应共同与招标人签订合同,就中标项目向招标人承担连带责任。

　　e.招标人和中标人在签订合同协议书的同时,须按照招标文件规定的格式和要求签订廉政合同及安全生产合同,明确双方在廉政建设和安全生产方面的权利和义务以及应承担的违约责任。

　　(8)纪律和监督

　　①对招标人的纪律要求。招标人不得泄露招标投标活动中应保密的情况和资料,不得与投标人串通损害国家利益、社会公共利益或他人合法权益。

　　②对投标人的纪律要求。投标人不得相互串通投标或与招标人串通投标,不得向招标人或评标委员会成员行贿谋取中标,不得以他人名义投标或以其他方式弄虚作假骗取中标;投标人不得以任何方式干扰、影响评标工作。

　　③对评标委员会成员的纪律要求。评标委员会成员不得收受他人的财物或其他好处,不得向他人透露对投标文件的评审和比较、中标候选人的推荐情况以及评标有关的其他情况。在评标活动中,评标委员会成员应客观、公正地履行职责,遵守职业道德,不得擅离职守,影响评标程序正常进行;不得使用第三章"评标办法"没有规定的评审因素和标准进行评标。

　　④对与评标活动有关的工作人员的纪律要求。与评标活动有关的工作人员不得收受他人的财物或其他好处,不得向他人透露对投标文件的评审和比较、中标候选人的推荐情况以及评标有关的其他情况。在评标活动中,与评标活动有关的工作人员不得擅离职守,影响评标程序正常进行。

　　⑤投诉:

　　a.投标人或其他利害关系人认为招标投标活动不符合法律、行政法规规定的,可以自知道或应当知道之日起 10 日内向有关行政监督部门投诉。投诉应有明确的请求和必要的证明材料。

　　监督部门的联系方式见投标人须知前附表。

　　b.投标人或其他利害关系人对招标文件、开标和评标结果提出投诉的,应按照本章第 2.4

---

　　①如投标人按照招标人提供的工程量固化清单电子文件填写工程量清单,无须按照第三章"评标办法"的相关规定对投标报价进行修正,则本项不适用。

款、第 5.3 款和第 7.2 款的规定先向招标人提出异议。异议答复期间不计算在第 8.5.1 项规定的期限内。

（9）是否采用电子招标投标

招标项目是否采用电子招标投标方式,见投标人须知前附表。

（10）需要补充的其他内容

自购买招标文件之日起,投标人应保证其提供的联系方式(电话、传真、电子邮件)一直有效,以便及时收到招标人发出的函件(招标文件的澄清、修改等),并应及时向招标人反馈信息,否则招标人不承担由此引起的一切后果。

需要补充的其他内容见投标人须知前附表。所需附件详见《公路工程标准施工招标文件》(2018 年版)。

3.4.5　评标办法

《公路工程标准施工招标文件》(2018 年版)分别规定合理低价法、技术评分最低标价法、综合评分法和经评审的最低投标价法 4 种评标方法,供招标人根据招标项目具体特点和实际需要选择适用,详见第三章。

3.4.6　合同条款及格式

合同条款及格式包括通用合同条款、专用合同条款(公路工程专用合同条款、项目专用合同条款)、合同附件格式(合同协议书、廉政合同、安全生产合同、其他主要管理和技术人员最低要求、主要机械设备和试验检测设备最低要求、项目经理委任书、履约保证金格式、工程资金监管协议格式)。

3.4.7　工程量清单

1）工程量清单说明

①工程量清单是根据招标文件中有合同约束力的工程量清单计量规则、图纸以及有关工程量清单的国家标准、行业标准、合同条款中约定的其他规则编制。约定计量规则中没有的子目,其工程量按照有合同约束力的图纸所标示尺寸的理论净量计算。计量采用中华人民共和国法定计量单位。

②工程量清单应与招标文件中的投标人须知、通用合同条款、专用合同条款、工程量清单计量规则、技术规范及图纸等一起阅读和理解。

③工程量清单中所列工程数量是估算的或设计的预计数量,仅作为投标报价的共同基础,不能作为最终结算与支付的依据。实际支付应按实际完成的工程量,由承包人按工程量清单计量规则规定的计量方法,以监理人认可的尺寸、断面计量,按本工程量清单的单价和总额价计算支付金额;或根据具体情况,按合同条款第 15.4 款的规定,按监理人确定的单价或总额价计算支付额。

④工程量清单各章是按第八章“工程量清单计量规则”、第七章“技术规范”的相应章次编号的。因此,工程量清单中各章的工程子目的范围与计量等应与“工程量清单计量规则”“技术规范”相应章节的范围、计量与支付条款结合起来理解或解释。

⑤对作业和材料的一般说明或规定,未重复写入工程量清单内,在给工程量清单各子目标价前,应参阅第七章"技术规范"的有关内容。

⑥工程量清单中所列工程量的变动,丝毫不会降低或影响合同条款的效力,也不免除承包人按规定的标准进行施工和修复缺陷的责任。

⑦图纸中所列的工程数量表及数量汇总表仅是提供资料,不是工程量清单的外延。当图纸与工程量清单所列数量不一致时,以工程量清单所列数量作为报价的依据。

2)投标报价说明

①工程量清单中的每一子目须填入单价或价格,且只允许有一个报价。

②除非合同另有规定,工程量清单中有标价的单价和总额价均已包括了为实施和完成合同工程所需的劳务、材料、机械、质检(自检)、安装、缺陷修复、管理、保险、税费、利润等费用,以及合同明示或暗示的所有责任、义务和一般风险。

③工程量清单中投标人没有填入单价或价格的子目,其费用视为已分摊在工程量清单中其他相关子目的单价或价格之中。承包人必须按监理人指令完成工程量清单中未填入单价或价格的子目,但不能得到结算与支付。

④符合合同条款规定的全部费用应认为已被计入有标价的工程量清单所列各子目之中。未列子目不予计量的工作,其费用应视为已分摊在本合同工程的有关子目的单价或总额价之中。

⑤承包人用于合同工程的各类装备的提供、运输、维护、拆卸、拼装等支付的费用,已包括在工程量清单的单价与总额价之中。

⑥工程量清单中各项金额均以人民币(元)结算。

⑦暂列金额(不含计日工总额)的数量及拟用子目的说明。

⑧暂估价的数量及拟用子目的说明。

3)计日工说明

(1)总则

①计日工说明应参照通用合同条款第15.7款一并理解。

②未经监理人书面指令,任何工程不得按计日工施工;接到监理人按计日工施工的书面指令,承包人也不得拒绝。

③投标人应在计日工单价表中填列计日工子目的基本单价或租价。该基本单价或租价适用于监理人指令的任何数量的计日工的结算与支付。计日工的劳务、材料和施工机械由招标人(或发包人)列出正常的估计数量,投标人报出单价,计算出计日工总额后列入工程量清单汇总表中并进入评标价。

④计日工不调价。

(2)计日工劳务

①在计算应付给承包人的计日工工资时,工时应从工人到达施工现场,并开始从事指定的工作算起,到返回原出发地点为止,扣去用餐和休息的时间。只有直接从事指定的工作,且能胜任该工作的工人才能计工,随同工人一起做工的班长应计算在内,但不包括领工(工长)和其他质检管理人员。

②承包人可以得到用于计日工劳务的全部工时的支付,此支付按承包人填报的"计日工劳务单价表"所列单价计算。该单价应包括基本单价及承包人的管理费、税费、利润等所有附加费,说明如下:

a. 劳务基本单价包括承包人劳务的全部直接费用,如工资、加班费、津贴、福利费及劳动保护费等。

b. 承包人的管理费、税费等所有附加费包括承包人的利润、管理、质检、保险、税费,易耗品的使用,水电及照明费,工作台、脚手架、临时设施费,手动机具与工具的使用及维修,以及上述各项伴随而来的费用。

③计日工材料。承包人可以得到计日工使用的材料费用(前述"(2)计日工劳务"已计入劳务费内的材料费用除外)的支付。此费用按承包人"计日工材料单价表"中所填报的单价计算。该单价应包括基本单价及承包人的管理费、税费、利润等所有附加费,说明如下:

a. 材料基本单价按供货价加运杂费(到达承包人现场仓库)、保险费、仓库管理费以及运输损耗等计算;

b. 承包人的利润、管理、质检、保险、税费及其他附加费;

c. 从现场运至使用地点的人工费和施工机械使用费不包括在上述基本单价内。

④计日工施工机械:

a. 承包人可以得到用于计日工作业的施工机械费用的支付。该费用按承包人填报的"计日工施工机械单价表"中的租价计算。该租价应包括施工机械的折旧、利息、维修、保养、零配件、油燃料、保险和其他消耗品的费用以及全部有关使用这些机械的管理费、税费、利润和司机与助手的劳务费等费用。

b. 在计日工作业中,承包人计算所用的施工机械费用时,应按实际工作小时支付。除非经监理人的同意,计算的工作小时才能将施工机械从现场某处运到监理人指令的计日工作业的另一现场往返运送时间包括在内。

4) 其他说明

主要包括根据项目实际情况需补充的其他说明。

5) 工程量清单表

工程量清单表详见《公路工程标准施工招标文件》(2018 年版)第五章。

3.4.8　图纸

图纸是招标文件和合同的重要组成部分,是投标人在拟订施工方案,确定施工方法,或提出替代方案,计算投标报价必不可少的资料。招标时使用的图纸与完整的设计文件有区别。用于招标的图纸只是设计文件中的一部分。招标所用的图纸提供详细程度,应根据项目具体情况确定。确定的原则如下:

①以能满足投标人对项目特点、主要工程内容、主要项目的相互关系、主要结构物的主要尺寸等涉及工程主要技术经济参数的重要图纸及说明;

②提供的图纸还应满足编制投标的施工组织设计、复核工程量(主要工程量)和编制报价等基本需要。

但一般来说,提供图纸的详细程度取决于设计的深度与合同的类型。招标中提供的详细的设计图纸能使投标人比较准确地计算报价。但实际上,常常在工程实施中需要陆续补充和修改图纸。这些补充和修改的图纸,均需经工程师签字后正式下达,才能作为施工及结算的依据。图纸中所提供的地质钻孔柱状图、探坑展示图等均为投标人的参考资料,它提供的水文、气象资料也属于参考资料。业主和工程师应对这些资料的正确性负责,而投标人根据上述资料做出自己的分析与判断,据之拟订施工方案,确定施工方法,业主和工程师对这类分析与判断不负责任。

通常在编制招标文件时,提供给投标人用的图纸,应根据项目的技术经济特点,可提供全套设计文件的图纸;也可根据投标需要,提供满足复核工程量和编制施工方案需要的部分图纸。

3.4.9 技术规范

《公路工程标准施工招标文件》(2018 年版)技术规范共 700 章,分别是第 100 章总则,第 200 章路基,第 300 章路面,第 400 桥梁、涵洞,第 500 隧道,第 600 章安全设施及预埋管线,第 700 章绿化及环境保护。

3.4.10 投标文件格式

投标文件格式如下:
①投标函及投标函附录;
②法定代表人身份证明及授权委托书;
③联合体协议书;
④投标保证金;
⑤施工组织设计;
⑥项目管理机构;
⑦拟分包项目情况表;
⑧资格审查资料;
⑨其他材料。

3.5 招标控制价的编制

我国在 2000 年 1 月《招标投标法》实施以后开始采用设标底招标,但在实践操作中,设标底招标容易泄露和导致暗箱操作;投标人容易将标底作为衡量投标人报价的基准,导致投标人尽力去迎合标底,不能反映投标人最真实的实力。

自 2008 年 12 月 1 日起,《建设工程工程量清单计价规范》正式实施,标底逐渐淡出人们的视野,基本上被招标控制价所取代。它们的编制方法基本一致。

1)招标控制价的概念及作用

(1)招标控制价的概念

招标控制价是招标人根据国家或省级、行业建设主管部门颁发的有关计价依据和办法,按设计施工图纸计算的,是招标工程限定的最高工程造价,即我们常说的"拦标价"。

（2）招标控制价的作用

①招标人有效控制项目投资,防止恶性投标带来的投资风险。

②增强招标过程的透明度,有利于正常评标。

③利于引导投标人投标报价,避免投标人无标底情况下的无序竞争。

④招标控制价反映的是社会平均水平,为招标人判断最低投标价是否低于成本提供参考依据。

⑤可为工程变更新增项目确定单价提供计算依据。

⑥作为评标的参考依据,避免出现较大偏离。

⑦投标人根据自己的企业实力、施工方案等报价,不必揣测招标人的标底,提高了市场交易效率。

⑧减少了投标人的交易成本,使投标人不必花费人力、财力去套取招标人的标底。

⑨招标人把工程投资控制在招标控制价范围内,提高了交易成功的可能性。

2）标底与招标控制价的区别

①保密要求不同。标底在开标前要保密,在开标时宣布。招标控制价应该在招标文件中公开,提高了透明度。

②编制作用不同。在评标中,标底可以用来比较分析投标报价,具有参考作用,但不能作为中标或废标的唯一直接依据。招标控制价可以有效防止抬标,超过招标控制价的投标报价即成为废标。

3）招标控制价编制的依据

①建设工程工程量清单计价规范。

②国家或省级、行业建设主管部门颁发的计价定额和计价办法。

③建设工程设计文件及相关资料。

④招标文件中的工程量清单及有关要求。

⑤与建设项目相关的标准规范、技术资料。

⑥工程造价管理机构发布的工程造价信息,工程造价信息没有发布的参照市场价。

⑦其他相关资料。

4）公路工程招标控制价编制方法

招标控制价编制方法有工料单价法、综合单价法等方法。

（1）工料单价法

工料单价法指分部分项工程项目单价采用直接工程费单价(人工单价、材料单价、机械单价)的一种计价方法,综合费用(企业管理费和利润)、规费及税金单独计取。工料单价是指完成一个规定计量单位项目所需的人工费、材料费、施工机械使用费。

招标控制价按工料单价法编制的主要步骤如下:

①资料收集和市场调查;

②研究招标文件,进行现场考察,明确承包人的义务及风险责任;

③确定施工方案和施工方法,编制施工进度计划;

④编制施工图预算(或概算),计算建筑安装工程费及根据合同应发生在承包方的其他

费用；

⑤工程细目的单价分析；

⑥综合形成控制价。

（2）综合单价法

综合单价法是建筑安装工程费计算中的一种计价方法。综合单价法的分部分项工程单价为全费用单价，全费用单价经综合计算后生成，其内容包括直接工程费、间接费、利润和风险因素（措施费也可按此方法生成全费用价格）。各分项工程量乘以综合单价的合价汇总后，再加计规费和税金，便可生成建筑安装工程费。其编制方法和步骤与投标报价编制基本上是一致的。

（3）工料单价法与综合单价法区分

①综合单价法是分部分项工程单价为全费用单价，全费用单价经综合计算后生成，其内容包括直接工程费、间接费、利润和税金（措施费也可按此方法生成全费用价格），而工料单价法的分部分项工程单价只包括直接工程费。

②工料单价法属于定额计价法，而综合单价法属于工程量清单计价法。

③结算时，综合单价法所含的各细目不能重复计量。

5）招标控制价编制人资格要求

招标控制价应由具有编制能力的招标人编制。当招标人不具有编制招标控制价的能力时，可委托具有相应资质的工程造价咨询人编制。

所谓具有相应资质的工程造价咨询人是指根据《工程造价咨询企业管理办法》（建设部令第149号）的规定，依法取得工程造价咨询企业资质，并在其资质许可的范围内接受招标人的委托，编制招标控制价的工程造价咨询企业，即：取得甲级工程造价咨询资质的咨询人可承担各类建设项目的招标控制价编制；取得乙级（包括乙级暂定）工程造价咨询资质的咨询人，则只能承担5 000万元以下的招标控制价的编制。另外，根据《招标代理服务收费管理暂行办法》（计价格〔2002〕1980号）的规定，取得资质的招标代理机构可以从事编制招标控制价（标底）的工作。

6）招标控制价编制的注意事项

①招标控制价的作用决定了招标控制价不同于标底，无须保密。为体现招标的公平、公正，防止招标人有意抬高或压低工程造价，招标人应在招标文件中如实公布招标控制价，同时招标人应将招标控制价报工程所在地的工程造价管理机构备查。

②投标人经复核认为招标人公布的招标控制价未按照现行《建设工程工程量清单计价规范》的规定进行编制的，应在开标前5天向招投标监督机构或（和）工程造价管理机构投诉。

招投标监督机构应会同工程造价管理机构对投诉进行处理，发现确有错误的，应责成招标人修改。

专项实训一：招标文件的识读

1）实践目的

通过招标文件的识读，学生熟悉公路工程招标文件的内容及要求，具备识读公路工程招标文件的能力,具备通过网站查询有关招标信息能力,为编制公路施工招标文件奠定基础,为学生毕业后在建设单位、工程咨询公司、招标代理机构从事招标相关工作奠定基础。

2)实践方法

学生在老师指导下以组为单位进行。具体步骤如下:

①学生分组:5 人,由各组组长负责组织工作。

②老师准备招标文件,分组分发,学生采取阅读、提问、讨论等方式读懂招标文件。

③以组为单位,利用课余时间,登录省(市)招标投标信息平台,查看公路工程招标公告、资格预审公告、中标结果公告、开标公告等信息,使学生具备通过网站查询有关招标信息能力。

3)实践内容和要求

①认真完成学习日记。

②完成实践总结。

专项实训二:施工招标文件的编制

1)实践目的

通过专项实训一的训练,学生已熟悉公路工程招标文件的内容及要求,具备识读公路工程招标文件的能力,具备通过网站查询有关招标信息能力。专项训练二中,学生参考《公路工程标准施工招标文件》(2018 年版),在老师的指导下,根据老师提供的背景材料,能独立完成实际公路工程招标文件的编制,使学生具有独立编写施工招标文件的能力,为学生毕业后在建设单位、工程咨询公司、招标代理机构从事招标相关工作奠定基础。

2)实践方法

学生在老师的指导下独立完成。具体步骤如下:

①老师提供公路施工工程背景材料。

②学生根据背景材料,参考《公路工程标准施工招标文件》(2018 年版)格式,先拟订编写目录,由老师审核。

③按照老师的指导意见,学生独立编写施工招标文件。

3)实践内容和要求

①制订编写计划。

②认真完成学习日记。

③完成实践总结。

专项实训三:模拟某公路施工招标项目的投标预备会

1)实践目的

通过公路工程施工投标预备会的模拟训练,学生熟悉公路工程招投标选择施工单位的程序,为仿真综合训练奠定基础,具有毕业后在建设单位、工程咨询公司、招标代理机构从事招标相关工作的能力。

2）实践（训练）方式及内容

学生在老师指导下分组进行。具体步骤如下：

①学生分组：5 名学生为一组代表招标单位，剩余学生每 5 为一组代表投标单位；

②通过模拟踏勘现场后，教师再次将招标文件发给每组投标单位，各投标单位认真反复读懂招标文件，为投标预备会做准备；

③招标单位代表主持投标预备会；

④会议开始后，各投标单位就投标文件和踏勘现场的问题向招标人提出；

⑤招标人作出解释与回答，并在会后形成答疑纪要，以书面形式发给所有投标人。

3）实践（训练）要求

实训结束后，以小组为单位完成训练总结。

本章小结

本章主要介绍了公路工程招标的特点和作用、标准施工招标文件的内容、资格审查文件和申请文件的内容、招标文件编制的原则和质量要求、招标文件的组成和编制方法、招标文件各部分编制的重点和注意事项、标底的编制依据和方法等内容。

通过本章的学习，应了解公路工程招标的特点和作用、标底的编制依据和原则，熟悉和掌握《公路工程标准施工招标文件》（2018 年版）的内容、招标文件编制的原则和质量要求、招标文件的组成和编制方法、招标文件各部分编制的重点和注意事项、标底的编制方法。

复习思考题

1. 判断题

（1）投标人须知与投标人报价不相关。　　　　　　　　　　　　　　　　　　　　（　　）

（2）招标文件不包含评标办法。　　　　　　　　　　　　　　　　　　　　　　　（　　）

2. 单项选择题

（1）（　　），是指招标人以招标公告的方式邀请不特定的法人或者其他组织投标。

　　A. 公开招标　　　　　　　B. 邀请招标　　　　　　　C. 议标

（2）关于招标代理机构的说法正确的是（　　）。

　　A. 招标人如果想要委托招标代理机构办理招标事宜，需要经过有关行政主管部门的批准

　　B. 招标人不可以自行选择招标代理机构，必须由有关行政主管部门制订

　　C. 如果委托了招标代理机构，则招标代理机构有权办理招标工作的一切事宜

　　D. 招标代理机构应当在招标人委托的范围内办理招标事宜

（3）建设工程招标中，招标人不可以随意没收投标保证金，除非投标人（　　）。

　　A. 投标文件的密封不符合招标文件的要求

B. 投标文件中附有招标人不能接受的条件

C. 在投标有效期内撤回其投标文件

D. 拒绝评标委员会提出的降低报价的要求

3. 多项选择题

(1) 根据《工程建设项目施工招标投标办法》的规定, 对于应当公开招标的施工招标项目, 以下 (　　) 情形经批准可以进行邀请招标。

A. 项目技术复杂, 只有少量几家潜在投标人可供选择

B. 涉及国家安全、国家机密, 适宜招标但不宜公开招标的

C. 法律、法规规定不宜公开招标的

D. 供水、供电、供气、供热等市政工程项目

E. 使用世界银行、亚洲开发银行等国际组织贷款投资的项目

(2) 某投标人向招标人行贿 15 万元人民币, 从而谋取中标, 则该行为造成的法律后果可能是 (　　)。

A. 中标无效

B. 有关负责人应当承担相应的行政责任

C. 中标有效

D. 中标是否有效由招标人确定

4. 简答题

(1) 简述公路工程招标投标的定义。

(2) 简述资格预审文件的内容。

(3) 编制工程量清单时应注意哪些内容?

5. 某国家大型水利工程, 由于工艺先进, 技术难度大, 对施工单位的施工设备和同类工程施工经验要求高, 而且对工期要求比较紧迫。基于工程的实际情况, 业主决定仅邀请 3 家国有一级施工企业参加投标。投标工作内容确定为: 成立招标小组; 发出投标邀请书; 编制招标文件; 编制标底; 发放招标文件; 招标答疑; 组织现场踏勘; 接收投标文件; 开标; 确定中标单位; 评标; 签订承发包合同; 发出中标通知书。

问题: (1) 上述招标工作顺序是否妥当? 如不妥当, 请调整。

(2) 工程建设项目施工招标文件一般包括哪些内容?

6. 某高速公路项目实行公开招标, 招标过程出现了下列事件, 指出不正确的处理方法。

(1) 招标方于 5 月 8 日起发出招标文件, 文件中特别强调由于时间较紧要求各投标人不迟于 5 月 23 日之前提交投标文件 (即确定 5 月 23 日为投标截止时间), 并于 5 月 10 日停止出售招标文件, 6 家单位领取了招标文件。

(2) 招标文件中规定: 如果投标人的报价高于标底 15% 以上一律确定为无效标。招标方请咨询机构代为编制标底, 并考虑投标人存在着为招标方有无垫资施工的情况编制了两个不同的标底, 以适应投标人情况。

(3) 5 月 15 日招标方通知各投标人, 原招标工程中的土方量增加 20%, 项目范围也进行了调整, 各投标人据此对投标报价进行计算。

(4) 招标文件中规定, 投标人可以用抵押方式进行投标担保, 并规定投标保证金额为投标

价格的 5%,不得少于 100 万元,投标保证金有效时期同投标有效期。

（5）按照 5 月 23 日的投标截止时间要求,外地的一个投标人于 5 月 21 日从邮局寄出了投标文件,由于天气原因 5 月 25 日招标人收到投标文件。本地 A 公司于 5 月 22 日将投标文件密封加盖了本企业公章并由准备承担此项目的项目经理本人签字按时送达招标方。本地 B 公司于 5 月 20 日送达投标文件后,5 月 22 日又递送了降低报价的补充文件,补充文件未对 5 月 20 日送达文件的有效期进行说明。本地 C 公司于 5 月 19 日送达投标文件后,考虑自身竞争实力于 5 月 22 日通知招标方退出竞标。

（6）开标会议由本市常务副市长主持。开标会议上对退出竞标的 C 公司未宣布其单位名称,本次参加投标单位仅仅有 5 家单位。开标后宣布各单位报价与标底时发现 5 个投标报价均高于标底 20% 以上,投标人对标底的合理性当场提出异议。与此同时,招标代理方代表宣布 5 家投标报价均不符合招标文件要求,此次招标作废,请投标人等待通知（若某投标人退出竞标其保证金在确定中标人后退还）。3 天后招标方决定 6 月 1 日重新招标。招标方调整标底,原投标文件有效。7 月 15 日经评标委员会评定本地区无中标单位。由于外地某公司报价最低故确定其为中标人。

（7）7 月 16 日发出中标通知书。通知书中规定,中标人自收到中标书之日起 30 天内按照招标文件和中标人的投标文件签订书面合同。与此同时,招标方通知中标人与未中标人。投标保证金在开工前 30 天内退还。中标人提出投标保证金不需归还,当作履约担保使用。

（8）中标单位签订合同后,将中标工程项目中的 2/3 工程量分包给某未中标人 E,未中标人又将其转包给外地的农民施工单位。

第 4 章　公路工程施工投标

施工投标是投标人实质性响应招标人要求的过程。实质性响应招标文件只是投标人中标的必要条件之一,而不是充分条件。中标的投标人永远是最符合定标条件(招标人意图)的唯一投标人。因此,投标人除了认真编制出全面、适当、有效、真实的投标文件(商务、技术、报价文件)外,还必须扎实地完成投标人应该完成的每一项工作。

4.1　投标人的主要工作

工程施工投标中最主要的是获取投标信息、投标决策、确定投标策略及投标技巧、投标报价、编制投标文件。投标人作为投标工作的主角,主要有以下工作。

1) 确定投标方针

投标方针是指承包商在具体投标业务活动中所采取的指导思想和策略。它首先体现承包商对该地区开发的战略和部署,其次反映承包商结合当时市场情况和该项目的特点所确定的具体投标策略。

(1)进入潜力市场的投标方针

所谓潜力市场,是指具有长期开发价值的市场。一旦在这类市场遇到有利于本企业开发的项目,就应积极争取,关注长期利益,不计较一时得失。一方面要加强对竞争对手的摸底,另一方面在成本计算中对某些固定资产(如利用率较低的施工机械和管理设备等)应采取减少摊入、降低利润率,或以保本报价等措施降低报价,把获利寄希望于以后的工程项目,或利用工作间隙开展小包、分包或出租机械等措施增加收入。这种做法虽然提高了竞争力,但不能保证成功,因此属于风险型决策。

(2)进入陌生市场的投标方针

所谓陌生市场,是指不熟悉、不确定、风险大的市场。对于这类市场的项目,特别是对竞争对手的情况不明时,不能盲目降价。一般应争取工程量较大、工期较长、投入施工设备的资金较少的项目;或采取分包部分工程,以减少资金投入。争取在一个工程中就把投入的大部分资金收回来,在没有把握的情况下,宁愿把标价定高一些,作为摸底。还可以采取较高报价,争取名列第二、三标,以便获得参与评比的机会,然后进行必要的活动。这样可以争取以较高报价中标。

(3)进入熟悉市场的投标方针

所谓熟悉市场,是指已开发市场或熟练业务市场。在这类市场谋求后续项目或新开发项目时,要掌握时机,务必使新项目与在建项目衔接好,并把充分利用现有设备作为确定投标方针的重要因素。对于工期衔接较好,现有设备可以充分利用的项目,应把由于减少施工设备停滞带来的利益考虑进去。承揽在建项目邻近地区的新项目,可以减少工地迁移费用,对施工条件环境熟悉,这都是有利条件。投标决策时,应将这类项目列为积极争取的项目。

2)参加资格预审

(1)资格预审申请工作程序

①资格预审报名,并购买资格预审文件。根据资格预审通告规定的时间和地点,持单位介绍信和本人身份证报名,并购买资格预审文件。

②选择拟投标标段、投标形式和分包商。根据招标人的规定和企业实力,选择拟申请投标的标段。选择标段主要考虑有利于本单位的竞争优势。例如,选择能充分利用现有施工设备或能充分发挥本企业优势的标段。然后根据拟投标段工程规模和难度以及本单位能力和需要来确定独家投标或是与其他单位组成联合体投标,或者需要分包部分工程。

在资格预审阶段,投标人必须对投标形式做出决策:是独立投标还是联合体投标。因为独立投标和联合体投标在资格预审材料方面的要求不同,联合体投标需填写联合体各方的有关资格预审材料。

③填写资格预审表格。按照惯例,资格预审通常采用表格形式进行。招标人根据项目的技术经济特点和有关规定,制订统一规范的资格预审表格。投标人根据资格预审须知要求,对照表格内容逐一填写。

④提交资格预审申请文件。资格预审申请文件(正本)应加盖法人单位公章,并由其法定代表人或其授权代理人签字。按要求密封,并按照资格预审文件规定的时间、地点和方式送达招标人。

(2)资格预审的基础工作

①分门别类地建立企业资格预审资料信息库。资格预审时间通常很短,而所要填报的资料信息量大,只有平时充分做好资格预审基础材料工作,对基本资料、人员、设备、业绩、施工方案等资料分门别类地建立企业资格预审资料信息库,并注意随时更新,才能做好投标资格预审工作。投标基础资料主要包括:公司营业执照(复印件);公司资质证书(复印件);公司资信登记证书(复印件);公司简介,含公司概况表、公司组织机构框图、各类员工人数及相应证书扫描件、自有设备等资产、工程业绩证明材料等资料及图片;近5年已完成工程概况表和交(竣)工验收工程质量鉴定书复印件,或有关证明文件(注意随时更新);在建工程概况表,包括工程名称、规模、承包合同段、工期、投入施工人员等情况;公司主要管理和技术人员资历表,有关资质证明文件,以及人员动态表;公司拥有的施工机械、设备概况表(含名称、数量、型号、功率、购置年度、机况及在用状况);合作单位(拟作为联合体成员或分包单位)的资质、公司概况、业绩、施工设备、财务,主要管理人员资历表等有关资料和证件;主要单位工程或分部分项的施工方案。

②注意外树形象,内强素质。投标人在对外交往中,必须时时注意维护自身形象;树立良好的公众形象;同时,还应不断改进管理,提高效率和技术能力,以便能够随时抓住市场机会。

③建立"信息雷达",提高抓住机会的能力。工程建设招标信息的发布具有不定时、不通知特定投标人的特点。因此,投标人必须建立良好的"信息雷达",以提高抓住投标机会的能力和速度。

（3）资格预审申请文件的编制内容

根据《公路工程标准施工招标资格预审文件》（2018 年版），公路工程资格预审文件的编制内容包括资格预审公告、申请人须知、资格审查办法、资格预审申请文件格式、项目建设概况等。

资格预审申请文件应包括下列内容：

①资格预审申请函；

②授权委托书或法定代表人身份证明；

③联合体协议书；

④申请人基本情况；

⑤近年财务状况；

⑥近年完成的类似项目情况表；

⑦申请人的信誉情况表；

⑧拟委任的项目经理和项目总工资历表；

⑨其他资料：详见《公路工程标准施工招标资格预审文件》（2018 年版）申请人须知前附表。

投标人应充分理解拟投标项目的技术经济特点和业主对该项目的要求，除了提供规定的资料外，应有针对性地提交能反映本企业在该项目上特长和优势的材料，以便在资格预审时就引起业主注意，留下良好印象，为下一步投标竞争奠定基础。

（4）资格预审申请文件的编制要求

《公路工程标准施工招标资格预审文件》（2018 年版）第二章"申请人须知"中资格预审申请文件的编制要求如下：

①资格预审申请文件应按"资格预审申请文件格式"进行编写。如有必要，可以增加附页，并作为资格预审申请文件的组成部分。申请人须知前附表规定接受联合体资格预审申请的，《公路工程标准施工招标预审文件》（2018 年版）第四章第③项至第⑨项规定的表格和资料应包括联合体各方相关情况。

②如果资格预审申请文件由委托代理人签署，则申请人须提交授权委托书，授权委托书应按《公路工程标准施工招标资格预审文件》（2018 年版）第四章"资格预审申请文件格式"的要求出具，并由法定代表人和委托代理人亲笔签名，不得使用印章、签名章或其他电子制版签名代替。

如果由申请人的法定代表人亲自签署资格预审申请文件，则申请人须提交法定代表人身份证明。身份证明应符合第四章"资格预审申请文件格式"的要求。

以联合体形式申请资格预审的，法定代表人授权委托书或法定代表人身份证明须由联合体牵头人按上述规定出具。

③"申请人基本情况表"应附企业法人营业执照副本和组织机构代码证副本（按照"三证合一"或"五证合一"登记制度进行登记的，可仅提供营业执照副本，下同）、施工资质证书副本、安全生产许可证副本、基本账户开户许可证的复印件申请人在交通运输部"全国公路建设市场信用信息管理系统"公路工程施工资质企业名录中的网页截图复印件，以及申请人在国家企业信用信息公示系统中基础信息（体现股东及出资详细信息）的网页截图或由法定的社会验资机构出具的验资报告或注册地工商部门出具的股东出资情况证明复印件。

企业法人营业执照副本和组织机构代码证副本、施工资质证书副本、安全生产许可证副本、基本账户开户许可证的复印件应提供全本(证书封面、封底、空白页除外),应包括申请人名称、申请人其他相关信息、颁发机构名称、申请人信息变更情况等关键页在内,并逐页加盖申请人单位章。

④"财务状况表"应附经会计师事务所或审计机构审计的财务会计报表,包括资产负债表、现金流量表、利润表和财务情况说明书的复印件,具体年份要求见申请人须知前附表。申请人的成立时间少于申请人须知前附表规定年份的,应提供成立以来的财务状况表。

⑤"近年完成的类似项目"应是已列入交通运输主管部门"公路建设市场信用信息管理系统"并公开的主包已建业绩或分包已建业绩,具体时间要求见申请人须知前附表。

"近年完成的类似项目情况表"应附交通运输部"全国公路建设市场信用信息管理系统"中查询到的企业"业绩信息"相关项目网页截图复印件,即包括"项目名称""标段类型""合同价""主要工程量""项目主要管理人员"等栏目在内的项目详细信息网页截图复印件。在交通运输部"全国公路建设市场信用信息管理系统"中无法查询,但可在省级交通运输主管部门"公路建设市场信用信息管理系统"中查询的,应附省级交通运输主管部门"公路建设市场信用信息管理系统"中查询到的网页截图复印件。除网页截图复印件外,申请人无须再提供任何业绩证明材料。

如申请人未提供相关项目网页截图复印件或相关项目网页截图中的信息无法证实申请人满足资格预审文件规定的资格预审条件(业绩最低要求),则该项目业绩不予认定。

⑥"申请人的信誉情况表"应附申请人在国家企业信用信息公示系统中未被列入严重违法失信企业名单、在"信用中国"网站中未被列入失信被执行人名单的网页截图复印件,以及由项目所在地或申请人住所地检察机关职务犯罪预防部门出具的近3年内申请人及其法定代表人、拟委任的项目经理均无行贿犯罪行为的查询记录证明原件。

⑦"拟委任的项目经理和项目总工程师资历表"应附项目经理(以及备选人)和项目总工程师(以及备选人)的身份证、职称资格证书以及资格预审条件所要求的其他相关证书(如建造师注册证书、安全生产考核合格证书等)的复印件,建造师注册证书、安全生产考核合格证书在政府相关部门网站上公开信息的网页截图复印件,以及申请人所属社保机构出具的拟委任的项目经理(以及备选人)和项目总工程师(以及备选人)的社保缴费证明或其他能够证明拟委任的项目经理(以及备选人)和项目总工程师(以及备选人)参加社保的有效证明材料复印件。

"拟委任的项目经理和项目总工程师资历表"还应附交通运输部"全国公路建设市场信用信息管理系统"中载明的、能够证明项目经理(以及备选人)和项目总工程师(以及备选人)具有相关业绩的网页截图复印件。在交通运输部"全国公路建设市场信用信息管理系统"中无法查询,但可在省级交通运输主管部门"公路建设市场信用信息管理系统"中查询的,应附省级交通运输主管部门"公路建设市场信用信息管理系统"中查询到的网页截图复印件。除网页截图复印件外,申请人无须再提供任何业绩证明材料。

如申请人未提供相关业绩网页截图复印件或相关业绩网页截图中的信息无法证实申请人满足资格预审文件规定的资格预审条件(项目经理和项目总工程师最低要求),则该业绩不予认定。如项目经理(以及备选人)和项目总工程师(以及备选人)目前仍在其他项目上任职,则申请人应提供由该项目发包人出具的、承诺上述人员能够从该项目撤离的书面证明材料原件。

⑧"拟委任的其他管理和技术人员汇总表"(如有)应填报满足"申请人须知"前附表附录6

规定的其他人员的相关信息。"拟委任的其他管理和技术人员资历表"(如有)中相关人员应附身份证、职称资格证书以及资格预审条件所要求的其他相关证书的复印件,相关业绩证明材料复印件,以及申请人所属社保机构出具的社保缴费证明或其他能够证明其参加社保的有效证明材料复印件。

⑨"拟投入本标段的主要施工机械表"和"拟配备本标段的主要材料试验、测量、质检仪器设备表"(如有)应填报满足"申请人须知"前附表附录 7 规定的机械设备和试验检测设备。

⑩申请人在资格预审申请文件中填报的资质、业绩、主要人员资历和目前在岗情况、信用等级等信息,应与其在交通运输主管部门"公路建设市场信用信息管理系统"上填报并发布的相关信息一致。申请人应根据本单位实际情况及时完成相关信息的申报、录入和动态更新,并对相关信息的真实性、完整性和准确性负责。

(5)资格预审申请文件的装订、签字

①申请人应按"申请人须知"的要求,编制完整的资格预审申请文件,用不褪色的材料书写或打印。资格预审申请文件格式中明确要求申请人法定代表人或其委托代理人签字之处,必须由相关人员亲笔签名,不得使用印章、签名章或其他电子制版签名代替;明确要求申请人加盖单位章之处,必须加盖单位章。其中,资格预审申请函及对资格预审申请文件的澄清和说明应加盖申请人单位章,或由申请人的法定代表人或其委托代理人签字。

以联合体形式申请资格预审的,资格预审申请文件由联合体牵头人的法定代表人或其委托代理人按上述规定签署并加盖联合体牵头人单位章。资格预审申请文件中的任何改动之处应加盖申请人单位章,或由申请人的法定代表人或其委托代理人签字确认。

②资格预审申请文件正本一份,副本份数见申请人须知前附表。正本和副本的封面右上角上应清楚地标记"正本"或"副本"字样。申请人应根据申请人须知前附表要求提供电子版文件。当副本和正本不一致或电子版文件和纸质正本文件不一致时,以纸质正本文件为准。

③资格预审申请文件的正本与副本应分别装订成册(A4 纸幅),编制目录并逐页标注连续页码。资格预审申请文件不得采用活页夹装订,否则,招标人对由于资格预审申请文件装订松散而造成的丢失或其他后果不承担任何责任。装订的其他要求见申请人须知前附表。

(6)资格预审申请文件编制的技巧

①未雨绸缪,赢得先机。要高度重视信息工作,除了通过专业或行业报纸或其他指定报刊、互联网等媒体收集招标信息外,还应有目的、有重点地跟踪潜在项目,并适时地做好准备工作。

②有的放矢,突出重点和"亮点"。在编制资格预审申请文件时应加强分析,针对工程特点,突出重点,特别是突出本企业的施工经验、施工水平、管理组织能力和资源实力。

③量力而行,尽力而为。如果施工项目难度大(如资金、技术水平、经验等限制),本企业难以胜任或独立承包有较大风险,应考虑联合体承包,并签订好联合体协议。

④符合要求,不缺不漏。编制资格预审申请文件应符合全面、适当、真实、及时性的要求,必须逐项核实填报内容、检查证明材料复印件是否齐备、资格预审材料签署盖章是否完善、投标授权书是否开具、公证等。

⑤跟踪追击,掌握动态。投标人应做好递交资格预审申请表后的跟踪工作,以便及时发现问题,补充资料。

3)研究招标文件

精读、分析招标文件的目的有：

①全面了解承包人在合同中的权利和义务；

②深入分析施工中承包人所面临和需要承担的风险；

③缜密研究招标文件中的漏洞和疏忽，为制订投标策略寻找依据，创造条件。

招标文件内容广泛，投标人应对以下5个可能对投标结果产生重大影响的方面加以注意。

（1）投标人须知

前面我们已经对投标人须知有所了解，它详细说明了投标人在整个投标阶段应遵守的程序、时间安排、注意的事项、权利和义务。投标人一旦提交了投标文件，则应在整个投标文件有效期内对其投标文件负责。在投标人须知中，应特别注意招标人评标的方法和标准、授予合同的条件等，以使投标人有针对性地投标。投标一旦偏离或者不完整，就有可能导致废标。

（2）认真研究合同条件

合同条件是商业性的，但仍具有法律效力。投标人员平时应多看，多熟悉、研究通用条件。专用条件则是针对本项目，由业主制订的，对通用条件起补充作用的条款。它体现了本地区、本项目的特点，要在投标阶段着重研究。其中那些对投标书编制，特别是对投标报价影响较大的条款，尤其应认真注意、反复研究。

①有关工期要求及延期惩罚（或提前完工奖励）的规定。工期对于承包工程是硬指标，能否按期完成，是承包商信誉的首要因素。拖期往往被认为是承包商履约能力不强的表现，不但会给业主造成经济损失，而且由于拖长工期，投标人自己的人工费、管理费、设备折旧费等开支将增加，还影响资金、施工设备、人员的周转使用，从而使工程成本加大。同时，还可能导致业主的反索赔——延期罚款。罚款额按日计算，一般以合同总额的几千分之一计。例如，每延迟1日罚款 $1/5\,000 \sim 1/2\,000$ 合同金额，即大型工程每日罚款可达上万元，小型工程也有几千元。有的标书还规定按累进原则进行处罚，达到规定额度（如达到合同金额的5%），业主就有权自行安排其他承包人承接部分或全部剩余工程，一切费用由原承包商承担；甚至取消合同，没收履约保函，冻结承包商资产，并进一步索取赔款。

为了取得信誉和避免经济损失，承包商务必根据规定的工期安排施工计划，配备足够的施工设备和劳务。另外，工期的计算方法对施工组织计划也有影响，有些标书规定合同批准（生效）后即下达开工令，下开工令后第二天就开始计算工期。这样就不得不把施工准备（如组建项目经理部驻点、组织机械人员进场）安排在工期之内，从而缩短了工程的实际工作时间。也有许多标书规定，下达开工令后一段时间（如1个月或2个月）再开始计算工期，这样承包商就可在工期开始前进行现场施工准备工作。工程竣工只进行初步验收，直到缺陷责任期满才进行最终验收，因而缺陷责任期中出现的质量问题（仅仅指由于施工质量引起的损坏）仍由承包商负责修复。标书规定的缺陷责任期一般为2年，这就增加了承包商的责任和费用，应在投标时予以注意。

②关于预付款及保留金。开工预付款是业主在工程结算之前，提供给承包商做施工准备、购置施工机械和材料用的，属无息贷款。在工程结算中，从开始或结算额到一定比例后逐月扣还。这可缓解承包商初期资金的紧张程度。各个国家，不同的业主对预付款的规定差异较大，因此要仔细弄清。通常有开工预付款和材料、施工机械预付款。开工预付款一般为合同总额的

10% ～ 20% ,也有些项目没有开工预付款。材料预付款是指按规范要求外购的材料,送到工地经工程师检验后按一定比例(如按料价的 70% ～ 80%)预先结算付款。材料预付款有一个最高限额,即预付总额不超过一定比例(如 5% ～ 10% 的合同总额)。施工机械预付款是按到场新机械的购置费或旧机械估算价的某种比例(如 60%)预付,也有一定规定限额(如不超过合同总金额的 20%),但大多数不单独开列,而与开工预付款联系起来,即包括在开工预付款的限额内,作为开工预付款的一种支付条件。

保留金实际上是工程结算时扣留的施工质量问题维修保证金,一般规定为结算金额的 5% ～ 10% ,在初步竣工验收后退还一部分,在缺陷责任期满且工程最终验收后全部退还承包商。有的国家则规定只要提供保留金保函,就可不再扣留这笔款。这些条件要在研究合同特别条款时搞清楚。

③报价方式和支付条件。报价方式和支付条件是投标书编制中需要特别注意的问题,拿到招标文件后首先要搞清招标文件规定的合同类型。公路工程一般是以单价和按月计量支付为基础的,但有时也有成本加酬金或其他类型的报价方案供选择。

④关于税收。许多地区在标书中要求承包商按照有关规定缴纳各种税款,但并不详细开列应考虑的纳税项目,或者只开列一些主要项目,而并不提供有关细节。因此,承包商必须通过各种途径弄清纳税项目、税率和纳税程序。

⑤其他方面。标书中关于工程保险、第三者保险、承包商运输和工程机械保险的规定,以及有关各种保函的开具要求都要逐项研究。履约保函一般为合同金额的 10% ,但也有诸如交担保金等形式的。此外,还有预付款保函,一般要求开具全额保函。对于改建道路或交叉道路,要求保证正常交通。因此,在施工组织中应采取相应措施,如修便道或半边施工,需要现场观察交通情况,以便制订相应措施。

(3)认真研究技术规范和报价项目内容

编制投标价要按照招标文件中技术规范的要求和工程量清单中开列的项目以及对每条项目工程内容的说明进行,任何疏忽都将造成失误。在新到一个地区,要逐条逐句阅读技术规范条文,不可认为有些条目与投标人在另一地区所遇到的大体相同而不再认真阅读分析,因为不同项目对同样工作项目所含的内容并不一定相同。对于综合性项目,要注意所罗列的工作内容。

对于技术规范规定的工作内容,在工程量清单中未开列出来的或未明文包括进去的,也要在所列项目中计算进去,否则将成为漏项。如有不明确之处,可在标前会议向业主提出澄清,对工程量清单所列内容含混的项目要特别注意。例如,清除植被包括了清除草和灌木,但又未注明树木大小尺寸;结构开挖未分土、石,未分干、湿,这些都要等到现场勘察后确定难易程度。有的标书对隐蔽工程未做勘探,只提出粗略估计数量,一旦数量出入较大,工程难度将超过预计。例如,多年失修没有记录在案的地下管线,管道开挖中遇到大量坚硬石方;桥梁基础钻孔遇到特殊土质(如硬黏土、翻砂等),都会给承包商带来严重困难。因此,在遇到类似的可疑情况时,应设法进行调查,甚至做试探性勘探。否则,就需要在投标书中提出相应的制约条件。例如,当发生工程数量大于所列清单“名义数量”某种限度,应要求另行议价,以便在出现上述意外情况时能够进行索赔交涉,同时还应把报价提高些,以免承担过大的风险。

（4）招标图纸和参考资料

招标图纸是招标文件和合同的重要组成部分，是投标人在拟订施工组织方案，确定施工方法以至提出替代方案，计算投标报价时必不可少的资料。投标人在投标时应严格按照招标图纸和工程量清单计算投标价，即使允许投标人提出替代方案投标，也必须首先按照招标图纸提出投标报价，然后再提出替代方案的投标报价，以供评标时进行审查与比较。招标图纸中所提供的地质钻孔柱状图、土层分层图等均为投标人的参考资料。对于招标人提供的水文、气象资料等也是参考资料，投标人应根据上述资料做出自己的分析和判断，据此拟订施工方案，确定施工方法，提出投标报价，业主和监理工程师对这类分析和判断概不负责。

（5）工程量清单

大部分公路工程采用单价合同或以单价合同为主的合同，一般由招标人提供有数量的工程量清单让投标人报费用。研究招标文件工程量清单时，应注意以下事项：

①应当仔细研究招标文件中的工程量清单的编制体系和方法。

②结合工程量清单、技术规范和合同条款研究永久性工程之外的项目有何报价要求。

③结合投标须知、合同条件、工程量清单，注意对不同种类的合同采取不同的方法和策略。对于承包商而言，在总价合同中承担工程量方面的风险，就应当尽量将工程量核算得准确一些；在单价合同中，承包商主要承担单价不准确的风险，因此应对每一子项工程的单价做出详尽细致的分析和综合。

④核实工程量。招标项目的工程量在招标文件的工程量清单中有详细说明，但由于种种原因，工程量清单中的工程数量会和图纸中的数量存在不一致的现象。因此，无论是总价合同，还是单价合同，投标人都应依据工程招标图纸和技术规范，对招标文件中工程量清单的各项工程量逐项进行核对。这项工作是必需的，也是十分重要的。如果投标时间紧迫，来不及核定所有项目的工程量时，也应对那些工程量大和造价高的主要项目进行核算。一般情况下招标文件都规定，工程量清单中的各项工程量是投标时的参考工程量，既不能更改，也不作为合同实施时工程价款支付的依据。如果投标人经核算某项工程量相差较大，且将在工期上给投标人带来较大风险时，应通知招标人改正，然后按改正后的工程量报价。如果招标人坚持不改时，则可按有条件报价或将其风险费用摊入投标报价中。一般的工程量偏差只能按原工程量报价。建议当工程量清单中某项目工程量偏小时，投标人可适当提高单价，合同实施时，由于该项目实际工程量增加时，可以获得较多利润；如原工程量偏大时，可以适当降低单价，这样可以降低总报价，增加中标机会。当然这样做会使该项目的将来工程价款结算额减少，因此应把此减少的款额摊入同期施工的其他项目中。

4）现场考察

现场考察是承包商投标时全面了解现场施工环境和施工风险的重要途径，是投标人做好投标报价的先决条件。通常，在招标过程中，业主会组织正式的现场考察。按照国内招标的有关规定，投标人应参加由业主（招标人）安排的正式现场考察，不参加正式现场考察者，可能会被拒绝投标。投标人提出的报价应当是在现场考察的基础上编制出来的，而且应包括施工中可能遇到的各种风险和费用。

投标人在现场考察之前，应事先拟定好现场考察的提纲和疑点，设计好现场调查表格，做到有准备、有计划地进行现场考察。现场考察的主要内容如下：

（1）地理、地貌、气象方面

①项目所在地及附近地形地貌与设计图纸是否相符；

②项目所在地的河流水深、地下水情况、水质等；

③项目所在地近 20 年的气象情况，如最高最低气温、每月雨量、雨日、冰冻深度、降雪量、冬季时间、风向、风速、台风等；

④当地特大风、雨、雪、灾害情况；

⑤地震灾害情况；

⑥自然地理：修筑便道位置、高度、宽度标准，运输条件及水、陆运输情况等。

（2）工程施工条件

①工程所需当地建筑材料的料源及分布地；

②场内外交通运输条件，现场周围道路桥梁通过能力，便道便桥修建位置、长度数量；

③施工供电、供水条件，外电架设的可能性（包括数量、架支线长度、费用等）；

④新盖生产生活房屋的场地及可能租赁民房情况、租地单价；

⑤当地劳动力来源、技术水平及工资标准情况；

⑥当地施工机械租赁、修理能力、价格水平。

（3）自然资源和经济方面

①工程所需各种材料，当地市场供应数量、质量、规格、性能能否满足工程要求及其价格情况；

②当地借土地点、数量、单价、运距；

③当地各种运输、装卸及汽柴油价格；

④当地主副食供应情况和近 3 ~ 5 年物价上涨率；

⑤保险费、税费情况。

（4）工程施工现场人文环境

工程施工现场人文环境主要指工程所在地有关健康、安全、环保和治安情况，如民风民俗、医疗设施、救护工作、环保要求、废料处理、保安措施等。

5）投标质疑

这是投标工作的重要一环。从招标人发售招标文件开始至招标文件规定的时间内，投标人有权以书面方式提出各种质疑。招标人也有权对招标文件中存在的任何问题进行修改和补遗。招标人对上述书面答复、修改和补遗，以编号的补遗书方式寄给购买招标文件的所有投标人，且这些补遗书也将成为招标文件的组成部分，对将来签订合同双方均具有法律约束力。在要求业主澄清招标文件时，应注意如下事项：

①招标文件中对投标者有利之处，不要轻易提请澄清（它可以成为投标人制订报价技巧的突破口）；

②不要轻易让竞争对手从投标人提出的问题中窥探出投标者的设想、施工方案；

③对含糊不清的重要合同条款，如工程范围不清楚、招标文件和图纸相互矛盾、技术规范明显不合理等问题，均可要求业主或招标人澄清解释；

④关于业主或招标人的澄清或答复，应以书面文件为准，切不可以口头答复为依据来确定标价。

6）编写施工技术标书——施工组织设计

投标人在详细研究招标文件，考察施工现场并准备和掌握足够的基础资料、信息后，即可按招标文件所附的格式和要求，编写施工组织设计文件。施工组织设计既是评、定标的重要资料，也是投标人编制商务标书和报价文件的依据。

7）编写商务标书

商务标书主要以表格的形式反映投标人基本信息、人员、设备、业绩、财务能力等基础数据以及施工组织设计的有关参数摘要，是招标人了解和评价投标人的重要资料之一。

8）制定报价策略、技巧，编制工程量清单等报价文件

报价文件是招标文件中最重要的部分，既是招标人评、定标的重要依据，也是投标人能否中标和中标后能否实现效益的基础。

9）合成、报送标书，参加开标会

投标文件的商务部分、技术部分和报价部分编制完成，并经过反复校核无误后，投标人应将这3部分资料进行合成，统一编码，打印输出，按要求进行封装，然后在投标截止期前送交开标现场，并派人参加开标会，做好现场开标记录。

10）澄清投标书

开标后，投标人必须根据开标情况，分析自己投标书中可能需要澄清的地方，然后有针对性地准备好拟澄清资料，供需要时使用。

11）合同谈判，签订合同

如果投标人已收到了中标通知书或已确定为中标候选人，就必须认真准备好用于合同谈判的资料，办理或准备好拟签订合同的履约担保、开工预付款担保等担保书，筹备或计划好拟进场的资源配置。

12）标后分析与总结

标后分析与总结是投标工作不可或缺的一环，通过这项工作，投标人可以分析得失，总结经验教训。

以上工作任务基本上按照先后顺序进行编排，但有一些工作可以交叉同时进行，如标书3个部分的编制等。

4.2　投标文件的编制要求

1）投标文件的组成

投标文件是由投标人编制的实质性响应招标文件要求的资料文本的统称。前文已根据《公路工程标准施工招标文件》（2018年版）对投标文件的组成进行了说明。现根据实践操作对投标文件的组成进行说明，从投标人实际组织和管理的角度来看，投标文件可分为商务标书、技术标书、报价文件3部分。

根据投标人须知前附表规定的不同形式，投标文件的组成应满足相应条款要求。

①若采用双信封形式,投标文件应包括下列内容:

• 第一个信封(商务及技术文件):

a. 投标函及投标函附录;

b. 授权委托书或法定代表人身份证明;

c. 联合体协议书;

d. 投标保证金;

e. 施工组织设计;

f. 项目管理机构;

g. 拟分包项目情况表;

h. 资格审查资料;

i. 投标人须知前附表规定的其他资料。

• 第二个信封(报价文件):

a. 调价函及调价后的工程量清单(如有);

b. 投标函;

c. 已标价工程量清单;

d. 合同用款估算表。

投标人在评标过程中作出的符合法律法规和招标文件规定的澄清确认,构成投标文件的组成部分。

②若采用单信封形式,投标文件应包括下列内容:

a. 投标函及投标函附录;

b. 授权委托书或法定代表人身份证明;

c. 联合体协议书;

d. 投标保证金;

e. 已标价工程量清单;

f. 施工组织设计;

g. 项目管理机构;

h. 拟分包项目情况表;

i. 资格审查资料;

j. 调价函及调价后的工程量清单(如有);

k. 投标人须知前附表规定的其他资料。

投标人在评标过程中作出的符合法律法规和招标文件规定的澄清确认,构成投标文件的组成部分。投标人须知前附表未要求提交投标保证金的,投标文件不包括本章所指的投标保证金。

2) 投标文件的质量特征

一份真正被招标人接受和认可的投标文件必须具有全面、适当、完整、有效、真实的质量特征,否则,投标文件就有可能成为一堆废纸。所谓全面,就是招标文件要求提供的资料,投标文件中都必须有。所谓适当,就是不符合招标文件要求的资料和招标文件不需要的资料一般不提供,切忌画蛇添足。所谓完整,就是投标文件提供的资料要完整,不漏不缺。所谓有效,就是投标文件提供的资料要能实质性响应招标文件。例如,招标文件要求投标人的业绩是近5年的施工业绩,如果投标人提供的是5年前的业绩证明材料,就视为不合格。所谓真实,就是要求投标文件中的资料真实可信不弄虚作假,一经发现虚假资料,将视为重大偏差,作废标处理。

3)投标文件编制的注意事项

投标文件是必须实质性响应招标文件的要约,招标人若接受了,就意味着投标人得标,因此其重要性不言而喻。这就要求投标人在编制投标文件时,必须慎重再慎重,仔细再仔细。

①认真填写,不能漏项。如对投标书或投标函的填写,投标人必须按招标文件规定的格式将下列内容填写完整:投标项目的名称、投标人名称、地址、投标总价、总工期、投标人签名盖章,等等。此外,投标书的文件份数、种类、有效期也必须符合要求。

②反复核对,不能出错。如在招标文件所附的工程量清单原件上填写的单价和分项细目合价、每页小计、每章合计、投标总价等绝对不能出错;同时,工程量清单上的每一个数字大、小写及算术运算等都必须认真审核,并签字确认。

③保持整洁,不要修改。如不得更改投标书的格式,不得在投标书上直接修改其内容。若出现错漏,更正后重新打印输出。

④字迹清晰,样式美观。如资料不要复写、抄写或复印,尽量用计算机打印清楚。

⑤手续完备,装帧大方。如投标人名称应写全称,特别注意法人代表签字盖章,法定代表人或授权代理人在投标书每一页上的签署确认情况都不能遗漏;投标文件正、副本分别密封包装,包装后要进行密封盖章;投标文件必须在规定的时间之前递交等。

⑥注意方式,防止泄密。如报价文件不到最后时刻不定板等,若投标保函金额与报价成比例关系,投标人在办理保函时可有意将保函金额提高。

⑦按章办事,不别出心裁。如投标保函或投标保证金投标人必须根据招标文件要求办理,担保格式、签章银行、担保金额、担保期限等符合要求,手续符合法定要求等。

4.3　商务标书——投标文件的编制

商务标书是反映(主要通过格式化文本和表格)投标人法律文书、投标人基本情况、拟投标项目的资源配置情况等信息的文件。它既是投标人编制技术标书的基础,又是投标人能否通过初步评审和详细评审的关键。在采用综合评估法等评标法时,甚至是决定投标人能否中标的重要因素之一。因此,如何按要求编制好商务标书十分重要。

1)投标函及投标函附录、投标担保、授权委托书、联合体协议书的编制

(1)编制内容

投标函及投标函附录、投标担保、授权委托书、联合体协议书等大部分都是格式化的文本。投标函及投标函附录、投标担保、授权委托书、联合体协议书只需投标人按《公路工程标准施工招标文件》(2018年版)提供格式文本,在其空白处填上相应内容即可;联合体协议书也可以按《公路工程标准施工招标文件》(2018年版)提供的格式文本签订,也可由联合体双方在不违背招标文件和法律规定的前提下协商拟订。

①投标函如例 4.1 所示。

【例 4.1】　　　　　　　　　　投标函(示例)

_____(招标人名称):

1.我方已仔细研究了_____(项目名称)_____标段施工招标文件的全部内容(含补遗书第_____号至第_____号),在考察工程现场后,愿意以第二个信封(报价文件)中的投标总报价(或根据招标文件规定修正核实后确定的另一金额),按合同约定实施和完成承包工程,修补工程中的任何缺陷。

2.我方承诺在投标有效期内不撤销投标文件。

3.工程质量:_____,安全目标:_____,工期:_____日历天。

4.如我方中标,我方承诺:

(1)在收到中标通知书后,在中标通知书规定的期限内与你方签订合同。

(2)在签订合同时不向你方提出附加条件;

(3)按照招标文件规定向你方提交履约保证金;

(4)在合同约定的期限内完成合同规定的全部义务;

(5)在你方和我方进行合同谈判之前,我方将按照合同附件提出的最低要求填报派驻本标段的其他管理和技术人员及主要机械设备和试验检测设备,经你方审批后作为派驻本标段的项目管理机构主要人员和主要设备且不进行更换。如我方拟派驻的人员和设备不满足合同附件要求,你方有权取消我方中标资格。

5.我方在此声明,所递交的投标文件及有关资料内容完整、真实和准确,且不存在招标文件第二章"投标人须知"第 1.4.3 项和第 1.4.4 项规定的任何一种情形。

6.在合同协议书正式签署生效之前,本投标函连同你方的中标通知书将构成我们双方之间共同遵守的文件,对双方具有约束力。

7._____(其他补充说明)。

投标人:_____(盖单位章)

法定代表人或其委托代理人:_____(签字)

地址:_____

网址:_____

电话:_____

传真:_____

邮政编码:_____

_____年____月____日

②投标函附录如例4.2所示。

【例4.2】　　　　　　　　　**投标函附录（示例）**

说明：下表所有数据应在招标文件发出前由招标人填写，由投标人签署确认。

序号	条款名称	合同条目号	约定内容	备注
1	缺陷责任期	1.1.4.5	自实际交工日期起计算＿＿＿＿年	
2	逾期交工违约金	11.5(3)	＿＿＿＿元/天	
3	逾期交工违约金限额	11.5(3)	＿＿＿＿%签约合同价	
4	提前交工的奖金	11.6	＿＿＿＿元/天	
5	提前交工的奖金限额	11.6	＿＿＿＿%签约合同价	
6	价格调整的差额计算	16.1.1	见价格指数和权重表	
7	开工预付款金额	17.2.1(1)	＿＿＿＿%签约合同价	
8	材料、设备预付款	17.2.1(2)	＿＿＿＿等主要材料、设备单据所列费用的＿＿＿＿%	
9	进度付款证书最低限额	17.3.3(1)	＿＿＿＿%签约合同价或＿＿＿＿万元	
10	逾期付款违约金的利率	17.3.3(2)	＿＿＿＿‰/天	
11	质量保证金限额	17.4.1	＿＿＿＿%合同价格，若交工验收时承包人具备被招标项目所在地省级交通主管部门评定的最高信用等级，发包人给予＿＿＿＿%合同价格质量保证金的优惠	
12	保修期	19.7(1)	自实际交工日期起计算＿＿＿＿年	

价格指数和权重表

名　称		基本价格指数		权　重			价格指数来源
		代　号	指数值	代　号	允许范围	投标人建议值	
定值部分				A			
变值部分	人工费	F_{01}		B_1	＿＿至＿＿		
	钢材	F_{02}		B_2	＿＿至＿＿		
	水泥	F_{03}		B_3	＿＿至＿＿		
	……	……		……	……		
合　计						1.00	

投标人：＿＿＿＿＿＿＿＿＿＿＿＿＿＿＿＿＿＿（盖单位章）

投标文件签署人签名：＿＿＿＿＿＿＿＿＿＿＿＿＿＿＿

③投标担保格式(略)。

说明:投标人提交的投标担保可以是符合要求的投标银行保函,也可以提供其他可接受的担保。

④授权委托书如例4.3所示。

【例4.3】　　　　　　　　　　授权委托书(示例)

本人_____(姓名)系_____(投标人名称)的法定代表人,现委托_____(姓名)为我方代理人。代理人根据授权,以我方名义签署、澄清、递交、撤回、修改_____(项目名称)_____标段施工投标文件、签订合同和处理有关事宜,其法律后果由我方承担。

委托期限:自本委托书签署之日起至投标有效期期满。

代理人无转委托权。

附:法定代表人身份证明复印件及委托代理人身份证复印件。

申　　请　　人:_____(盖单位章)

法定代表人:_____(签字)

身份证号码:_____

委托代理人:_____(签字)

身份证号码:_____

_____年____月____日

(2)编制注意事项

投标函及投标函附录、投标担保、授权委托书、联合体协议书等文本的编制,主要应注意手续完备性、法律符合性和选择利己性,如授权委托书上的日期不能迟于公证书的日期,授权委托书的签名应前后一致等;担保方式可选择时,投标人应选择成本低、手续简便、条件不苛刻的担保方式;投标函附录中的数据必须仔细核对并认真理解,确认无误后再签字,否则可能影响中标和中标后项目的实施。

2)组织机构框图的编制

(1)项目管理机构框图格式

项目管理机构框图格式如图4.1所示。

(2)项目管理机构框图编制注意事项

①要注意与施工组织设计相匹配。投标书附录实际上均为施工组织设计必须考虑的内容,只是为了评标方便和招标人了解评价投标人的需要,才将其单独列出。因此,投标人在编制这些表格时,不能跟施工组织设计自相矛盾。

②应按照精干效能、适应管理、便于控制的原则设置机构。机构的设置应做到不错位、不串位、不越位,既事事有人管,又不人浮于事。

③要考虑与业主的协调配合。为了保证投标人与业主沟通的顺畅,投标人在设置机构时,还应考虑业主机构设置的情况。

④要具体情况具体分析。根据项目特点、规模大小,考虑管理模式来进行机构设置。

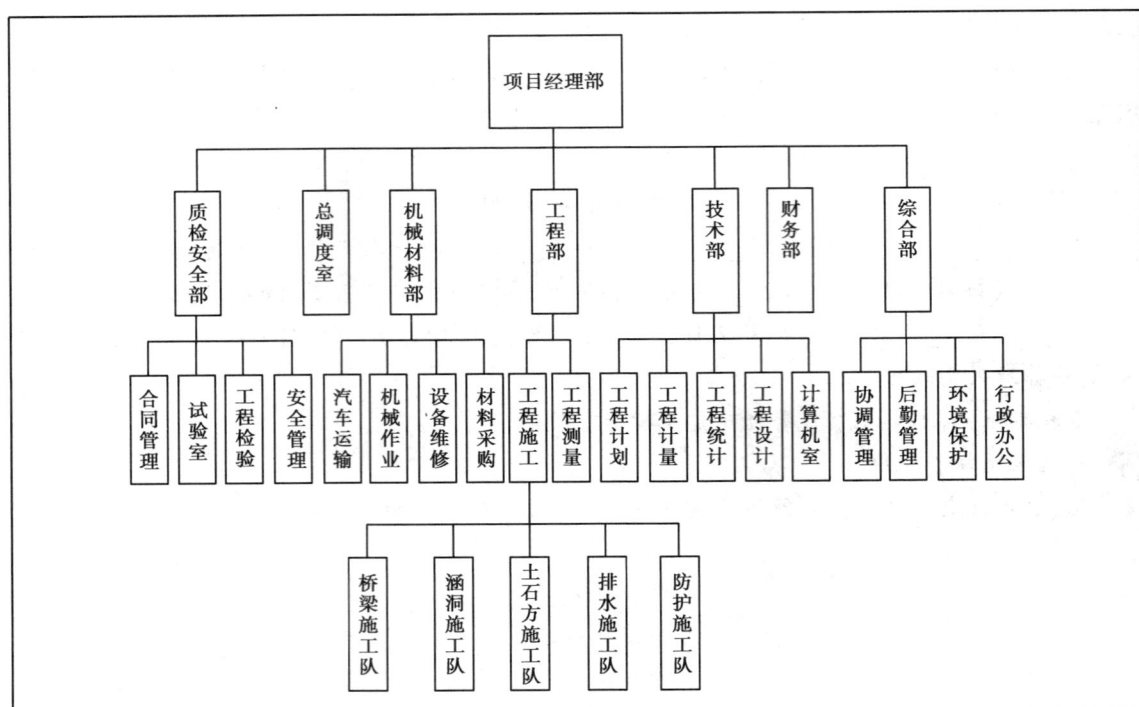

说明:

1.投标人将组织精干高效的项目经理部,科学合理地组织劳力、材料、机械设备,优化施工组织设计,按国家标准、设计要求和合同条件组织施工和检验,用严格的质量管理,以精良的施工要求,保证按期、优质地完成本项目工程。

2.实行项目经理负责制,项目经理全权负责项目管理。各部门在项目经理领导下,实行部门主管责任制,各职能部门职责划分明确,并实行目标管理,各部门之间应相互协作,互相配合。

3.质检安全部负责工程质量检查、验收、工程合同管理、工程试验、工程施工安全检查。

4.总调度室负责工程机械、材料、人员、设备、资金、物资等调度计划,并按计划实施。

5.机械材料部负责机械作业、汽车运输、设备维修、物资采购等。

6.工程部负责工程施工组织,做好工程施工组织设计、施工;管理各施工队的施工工作,对工程质量进行监督;负责工程测量及施工放样。

7.技术部负责工程变更设计、工程计量、工程计划、工程统计,及时处理各项技术工作,管理好计算机中心。

8.财务部负责工程财务管理,做好资金计划安排及调度。

9.综合部负责行政管理、协调地方矛盾、后勤工作、工程环境保护。

图 4.1 拟为承包某合同工程设立的组织机构图(参考)

3)分包人表的编制

(1)分包人表格式

分包人表的格式如表 4.1 所示。

(2)分包人表编制的注意事项

①把握得当,一般填"无"。该表一般填"无",因为如果填"有",分包人资料比较繁杂,而且容易出错,甚至会因为对分包人了解不全面而造成废标,如分包人上了"黑名单"等不良记录,承包人不一定知道。

②优势互补,实现双赢。如果投标人必须考虑分包人,则首先分包人应具备实施分包工程的法定资格;其次,投标人分包的工程数量和类别不能超越法律和招标文件的要求,如公路市场

管理办法规定,分包工程量不能超过合同工程量的 30% ,则承包商在填"分包值合计"栏数据时,必须控制在其报价的 30% 以内;最后分包要有利于实现优势互补和风险共担。

表 4.1 分包人表

分包人名称		地　址	
法定代表人		电　话	
营业执照号码		资质等级	
拟分包的工程项目	主要内容	预计造价(万元)	已经做过的类似工程
			注: 　1.本栏应写明分包人以往做过的类似工程,包括工程名称、地点、造价、工期、交工年份和其发包人与总监理工程师的姓名和地址。 　2.若无分包人,则投标人应填写"无"。
分包值合计(万元)			

4)资格预审的更新资料或资格后审资料的编制

包括投标单位一般情况表、主要人员简历表、主要施工设备及检测试验仪器表、投标单位财务状况表、施工业绩及在建工程表。

(1)主要人员简历表的编制

①主要人员简历表的格式如表 4.2 所示。

②主要人员简历编制注意事项如下:

a.符合需要并适当超过要求。投标人一定要根据招标文件的要求配备人员。如招标人要求项目经理类似工作年限 10 年以上、一级建造师资格、中级以上职称等,则投标人必须配备都符合并适当超过这些要求的人担任项目经理。

b.合理搭配,组建战斗力强的团队。项目施工管理既需要较丰富的相关经验,又需要付出大量的精力,还需要一定的创新和开拓精神,因此参与管理的主要人员需要在年龄、学历、经历、能力方面合理搭配。

c.统筹兼顾,科学安排。主要负责人,如项目经理、技术负责人等的确定既要考虑项目的需要,又要考虑投标人自身的实际情况,尽量避免一人多用(一人兼管两个项目)这种现象的出现。

d.资料完备,填写恰当。主要人员简历表不仅要一人填一张表,还要按招标文件的要求填制,并且按要求附相关证件,做到表、证相称,证书与招标文件要求相符。

e.要注意与施工组织设计相应部分的协调。

f.建立人员资料数据库。投标人平时应注意加工和整理资料,将投标所需人员资料建立专用资料库,并注意更新,以节省投标时间和精力。机械设备、施工业绩资料,甚至连施工方案都可以通过分门别类地建立类似资料库来节省投标时间。

表4.2　拟在本合同工程任职的主要人员简历表(示例)

姓　名	××	年　龄	36	专　业		交通土建
职　称	路桥高级工程师	职　务	副经理	拟在本合同工程担任职务		项目经理
毕业学校	__××__ 年 __××__ 月毕业于 __××__ 学校 __土木工程__ 系(科),学制 __4__ 年。					
经　历						
时　间	参加过施工的工程项目名称			担任何职		备　注
2014—2015 ⋮	某高速公路××标段			项目经理		被业主评为优秀项目经理

说明:①"主要人员"指实际参加本合同工程施工的项目管理、技术等方面的负责人。下列人员需填写此表,每人填一张:项目经理,项目副经理(如有),项目技术负责人(总工程师),质检工程师,桥梁、隧道、道路、机械、试验等专业工程师,财务负责人,计划统计负责人。

②每张简历表后应附有身份证、毕业证和职称资格证书或试验人员资格证书的复印件。在投标文件正本中,所有证件均应采用彩色打印件。

(2)主要施工机械、试验、检测表的编制

①主要施工机械、试验、检测表的格式如表4.3、表4.4所示。

表4.3　拟投入本合同工程的主要施工机械表(示例)

机械名称	规格型号	额定功率(或容量、质量)	厂牌及出厂时间	数量(台)				新旧程度(%)	预计进场时间
				小计	其　中				
					拥有	新购	租赁		
自卸车	黄河	15T,199 kW	山东黄河机械厂	25	4		21	90	
推土机	D85	165 kW	山东推土机厂	3	1		2	85	
挖掘机	PC300	110 kW	日本小松公司	4	3	1		90	
混凝土搅拌站	EMC50	50 m³/h,90 kW	韶光新宇机械厂	2	1	1		85	
混凝土搅拌运输车	JCQTA	7 m³	洛阳建筑机械厂	3	2	1		95	

注:根据招标人的具体要求,招标文件一般要求投标人附有设备发票、租赁合同或意向合同等资料。

表4.4　拟配备本合同工程主要的材料试验、测量、质检仪器设备表(示例)

序　号	仪器设备名称	规格型号	单　位	数　量	备　注
1	全站仪(日本)	SET2C	台	2	自有
2	电动重型击实仪	JZ-ZD	台	3	自有
3	液压万能试验机	WE-600B	台	2	自有

②主要施工机械、试验、检测表的编制注意事项。机械设备的配备情况关系到项目能否顺

利实施,也是评价投标人能力的重要因素之一。在采用综合评估法等评标方法进行评标时,投标人机械设备的配置也是影响投标人评标综合得分的一项重要指标。因此,在编制该表时必须注意如下事项:

a.统筹兼顾,科学配置。在进行机械设备配置时,首先应根据项目的规模和特点选择相应的设备;其次应根据设备的情况和施工组织安排,科学合理地估计设备的理论需求量;再次根据项目所在地施工条件等制约因素,实事求是地估计设备的实际需求量;最后根据自有设备情况、资金实力和社会同类设备情况,确定自有、租赁和新购设备的数量。

b.既确保需要,又不浪费资源。施工机械装备应满足工程项目的需要,符合招标文件的要求,主要包括机械设备的选型和规格、名称、数量、制造厂家、使用年限等。业主从施工机械装备表中可以判断承包商的施工经验和实力、各承包商之间的区别和特点。中标后,业主则按所报机械装备数量表要求承包商如数提供。因此,要注意配备适宜,多报则会造成不必要的机械设备闲置和浪费,少报则可能造成失标。

c.填写清楚,符合要求。注意设备型号、成新和能力参数。

d.注意技巧,不造成无谓的失分。投标人在填写该表时,可以将主要机械设备的数量比实际需求报大一些,可以将老化的自有设备换成租赁同类新设备等。

(3)资格预审的更新资料或资格后审资料编制的注意事项

①注意不与资格预审资料相互矛盾,特别是业绩、财务状况、设备、人员资料等不能自相矛盾。

②补充的资料必须有助于招标人正面了解投标人,应对已报送资料起补充、完善和更新的作用。

③不要画蛇添足和弄巧成拙。不需要更新和不必要的资料尽量不报。

5)其他资料的编制

①有助于美化投标人形象的资料。投标人对有助于树立自己形象的资料,如获奖证书、第三方正面评价等资料,有时尽管招标人没有要求提供,但投标人可以巧妙地让招标人知道。

②工程材料的需求说明。有些招标文件已写明有材料供应商或厂家,也有些要求承包商上报工程材料需求及来源表。投标时,应慎重主动地说明材料需求有货源。

③建议比较方案的编制。如果业主在招标中要求承包商提出工程分项的建议比较方案,则承包商必须编制比较方案,否则业主认为不符合投标要求。比较方案的编制为承包商中标增加了一个机会。若承包商的比较方案结构合理、技术先进,又较实用美观,即使报价略高于原方案也可能得标。因此,对于比较方案的编制,投标人也必须认真对待,详细计算,不能造成漏算和失误,否则一旦被业主选中,可能会造成亏损和失利。

4.4 技术标书——施工组织设计的编制

4.4.1 施工组织设计的编制要求和编制程序

施工组织设计是对拟建工程项目提出科学的实施计划,其主要内容是研究合理的施工组织和施工方案,科学地安排施工进度计划及资源调配计划,统筹地规划与设计施工现场平面图等。

施工组织设计是编制工程造价和指导工程施工的重要依据,也是投标文件的重要组成部分及评标的重要内容之一。

1)编制要求

(1)编制依据

①设计图纸,工程数量图表资料;

②水文、地质、气象等自然条件;

③建设地区交通运输、地方资源等情况;

④市场经济动态信息资料;

⑤施工队伍的素质、施工经验和技术装备水平;

⑥施工中可能实现的技术组织措施;

⑦国家有关的技术规范、规程、规定及其定额标准等;

⑧有关上级的指令、合同、协议等;

⑨过去同类工程的历史资料等。

(2)施工组织设计编制原则

①严格遵守基本建设程序和承包合同及上级有关指示,保质保量按期完成工程任务;

②科学安排施工程序,在保证工程质量和施工安全的前提下,力争加快施工进度;

③提高施工机械化和预制装配化施工程度,提高劳动生产率,减轻劳动强度;

④科学地安排施工组织方法,对复杂工程应采用网络计划技术寻找最佳施工组织方案;

⑤切实做好冬、雨季施工进度安排和相应的特殊措施,确保全年连续、均衡施工;

⑥精心规划设计施工现场,减少临时工程,降低工程成本;

⑦尽可能采取就地取材,利用当地资源,减少物资运输、节约能源;

⑧认真研究建设地区自然环境,做好环境保护并力争少占农田耕地,防止水土流失。

2)编制程序

编制施工组织设计应按施工的客观规律进行,协调并处理各种因素之间的关系,遵照一定的程序科学地编制。其一般编制程序为:熟悉、审查图纸,进行施工现场调查研究;确定或计算工程量;制订施工组织及施工方案;编制工程进度计划和资源调配计划;规划施工现场并绘制施工平面图;分析技术经济指标;由施工经验丰富和理论水平较高的技术负责人员进行审核、修改和完善。如果是中标后的项目实施的施工组织计划安排,还应报监理和业主审批。

3)编制内容

①施工方案和施工方法的确定,主要施工工艺的选择及书面介绍;

②各分项工程的施工进度安排;

③现场平面布置及平面布置设计;

④临时工程及相应的设计图纸;

⑤技术人员、劳动力及机械设备的配备情况和进场计划;

⑥用款估算及用款计划;

⑦施工现场的组织机构;

⑧冬、雨季或夜间的施工组织措施与安排;

⑨质量、安全、环保措施等。

4) 编制注意事项

施工组织设计文件应力求先进可靠,表述详尽,尽量符合招标文件中的规定格式和要求。在进行施工组织设计时,应注意下列事项:

①选择技术上可行、成本最低的施工方法。

②选择合适功率的施工机械,确定合理的施工定额和最低的折旧费用。

③优化施工组合,均衡施工,尽量避免出现施工高峰和赶工现象。

④尽可能雇用当地工人,从而降低工程的直接费、现场经费、间接费开支。

⑤应留有余地,不能满打满算。投标时根据工程项目的情况,首先确定拟采用的施工技术与方法,据此来初步安排施工进度计划。依据招标文件规定的工期范围和自己的施工方法及工序安排,可采用横道图或网络图,利用计算机程序优化出最佳的关键线路。编制进度计划时,应考虑节假日、气候条件的影响等,既要留有一定余地,又要使工序紧凑和工期较短,以利于中标和获取效益。

⑥应由粗到细,由浅入深。为了编好施工组织设计,可以分两步考虑,在认真研究招标文件后,投标者根据自身的丰富经验,先拿出 2 或 3 个粗略的施工方案,待实地考察后,再进行深化、选择,使之形成切实可靠的施工方案。

4.4.2　施工组织设计编制实例

施工单位编制的施工组织设计,分为标前施工组织设计和标后施工组织设计。前者应根据招标文件中的施工组织设计建议书格式及要求编制,主要目标是争取中标获得承包权;后者又称为实施性施工组织设计,中标后在标前施工组织设计的基础上,围绕确保工程质量、缩短施工工期、降低工程成本等目标,编制实施性施工指导文件,在工地第一次会议上报监理工程师批准后作为施工任务的计划指标。本节主要介绍施工组织设计建议书编写大纲、施工组织设计文字说明示例、施工组织设计示例及施工组织设计的实施等相关内容。

1) 施工组织设计建议书编写大纲

①施工组织设计建议书共由 7 张表(图)组成。投标人应按"投标人须知"、技术规范和合同条件的有关要求,依照所附的格式认真编制。

②由投标人填报的建议书将作为评标时考虑的重要因素之一。

③投标人如果中标,将提交详细的施工组织设计、进度计划,但应与建议书基本上保持一致。

④建议书包括下列内容:

a. 表 1 施工组织设计的文字说明;

b. 表 2 施工总体计划表;

c. 表 3 分项工程进度率计划(斜率图);

d. 表 4 工程管理曲线;

e. 表 5 分项工程生产率和施工周期表;

f. 表 6 施工总平面图;

g. 表7 劳动力计划表;

h. 表8 临时用地计划表;

i. 表9 外供电力需求计划表;

j. 表10 合同用款估算表。

2)施工组织设计文字说明示例

表1 施工组织设计文字说明主要包括:

①总体施工组织布置及规划;

②主要工程项目的施工方案、方法与技术措施(尤其对重点、关键和难点工程的施工方案、方法及其措施);

③工期的保证体系及保证措施;

④工程质量管理体系及保证措施;

⑤安全生产管理体系及保证措施;

⑥环境保护、水土保持保证体系及保证措施;

⑦文明施工、文物保护保证体系及保证措施;

⑧项目风险预测与防范、事故应急预案;

⑨其他应说明的事项。

3)施工组织设计示例

①施工组织设计文字说明。主要包括设备、人员动员周期和设备、人员、材料运到施工现场的方法,主要工程项目的施工方案、施工方法,各分项工程的施工顺序,确保工程质量和工期的措施,冬季和雨季的施工安排,质量、安全保证体系,其他应说明的事项。

施工组织设计文字说明目录(示例)

一、编制依据及编制原则

二、工程概况

1. 概况

2. 主要工程量

3. 地质和气候

4. 本工程施工特点

三、设备人员动员周期和设备人员材料运到施工现场的方法

四、主要工程的施工方案与施工方法

1. 总体施工方案及说明

①施工组织机构

②施工现场布置

③施工总体计划

2. 主要工程施工方案施工方法

①总说明

②土石方工程

a. 施工安排

b. 土石方调配

c. 路基挖方施工

d. 路基填方施工

e. 特殊路段填方施工

f. 构造物台背填筑

g. 软土路基处理

h. 零填挖地段及低填路基施工

i. 路床施工

j. 路基边部填筑

③涵洞与通道工程

④桥梁工程

⑤排水工程

⑥防护工程

⑦路面底基层

3. 集中拌和站的布置及施工组织情况详细说明

五、各分项工程的施工工序及衔接

六、质量和安全保证措施及保证体系

七、工期保证措施

八、资金保证措施

九、冬季、雨季、春节及农忙季节的施工安排

十、对分包人的管理措施

十一、文明施工和环境保护措施

十二、缺陷责任期内对工程的修复和维修方案

十三、政治思想工作和廉政措施

表2 分项工程进度率计划(略)

表3 工程管理曲线(图4.2)

表4 施工总平面布置(略)

表5 主要分项工程施工工艺框图(图4.3)

表6 分项工程生产率和施工周期表(略)

表7 施工总体计划表(略)

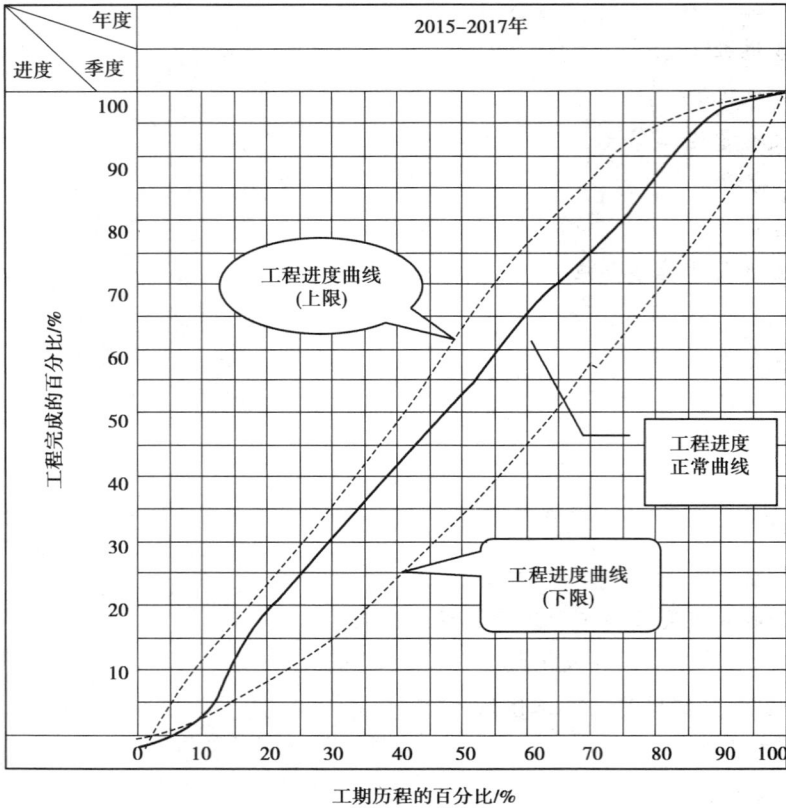

图4.2　工程管理曲线(示例)

```
                          ┌──────────┐
                          │  测量放样  │
                          └────┬─────┘
                               │
                          ┌────▼─────┐
                          │  清理场地  │
                          └────┬─────┘
                               │
  ┌──────────────┐        ┌────▼─────┐
  │ 自卸车运至指定地点 │        │  挖排水沟排水 │
  └──────▲───────┘        └────┬─────┘
         │                     │
  ┌──────┴───────┐  ┌──────────▼─────┐  ┌──────────┐
  │  装载机装表土   │◄─│   推土机去表土    │─►│  修筑涵洞  │
  └──────────────┘  └──────────┬─────┘  └──────────┘
                               │
                          ┌────▼──────────┐
                          │  整修基底、挖台阶  │
                          └────┬──────────┘
    不合格                     │              不合格
  ┌─────────────────────►┌────▼─────┐◄─────────────────┐
  │                      │   碾压    │                  │
  │                      └────┬─────┘                  │
  │  ┌──────────┐        ┌────▼──────────┐             │
  └──│  监理检查  │◄───────│  自检基底压实度   │─────────────┘
     └────┬─────┘        └───────────────┘
          │   合格
          │
          ▼
  ┌──────────────┐        ┌──────────┐
  │ 原地基及填筑土试验 │        │  修筑路拱  │
  └──────┬───────┘        └────┬─────┘
         │                     │
         │                ┌────▼──────────────────┐
         │                │ 10 cm≤分层填土厚度≤30 cm │
         │                └────┬──────────────────┘
  ┌──────▼───────┐        ┌────▼──────────────┐
  │  监理检查      │        │  推土机摊开、平地机刮平 │
  └──────┬───────┘        └────┬──────────────┘
         │                     │           不合格
  ┌──────▼───────────┐   ┌────▼─────┐◄──────────────┐
  │ 机械装土、自卸汽车运土 │   │   碾压    │               │
  └──────────────────┘   └────┬─────┘               │
  ┌──────────────┐        ┌────▼──────────┐         │
  │  是否填到标高   │        │  自检压实度、标高  │─────────┘
  └──────▲───────┘        └────┬──────────┘
         │                     │
  ┌──────┴───────┐◄────────────┘
  │  监理检查      │
  └──────┬───────┘
         │   合格      ┌──────────┐
         └────────────►│  路基填筑完毕 │
                       └──────────┘
```

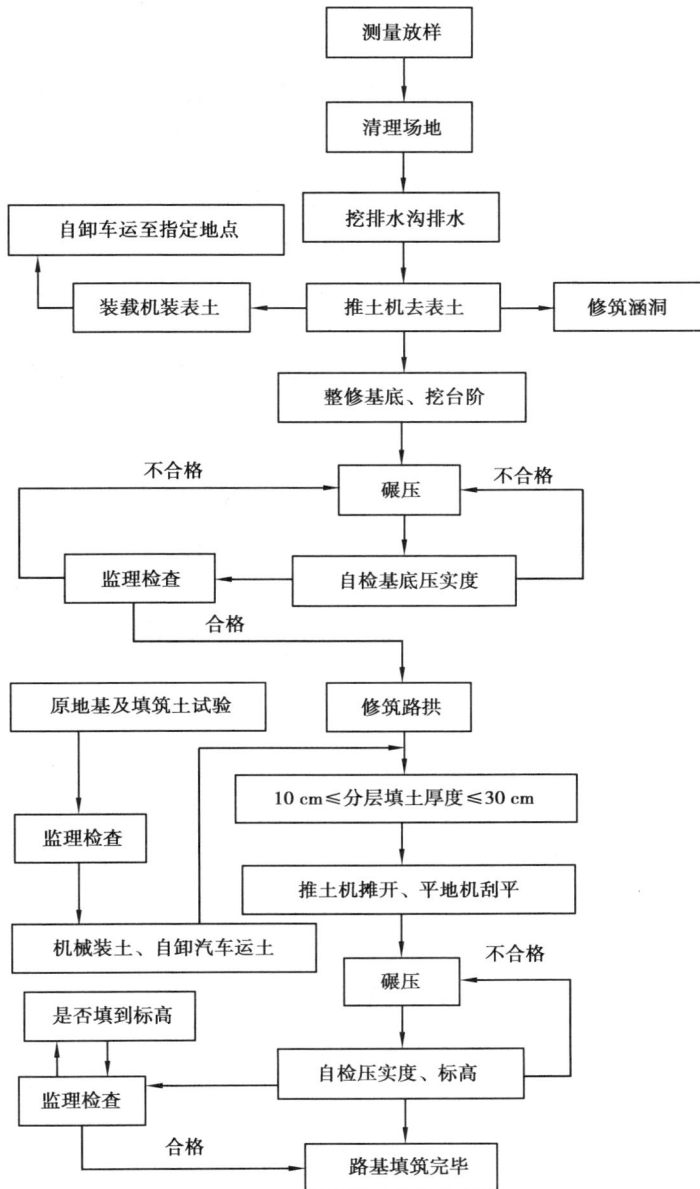

图 4.3 填方路基施工工艺框图(示例)

4.5 标价编制的程序和内容

4.5.1 标价编制的程序

1)研究并吃透招标文件

招标文件作为合同文件的一个重要组成部分,对招投标文件责任、义务、利益、风险均作出了明确规定,很多条款影响并左右着投标人的报价,如投标须知中的评标办法,通、专用条款中的保留金比例、中期支付的比例和时间、开工预付款的比例、支付条件和时间等规定。总之,招标文件要求投标人承担的责任、义务、风险越多(大),投标人的报价就应越高。因此,投标人在编制报价前,必须认真研究招标文件,全面理解投标人应该承担的责任、义务和风险。

2) 现场考察

现场考察是收集报价和施工组织设计第一手资料的重要途径,投标人必须高度重视。在考察前仔细阅读招标文件和图纸,拟订现场考察提纲和疑点,设计好调查表格,做到有的放矢。在考察过程中应认真仔细,收集资料应全面详尽。考察后再对照招标文件逐一核对,如有疑虑,必要时可再次进行重点补充调查。现场考察的具体内容如下:

①地质和气候条件:地质与设计文件是否相符,项目所在地水文情况,通常情况下的气候条件。

②工程施工条件:材料供应情况和价格水平,交通运输条件,通信与电力供应状况,劳动力素质、供应情况及工资水平,机械设备租赁情况及价格水平等。

③经济方面:当地的经济发展水平和通货膨胀情况,汇率水平及变化等。

④政治和人文环境方面:项目所在地(国)政府的管理和服务水平,政局和社会稳定情况,当地人文背景,法律环境、历史传统、风俗习惯等。在国外投标时这一点特别重要。

⑤其他方面:医疗、环保、安全、治安情况等。

3) 核实工程数量

尽管招标人提供的工程量清单中列明了所投标项目涉及的工程细目的工程数量,但由于种种原因,清单工程量与图纸工程量、图纸工程量与实际工程量往往存在不一致的地方,有时甚至出入较大。因此,投标人必须根据图纸和掌握的现场资料,认真仔细地核实每一个工程细目的工程量。

(1)核实工程量的目的

①促进投标人对技术规范中的计量支付规则做进一步的研究、理解,为分解工程量清单和套用定额做准备。

②有助于投标人全面掌握各分项工程的数量和计量单位,便于更好地分析定额和确定报价。

③有助于投标人发现工程量清单中的错漏,为制订报价策略和技巧提供依据。

(2)核实工程量的工作内容

①全面掌握所投工程项目的工程量种类。

②统筹兼顾,掌握重点。工程量清单的每一个细目工程量,投标人都应认真核实,但对容易产生错漏或对标价影响较大的项目应重点核实。如对于路基工程,核实的重点是工程量计算方法和数量是否合理、准确,土石方划分是否恰当,借方运距是否合理,挖填是否平衡,工程细目是否存在漏项,等等。

③计算附属工作量。对于分部分项工程施工伴随产生的附属工作量,应根据技术规范计算其消耗量,一般它与所采用的施工方案(施工方法)有关。

④对技术规范与定额的计量单位不一致的工程细目,按规定进行换算。

（3）分解工程量

由于清单工程细目与定额子目一般没有——对应，一个清单项目往往包含若干定额子目，所以在运用定额法计算工程量清单细目的直接费时，必须先根据技术规范和工程量计价规则的规定对其进行分解。特别应注意要搞清楚每个工序的工作内容应分摊到哪些工程细目中，如灌注桩工作平台制作、埋护筒应分摊到钻孔灌注桩工程细目中。

4）确定施工方案

施工方案是指对工程项目所做的总体设想的安排。它是投标报价的前提条件，也是招标单位评标时要考虑的重要因素之一。施工方案通常由投标单位的技术负责人主持制订，主要考虑施工方法、主要施工机具的配置、各工种劳动力安排及现场施工人员的平衡、施工进度、质量控制及安全措施，等等。投标人制订的施工方案应技术先进、经济合理、能保证工期和质量。

施工方案的编制步骤如下：

①确定各单位工程或分部工程的施工次序；

②确定各单位工程或分部工程施工过程施工方式、方法及适合使用的施工机具；

③编制施工进度计划；

④制订施工组织与技术方案。

5）确定报价策略和技巧

影响投标人报价的因素有很多，并且大多具有不确定性，甚至有些因素瞬息万变。怎样才能做到"以不变应万变"，出奇制胜呢？制订正确的报价策略和技巧是切实可行之策。因为，正确的报价策略有利于提高投标人的中标概率，而恰到好处的报价技巧有助于投标人中标后实现更多利益。

6）确定费用和费率，计算工程量清单各细目单价与合价

根据选用的工程量清单细目的计算方法，确定工程直接费和间接费率、利润率、税金和其他风险费用等。对计算出来的全部工程费用按工程量清单细目进行分析、组合、分配，形成清单细目的综合单价，然后乘以清单数量得出各清单细目的合价，最后按"章"汇总形成每章的合计。

7）汇总计算标价

计算计日工单价表，汇总各章金额，计算总标价，即基础报价。

8）总标价的重分配（不平衡报价）

在总报价保持不变的前提上，根据报价所确定的技巧和有关资料，对工程量清单各细目的单价进行有针对性的调整，即标价重分配或不平衡报价（不平衡报价的具体方法见后面章节），以利于中标后谋取更多利益。

9）利用调价函确定最终标价

报价是投标人的核心机密，影响报价的因素是动态的，随时变化的，往往直到最后一刻，投标人的报价才能"盖棺定论"。因此，投标人必须按规定要求准备多份调价函，供最终确定报价用。

【例4.4】投标报价调整示例

某路基工程土方挖方投标人基础报价为 7.8 元 $/m^3$，通过对图纸的复核和现场考察掌握的资料，投标人发现该工程的挖方结算工程量要大于清单工程量，因此拟对其报价调整为 8.9

元/m³。在递交标书前,投标人根据掌握的信息,拟对报价下调5%,则该挖方的最终报价为8.5元/m³(见图4.4)。

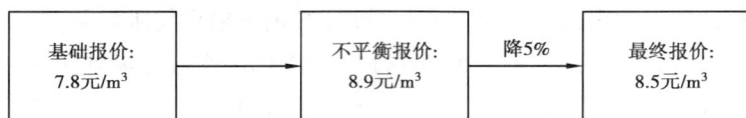

```
┌─────────────┐      ┌─────────────┐  降5%  ┌─────────────┐
│ 基础报价:   │ ───→ │ 不平衡报价: │ ─────→ │ 最终报价:   │
│ 7.8元/m³    │      │ 8.9元/m³    │        │ 8.5元/m³    │
└─────────────┘      └─────────────┘        └─────────────┘
```

图4.4　投标报价调整示意图

4.5.2　标价编制的内容

1)编制内容

①工程量清单100章至700章所有或有数量的清单项目的投标价;

②(专项)暂定金额计算表;

③计日工单价表;

④主要清单项目单价分析表;

⑤价格调整计算公式权重系数表和材料价格基期指数表;

⑥合同用款估算表;

⑦临时用地计划表等。

2)编制注意事项

①在编制工程量清单报价时,投标人应将其与投标须知、合同条款、技术规范及图纸等文件组合起来查阅与理解,不能孤立片面地理解。

②不论其是否有工程数量,均应按招标文件工程量清单编制说明的要求进行报价,否则,中标后没有报价的细目即使实际做了也有可能得不到计量支付。

③计日工计价表若无数量,单价可报高一些。

④单价分析表必须合情合理,有依有据。对不平衡报价项目的单价进行分析时,"人工费""机械使用费"等弹性项目可报高一些,"材料费"等刚性项目则报低(接近实际)一些。

⑤合同用款计划表必须在考虑投标报价总金额、施工组织设计安排、投标人资金情况、类似项目的经验和招标人对资金使用的要求等综合因素后实事求是地合理估计。这张表在国际工程投标中很重要,是招标人考虑投标人报价资金时间价值和筹集项目建设资金的重要依据,但国内招标人和投标人目前都不重视该表的编制和评价。

⑥填制调价公式权重系数表和材料基期价格指数表时,首先必须理解合同通用条款及其他相关条款的含义;其次必须通过现场调查和对经济形势的分析,掌握大量有效的价格信息;最后价格调整公式必须根据项目费用的实际构成和施工期可能产生的影响大小合理确定各因素的权重。目前,国内施工期在2年以内的项目一般不考虑调价因素,国际招标和国内世行贷款项目均明确要求投标人填制此表。

⑦在编制临时用地计划表时,投标人首先必须理解合同通用条款42.3及专用条款中的相应规定,了解临时用地的成本、成本的承担者和当地政府用地政策等信息;其次要坚持合理估计、按需使用、遵守法规的原则。由于临时用地需要支付使用费、补偿及恢复费等,所以投标人在编制时,既不能过多,也不能过少。同时,该表也是招标人评标的一个参考因素。

3) 工程量清单编制示例

一个完整的工程量清单由编制说明、工程细目、专项暂定金额汇总表、计日工明细表、工程量清单汇总表 5 部分组成。

（1）工程量清单编制说明

详见《公路工程标准施工招标文件》（2018 年版）或本书第 6 章案例。

（2）工程细目

工程细目是按技术规范的章节顺序，将各细目的工程数量置于表中，格式如表 4.5、表 4.6、表 4.7 所示。单价和合价栏由投标人在投标时填写，其余各栏由招标人编写招标文件时填写确定。技术规范每一节的最后部分就与这一节工作内容的计量和支付规定有关，投标人报价和申请计量支付时必须仔细阅读。

表 4.5　清单　第 100 章　总则（部分示例）

细目号	项目名称	单位	数量	单价（元）	合价（元）
101-1	保险费				
−a	建筑工程一切险	总额	1	331290	331290
−b	第三方责任险	总额	1	25000	25000
102-1	竣工文件	总额	1	100000	100000
	⋮				
清单　第 100 章合计　人民币 1436290.00					

表 4.6　清单　第 200 章　路基（部分示例）

细目号	项目名称	单位	数量	单价（元）	合价（元）
202-1	清理与掘除				
−a	清理现场	m^2	321804.0	4.2	1351576.8
−b	砍伐树木	棵	59788.0	20.8	1243590.4
203-1	路基挖方				
−a	挖土方	m^3	32769.4	8.9	291647.7
203-2	改河、改渠改路挖方				
−a	开挖土方	m^3	29550.0	10.8	319140
	⋮				
清单　第 200 章合计　人民币 9205954.86					

表 4.7　清单　第 400 章　桥梁、涵洞（部分示例）

细目号	项目名称	单位	数量	单价（元）	合价（元）
401-2	桥梁施工监控（暂估价）				
−a	70 mm 直径	总额	1	180000	180000

续表

细目号	项目名称	单 位	数 量	单价(元)	合价(元)
－b	110 mm 直径	总额	1	210000	210000
403-1	基础钢筋(包括灌注桩、承台等)				
－a	光圆钢筋(R235)	kg	298451.6	6.8	2029470.9
－b	带肋钢筋(HRB335)	kg	1848769.1	7.4	13680891.3
403-2	下部结构钢筋				
－a	光圆钢筋(R235)	kg	346048.6	7.2	2491549.9
－b	带肋钢筋(HRB335)	kg	1414990.8	7.6	10753930.1
403-3	上部结构钢筋				
－a	光圆钢筋(R235)	kg	1031067.6	7.3	7526793.5
－b	带肋钢筋(HRB335)	kg	4647411.0	8.1	37644029.1
	⋮				
清单　第400章合计　人民币 84516664.80					

(3)暂定金额的计算

工程量清单中的暂定金额一般有专项暂定金额、不可预见费、计日工3个部分,其计算规则详见《公路工程标准施工招标文件》(2018年版)。计日工计算示例如表4.8至表4.11所示。

表4.8　计日工劳务单价表(示例)

细目号	名　称	估计数量(h)	单价(元/h)	合价(元)
101	班长	600	12	7200
102	普通工	600	15	9000
103	焊工	600	10	6000
	⋮			
计日工劳务(结转计日工汇总表)				200000

表4.9　计日工材料单价表(示例)

细目号	名　称	单　位	估计数量	单价(元)	合价(元)
201	水泥	t	10	380	3800
202	钢筋	t	10	4000	40000
	⋮				
计日工材料小计(结转计日工汇总表)					400000

表 4.10 计日工施工机械单价表（示例）

细目号	名　　称	估计数量(h)	租价(元/h)	合价(元)
301	装载机			
301-3	2.5 m³ 以上	100	220	22000
302	推土机			
302-2	90-180 kW	120	260	31200
⋮				
计日工施工机械小计(结转计日汇总表)				220000

表 4.11 计日工汇总表（示例）

名　　称	
计日工：	
1.劳务	200000
2.材料	400000
3.施工机械	220000
计日工合计(结转至工程量清单汇总表)	820000

（4）工程量清单汇总表

工程量清单汇总表是将各章的工程细目表及计日工明细表进行汇总，再加上一定比例或数量的不可预见费而得出的该项目总报价，如表 4.12 所示。该报价与投标书中填写的投标总价应一致。

表 4.12 工程量清单汇总表（示例）

序号	章　号	项目名称	金额(元)
1	100	总则	1436290
2	200	路基	9205955
3	300	路面	
4	400	桥梁、涵洞	84516665
5	500	隧道	
6	600	安全设施及预埋管线	
7	700	绿化及环境保护	
8	800	房建工程	
9		第 100 章至 800 章清单合计	95158910
10		已包含在清单中的专项暂定金额小计(表 4.7)	390000
11		清单合计减去专项暂定金额(即 9—10)	94768910
12		计日工合计	820000
13		不可预见费(暂定金额＝11×7%)	6633824
14		投标价(9+12+13)	102612734

4)其他报价文件的编制示例

(1)单价分析表的编制示例

单价分析表既是投标人进行保本分析和确定最终报价的重要参考因素,又是招标人评价投标人报价合理性的参考资料。因此,科学、合理、准确地编制单价分析表十分重要。单价分析表一般分为单价项目构成分析表和单价费用构成分析表,现通过表4.13和表4.14进行说明。需要注意的是,单价分析表是以投标人的基础报价进行标价重分配后的单价为基准进行分析的,仅对重要的或有影响的工程细目单价进行分析。

表4.13　单价项目构成分析表(示例)

项目号		203-1-a(路基挖方)	…
项目说明	综合单价(元/m³) = (1)+(2)+…+(n)	8.9	
工序1(1)	挖掘机挖土	3.45	
工序2(2)	自卸汽车运土(500 m以内)	2.85	
工序3(3)	推土机推平	0.8	
工序4(4)	人工土方	0.5	
工序5(5)	整修边坡	0.5	
工序6(6)	⋮		

表4.14　单价费用构成分析表(示例)

项　目	计算说明	203-1-a(路基挖方)(元/m³)	…
人工费(1)		1.06	
材料费(2)		0.58	
机械使用费(3)		5.78	
工料机合计(4)	(4) = (1)+(2)+(3)	7.42	
综合待摊费(5)	(5) = (4)×20%	1.48	
综合单价(6)	(6) = (4)+(5)	8.9	
说　明			

(2)合同用款计划表编制示例(表4.15)

表4.15　合同用款估算表(示例)

从开工月算起的时间(月)	投标人的估算			
	分　期		累　计	
	金额(元)	百分比(%)	金额(元)	百分比(%)
第一次开工预付款	10375320	10.81	10375320	10.81
1~3	3013738	3.14	13389058	13.95
4~6	7630323	7.95	21019381	21.9

续表

从开工月算起的时间(月)	投标人的估算			
	分　期		累　计	
	金额(元)	百分比(%)	金额(元)	百分比(%)
7~9	20654661	21.52	41674042	43.42
10~12	25146474	26.2	66820516	69.62
13~15	15490996	16.14	82311512	85.76
16~18	8868451	9.24	91179963	95
缺陷责任期	4798946	5	95978909	100
小　计	95978909	100.00		

投标价:95978909+6633824(暂定金额)=102612733 元

备注	用款额根据投标报价单价和总额价、施工组织设计进度安排、投标人的实际情况以及招标文件的有关规定进行估算,并且已考虑了开工预付款的扣回、保留金的扣除以及支付时差和投标人

说明:①投标人可按施工组织建议书中的工程进度估算并填写本表。如果投标书中报有工期的选择方案,投标人应按选择方案填写本表;如果投标书中报有技术性的选择方案,投标人则应按基本技术方案和技术性选择方案分别填写本表。

②用款额按所报单价和总额价估算,不包括价格调整和暂定金额,但应考虑开工预付款的扣回、保留金的扣留以及签发支付证书后到实际支付的时间间隔。

(3)临时用地计划表和价格调整系数表(略)

4.6　投标决策与策略

决策是做决定的策略和方法。投标决策就是投标人对某个项目投不投、投什么、怎么投所做决定的策略和方法。

4.6.1　投标准备工作——获取投标信息

为使投标工作取得预期的效果,投标人必须做好获得投标信息的准备工作。对于公开招标的项目,多数属于政府投资或国家融资的工程,一般均在报刊等新闻媒体上刊登招标公告或资格预审通告。但是,经验告诉我们,对于一些大型或复杂的项目,待看到招标公告或资格预审通告后,再做投标准备工作可能时间会非常仓促,使得投标工作处于被动不利的地位。因此,有必要提前介入,一方面平日要做好信息、资料的积累整理工作;另一方面要提前跟踪项目。获取投标项目信息的主要渠道有:

①注意有关项目的新闻报道。

②如果建设项目已经立项,可从投资主管部门、建设银行、政策性机构处获取具体投资规划等信息。

③了解大型企业的新建、扩建和改建项目计划。

④收集同行业其他投标人对工程建设项目的意向。

⑤了解我国国民经济建设的五年建设规划和投资发展规模,近一段时期国家的财政、金融政策所确定的中央和地方重点建设项目和企业技术改造项目计划等。

4.6.2 作出投标决策

1)投标决策的含义

投标人通过投标取得项目,是市场经济条件下的必然。但是,作为投标人来讲,并不是每标必投,因为投标人要想在投标中获胜,即中标得到承包工程,然后又要从承包工程中盈利,就需要研究投标决策的问题。

2)投标决策

投标决策的内容:一是针对项目招标是投标或不投标;二是倘若去投标,是投什么性质的标;三是投标中如何采用以长制短、以优胜劣的技巧。投标决策的正确与否,关系到能否中标和中标后的利益,关系到施工企业的发展前景和员工的经济利益,因此企业的决策班子必须充分认识到投标决策的重要意义。

3)投标的条件

投标的条件一般有:

①承包招标项目的可能性与可行性,即是否有能力承包该项目,能否抽调出管理力量、技术力量参加项目实施,竞争对手是否有明显优势等;

②招标项目的可靠性,如项目审批是否已经完成、资金是否已经落实等;

③招标项目的承包条件;

④影响中标机会的内部、外部因素等。

一般来说,下列项目承包商应放弃投标:

①工程规模、技术要求超过本企业技术等级的项目;

②本企业业务范围和经营能力之外的项目;

③本企业在手的承包任务比较饱满,而招标工程有较大风险的项目;

④本企业技术等级、经营、施工水平明显不如竞争对手的项目,如果确定投标,则应根据工程的具体情况,确定投标策略。

4)投标决策阶段划分

按性质分,投标有风险标和保险标;按效益分,投标有盈利标和保本标。

①风险标:明知工程承包难度大、风险大,且技术、设备、资金上都有未解决的问题,但由于队伍窝工,或因为工程盈利丰厚,或为了开拓新技术领域而决定参加投标,同时设法解决存在的问题,即是风险标。投标后如问题解决得好,可取得较好的经济效益,可锻炼出一支好的施工队伍,使企业更上一层楼;解决得不好,企业的信誉就会受到损害,严重者可能导致企业亏损以致破产。因此,投风险标必须慎重。

②保险标:对可以预见的情况,当技术、设备、资金等重大问题都有了解决对策之后再投标,谓之保险标。企业经济实力较弱,经不起失误的打击,则往往投保险标。当前,我国施工企业多数都愿意投保险标,特别是在国际工程承包市场上投保险标。

③赢利标:如果招标工程是本企业的强项,是竞争对手的弱项;或建设单位意向明确;或本企业任务饱满、利润丰厚,才考虑让企业超负荷运转时,此种情况下的投标,称为赢利标。

④保本标:当企业无后继工程,或已经出现部分窝工,必须争取中标。但招标的工程项目,企业又无优势可言,竞争对手又多,此时就是投保本标。

5)影响投标决策的主要因素

在公路工程投标过程中,有多种因素影响投标决策。只有认真分析各种因素,对多方面因素进行综合考虑,才能做出正确的投标决策。一般来说进行投标决策时,应考虑以下两个方面的因素:

①投标人自身方面的因素(主观原因)。自身方面的因素包括技术方面的实力、经济方面的实力、管理方面的实力以及信誉方面的实力等。

②外部因素(客观原因)。外部因素包括业主和监理工程师的情况、竞争对手实力和竞争形势情况、法律法规情况、工程风险情况等。

4.6.3　投标机会决策的定量分析方法

1)影响因子权重法

投标人将影响投标决策的因素(评价内容)按影响的大小赋予不同的权重(分值),然后据此决定投不投的方法,称为影响因子权重法。

(1)评价内容

①项目所需要的技术水平和技术能力;

②投标人可利用资源的情况;

③项目对投标经营战略的影响程度;

④项目的规模和施工条件;

⑤投标人对项目的了解程度;

⑥交工及支付条件;

⑦类似经验;

⑧竞争程度。

(2)评价步骤

①按重要性确定影响因子的权重,权重合计为100;

②确定影响因子的相对价值(分高、中、低3个等级),并按10分、5分、0分打分;

③权数乘以等级分,得出每项因素的分值,求和得出总分;

④将总分数与过去类似投标机会进行比较,或与投标事先设定的最低可接受程度的分数比较,大于最低分可参加投标,否则不参加投标(表4.16)。

表4.16表明,评价得分高于投标最低可接受分数,可参加投标。

值得注意的是,运用此方法进行投标机会选择时,在确定影响因子权重及得分、最低可接受条件时必须具体情况具体分析,既不能"刻舟求剑",也不能随心所欲。

表 4.16　某项目投标机会评价表

评价因素	权重	划分等级			得分
		高(10)	中(5)	低(0)	
①项目技术要求	20	10			200
②投标人资源的匹配	20	10			200
③对投标经营战略的影响	10		5		50
④项目的规模和施工条件	10			0	0
⑤对项目的熟悉程度	15		5		75
⑥交工及支付条件	10		5		50
⑦类似经验	5	10			50
⑧竞争程度	10		5		50
总　　计	100				675
投标人最低可接受的分数					620

2)决策树法选择投标机会

当投标人面临多个投标机会,由于受资源等条件的制约,只能选择其中部分或其中的一个投标机会进行投标,并且每个投标机会的中标概率、盈利概率、获利情况能够合理估计,在这种情况下,投标人就可以运用决策树法来进行决策。

(1)决策树法的概念

决策树法是把决策对象各种可能性模拟成树枝的生长过程,然后绘制成决策树,并以各分枝期望值中最大值作为决策选项的一种风险决策方法。

(2)决策树法的决策过程

①弄清决策项目方案个数,然后绘制决策树(从左往右绘),如图 4.5 所示。图中方框“□”称为决策点,从决策点向右引出的若干直线(或折线)称为方案枝,每一条线代表一个方案。每个方案枝的末端画一个“○”,称为自然状态点;从自然状态点引出代表各自然状态发生的概率分枝,并注明其发生的概率,各概率分枝之和等于 1;如果某概率分枝导致最终结果,则在该概率分枝末端画一个三角形“△”,称为结果点,在每一个结果点的“△”后均要标明损益值。如果某概率分枝还有分枝,则在其末端画一个“○”,称为二级自然状态点,以此类推。

②计算各自然状态点的期望利润(从右往左算),并在“○”上标明。

③根据各方案的期望利润大小进行取舍。

【例 4.5】决策树法的寻优过程

某承包商现有 A、B 两项工程的投标机会,但受自身能力和资源条件的限制,只能选择其中一项工程投标,或者两项工程均不投标。根据过去类似工程投标的经验数据,A 工程投高价标的中标概率为 0.3,投低价标的中标概率为 0.7,编制投标文件的费用为 5 万元;B 工程投高价标的中标概率为 0.4,投低价标的中标概率为 0.6,编制投标文件的费用为 6 万元。各方案实施的效果、概率及损益情况如表 4.17 所示,试利用决策树法选择最优先投标项目。

表 4.17　投标方案损益预测表

方　案	效　果	概　率	损益值（万元）
A 高	好	0.3	120
	中	0.5	80
	差	0.2	30
A 低	好	0.2	100
	中	0.7	50
	差	0.1	10
B 高	好	0.4	120
	中	0.5	80
	差	0.1	40
B 低	好	0.2	60
	中	0.5	30
	差	0.3	−20
不投标			0

【解】　①绘制决策树,如图 4.5 所示。

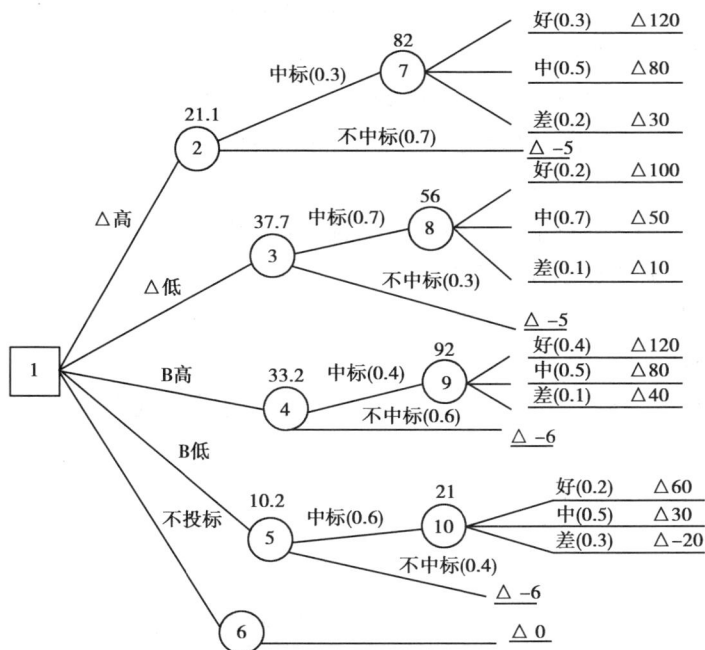

图 4.5　决策树图

②计算每个机会点的期望损益值。

点⑦:120×0.3+80×0.5+30×0.2＝82(万元)

点②:82×0.3−5×0.7＝21.1(万元)

点⑧:100×0.2+50×0.7+10×0.1=56(万元)

点③:56×0.7-5×0.3=37.7(万元)

点⑨:120×0.4+80×0.5+40×0.1=92(万元)

点④:92×0.4-6×0.6=33.2(万元)

点⑩:60×0.2+30×0.5+(-20)×0.3=21(万元)

点⑤:21×0.6-6×0.4=10.2(万元)

点⑥:0

③选择最优方案。因为点③的期望值最大,故应按低价标方案投 A 工程。

4.6.4　投标技巧

投标技巧研究,是在保证工程质量与工期条件下,寻求一个好的报价的技巧问题。投标人为了中标并获得期望的效益,投标全过程几乎都要研究投标报价技巧问题。如果以投标程序中的开标为界,可将投标的技巧研究分为两个阶段,即开标前的技巧研究和开标至签订合同的技巧研究。

1)开标前的投标技巧研究

(1)不平衡报价

不平衡报价,是指在总价基本确定的前提下,如何调整内部各个子项的报价,使其既不影响总报价,又在中标后投标人可尽早收回垫支于工程中的资金和获取较好的经济效益。但要注意避免畸低畸高现象,避免失去中标机会。通常采用的不平衡报价有下列几种情况:

①对能早期结账收回工程款的项目(如土方、基础等),其单价可报以较高价,以利于资金周转;对后期项目(如装饰、电气设备安装等)单价,可适当降低。

②估计今后工程量可能增加的项目,其单价可提高;而工程量可能减少的项目,其单价可降低。

但上述两点要统筹考虑,对于工程量有错误的早期工程,如不可能完成工程量表中的数量,则不能盲目抬高单价,需要具体分析后再确定。

③图纸内容不明确或有错误,估计修改后工程量要增加的,其单价可提高;而工程量内容不明确的,其单价可降低。

④没有工程量只填报单价的项目(如疏浚工程中的开挖淤泥工作等),其单价宜高。这样,既不影响总的投标报价,又可多获利。

⑤对于暂定项目,其实施的可能性大的项目,可定高价;估计该工程不一定实施的,可定低价。

(2)零星用工(计日工)

一般可稍高于工程单价表中的工资单价。这样做是因为零星用工不属于承包有效合同总价的范围,发生时实报实销,也可多获利。

(3)多方案报价法

多方案报价法,是指利用工程说明书或合同条款不够明确之处,以争取达到修改工程说明和合同为目的的一种报价方法。当工程说明书和合同条款不够明确时,往往使投标人承担较大风险。为了减少风险就必须扩大工程单价,增加"不可预见费",但这样做又会因报价过高而增加被淘汰的可能性。多个方案报价法就是为对付这种两难局面而出现的。其具体做法是在标书上报两种价目单价：一是按原工程说明书合同条款报一个价；二是加以注解，"如工程说明书或合同条款可作某些改变时"，则可降低多少的费用，使报价成为最低，以吸引业主修改说明书和合同条款。

还有一种方法是对工程中没有把握的那部分工作，注明按成本加若干酬金结算的办法。但对于某些政府合同，国家规定合同条款一经改动报价单无效，这种情形下就不能用此方法。

（4）联保法

一家实力不足，联合其他企业分别进行投标。无论谁家中标，都联合进行施工。

2）开标后的投标技巧研究

投标人通过公开开标这一程序可以得知众多投标人的报价。但低价不一定中标，需要综合各方面的因素，反复审议，经过招标谈判，方能确定中标人。若投标人利用招标谈判施展竞争手段，就可以变自己的投标书的不利因素为有利因素，大大提高获胜机会。

招标谈判，通常是选 2~3 家条件较优者进行。招标人可分别向他们发出通知进行招标谈判。从招标的原则来看，投标人在标书有效期内，是不能修改其报价的，但是某些招标谈判可以例外。在招标谈判中的投标技巧主要有以下两种。

（1）降低投标价格

投标价格不是中标的唯一因素，但确是中标的关键性因素。在议标中，投标者适时提出降低要求是议标的主要手段。需要注意的是：其一，要摸清招标人的意图，在得到其希望降低标价的暗示后，再提出降低的要求。因为，有些国家的政府关于招标的法规中规定，已投出的投标书不得改动任何文字。若有改动，投标即告无效。其二，降低投标价要适当，不得损害投标人自己的利益。降低投标价格可以从 3 个方面入手，即降低投标利润、降低经营管理费用和设定降低系数。

投标利润的确定，既要围绕争取未来最大利益这个目标订立，又要考虑中标率和竞争人数因素的影响。通常，投标人准备两个价格，即准备应对一般情况的适中价格，又同时准备应对竞争特殊环境需要的替代价格，它是通过调整报价利润所得出的总报价。两个价格中，后者可以低于前者，也可以高于前者。如果需要降低投标报价，即可采用低于适中价格，使利润减少以降低投标报价。

经营管理费应作为间接成本进行计算。为了竞争的需要，也可以降低这部分费用。降低系数，是指投标人在投标作价时，预先考虑一个未来可以降低的系数。如果开标后需要降低报价，就可以参照这个系数进行降价，如果竞争局面对投标人有利，则不必降价。

（2）补充投标优惠条件

除中标的关键因素——价格外，在议标谈判的技巧中，还可以考虑其他许多重要因素，如缩短工期、提高工程质量、降低支付条件要求、提出新技术和新设计方案，以及提供补充物资和设备等，以此优惠条件争取得到招标人的赞许，争取中标。

专项实训:公路工程施工投标文件编制

1)实践目的

通过专项训练,学生熟悉公路工程施工投标文件编制的内容和要求、投标文件编写步骤,具备了编写施工方案的能力,能编写投标文件中技术标的施工组织设计,编写投标文件中技术标的施工部署及绘制施工进度计划能力。编制投标文件中商务标的投标报价能力,为学生毕业后在建设单位、工程咨询公司、招标代理机构从事招标相关工作奠定基础。

2)实践(训练)方法

学生在老师指导下,进行简单工程施工投标文件的编写。具体步骤如下:

①准备工作:招标文件、施工图、老师提供的施工工程背景材料。

②学生根据背景材料,参考《公路工程标准施工招标文件》(2018年版)格式,先编写目录计划,由老师审核。

③按照老师的指导意见,学生独立编写施工投标文件。

3)实践(训练)内容和要求

①制订编写计划。

②认真完成学习日记。

③完成实践总结。

④独立编写施工投标文件。

本章小结

公路工程施工投标最主要的是获取投标信息、投标决策,确定投标策略及投标技巧、投标标价、编制投标文件。

投标文件是承包商参与投标竞争的重要凭证,是评标、决策和订立合同的依据,是投标人素质的综合反映和投标人能否取得经济效益的重要因素。投标文件由商务标、技术标、附件三大部分组成。投标文件的编写步骤为:编制投标文件的准备工作;实质性响应条款的编制;复核、计算工程量;编制施工组织设计,确定施工方案;计算投标报价;装订成册。

工程投标报价是工程投标部分的重要部分,是整个投标活动的核心环节。报价的高低直接影响着能否中标和中标后是否能够获利。

复习思考题

1. 多项选择题

投标文件的组成包括(　　　)。

A. 商务标书　　　　　　B. 技术标书　　　　　　C. 报价文件　　　　　　D. 澄清资料

2. 简答题

(1)投标人的准备工作有哪些?

(2)简述投标工作程序。

(3)简述投标文件编制应注意的事项。

(4)简述商务标书每一部分编制时分别应注意什么。

(5)施工组织设计编制的主要程序是什么?

3. 某道路招标工程某承包商通过资格预审后,对招标文件进行了仔细分析,发现部分穿越填河软土地基区域,设计采用深层搅拌桩法进行软基处理。经组织设计和施工人员对原招标文件的设计和施工方案仔细研究,发现采用深层搅拌桩过于保守,且造价较高,通过编制施工进度计划,该工序并不在本工程关键线路上,非控制工期工程。因此,在招标文件中增加插板排水堆载预压法的新方案,在不改变关键线路的前提下,对两种方案进行了技术经济分析,证明插板排水堆载预压法不仅保证质量和安全,而且可降低造价约17%。承包商对新方案进行了报价并且在报价的过程中,对早期项目单价报得较高,对后期项目单价较低。随后,承包商在投标截止日期前1天上午将投标文件报送业主。次日(即投标截止日当天)下午,在规定的开标时间前1小时,该承包商又递交了一份补充材料,其中声明将原报价降低4%。

试问:

(1)投标人运用了哪几种报价技巧?

(2)这些报价技巧运用是否得当?

(3)每一种投标技巧运用的目的是什么?

4. 某水处理厂收到了若干份竞争性的投标。评标小组在讨论中有些委员建议将合同授予评标价次低的投标人,他们认为评标价最低的标底价格只稍稍低一点,且投标人对于挖掘工程报价过低。尽管投标人重申他对该工程成本估算无误,但招标人认为这项价格最终可能出现承办商不能按合同完成工程的风险。

试问:应怎样处理不平衡的投标?

5. 某施工单位决定参与某桥梁工程项目的投标。预估预算成本为9 000万,其中材料费占65%。拟采用高、中、低3个报价方案,其利润分别为8%,5%,3%。根据以往投标经验,高、中、低报价方案的中标概率分别是0.2,0.5,0.8。该招标人在招标文件中明确采用固定总价合同,预估计在施工过程中材料费可能平均涨2%,其发生概率0.4。编制投标文件的费用为10万。根据表4.18投资效益表来选择投标报价最佳方案(材料费不涨投标效果为好),并计算其期望利润。

表4.18 该项目的投资效益表

方　案	效　果	概　率	利润(万元)
高标	好	0.6	720
	差	0.4	603
中标	好	0.6	450
	差	0.4	333
低标	好	0.6	270
	差	0.4	153

第5章　公路工程施工招投标的开标、评标与定标

工程施工招标投标的过程中,非常核心且重要的环节就是评标、定标。从某个角度说,评价招标投标的成功与否,只需考察其评标、定标过程。

5.1　开标、评标与定标的内容、组织及原则

5.1.1　开标、评标和定标内容

在评定标过程中,一般要确定以下几方面的内容:
①组建评标、定标组织;
②确定评标、定标活动原则和程序;
③制订评标、定标的具体方法等;
④确定中标单位。

5.1.2　开标、评标和定标组织

建设工程施工招标投标的评标、定标工作由评标、定标组织完成,这个组织即评标委员会。评标委员会是在招投标管理机构的监督下,由招标人依法设立,负责评标和定标的临时组织。它负责对所有投标文件进行评定,提出书面评标报告、推荐或确定中标候选人等工作。

由于评标委员会的人员构成直接影响着评标、定标结果,评标、定标结果又涉及各方面的经济利益,同时这项工作经济性、技术性、专业性又比较强,所以评标委员会的人员应当由招标人或其委托的招标代理机构熟悉相关业务的代表以及有关技术、经济等方面专家组成。成员人数应为 5 人以上单数,其中经济、技术方面的专家不得少于成员总数的 2/3。该专家一般应从省级以上人民政府有关部门提供的专家名册或者招标代理机构的专家库中相应专家名单中确定。对一般工程项目,可采用随机抽取的方式确定;对技术特别复杂,专业性要求特别高或者国家有特殊要求的招标项目,可以由招标人直接确定。评标委员会成员名单应在开标前确定,并且在中标结果确定前应保密。

评标委员会的评标工作内容主要有:
①负责评标工作,向招标人推荐中标候选人或根据招标人的授权直接确定中标人。
②可以否决所有投标。当所有投标都不符合招标文件的要求,或者有效投标少于 3 家时。
③评标委员会完成评标后,应当向招标人提交书面评标报告。
评标过程中,评标委员会处于主导地位,是评标的主体,其工作十分重要。为了保证评标委

员会中专家的素质,评标专家应符合下列条件:

①从事相关专业领域工作满 8 年,并具有高级职称或者同等专业水平;

②熟悉有关招标投标的法律法规,并具有与招标项目相关的实践经验;

③能够认真、公正、诚实、廉洁地履行职责。

为了保证评标能够公平、公正进行,有下列情况之一的不得担任评标委员会成员:

①投标人或者投标主要负责人的近亲属;

②项目主管部门或者行政监督部门的人员;

③与投标人有经济利益关系,可能影响对投标公正评审的人员;

④曾因在招标、评标以及其他与招标投标有关活动中从事违法行为而受过行政或刑事处罚的人员。

如果评标委员会成员有以上情形之一的,应当主动提出并回避。

任何单位或个人不得对评标委员会施加压力,影响评标工作的正常进行。评标委员会的成员在评标定标过程中不得与投标人或者与招标结果有利害关系的人进行私下接触,不得收受投标人、中介人、其他利害关系人的财物或其他好处,以保证评标定标的公正、公平性。

5.1.3 开标、评标和定标原则

①建设工程评标定标活动应当遵循公平、公正、公开和诚实信用的原则。公平是指在评定标过程中所涉及的一切活动对所有投标人都应该一视同仁,不得倾向某些投标人而排斥另外一些投标人。公正是指在对投标文件的评比中,应以客观内容为标准,不以主观好恶为标准,不能带有成见。

②科学、合理、择优的原则。科学是指评标办法要科学合理。评标的根本目的就是择优,所以在评标过程中以及中标结果的确定上都应以最优的投标人作为中标候选人。

③正当竞争的原则。不能违反原则而以招标人的意图来确定中标结果。

④贯彻业主对本工程施工招标的各项要求和原则。

5.2 开标、评标和定标的程序及要求

5.2.1 开标

招标投标活动经过招标阶段、投标阶段后,就进入开标阶段。

1)开标及其要求

开标是指在投标文件确定的投标截止时间的同一时间,招标人依照投标文件规定的地点,开启投标人提交的投标文件,并公开宣布投标人的名称、投标报价、工期等主要内容的活动。它是招标投标的一项重要程序,具体要求如下:

①提交投标文件截止之时,即为开标之时,其中无间隔时间,以防不端行为有可乘之机。

②开标的主持人是招标人或招标代理机构,并负责开标全过程的工作;参加人主要有评标委员会成员和所有投标人。

2）开标的程序

（1）开标的前期准备工作

①开标前，应向当地政府招标管理部门进行开标大会的监督申请；

②根据招标文件的开标地点做好落实工作；

③通过专家库信息网随机抽取完成专家标委的申请工作；

④招标人按照招标投标中规定的时间和地点接收投标人提交的投标文件。

（2）召开开标大会

开标大会由招标人或招标代理机构主持，负责开标全过程的工作。参加人员除评标委员会成员外，还应当邀请所有投标人参加，一方面使投标人得以了解开标是否依法进行，起到监督的作用；另一方面了解其他人的投标情况，做到知彼知己，以衡量自己中标的可能性，或者衡量自己是否在中标的名单之中。政府招标管理部门监督开标过程"公开、公平、公正"进行。会议议程如下：

①宣布开标纪律；

②公布在投标截止时间前递交投标文件的投标人名称，并点名确认投标人是否派人到场；

③宣布开标人、唱标人、记录人、监标人等有关人员姓名；

④按照投标人须知前附表规定检查投标文件的密封情况；

⑤按照投标人须知前附表的规定确定并宣布投标文件开标顺序；

⑥设有标底的，公布标底；

⑦按照宣布的开标顺序当众开标，公布投标人名称、标段名称、投标保证金的递交情况、投标报价、质量目标、工期及其他内容，并做好开标记录；

⑧投标人代表、招标人代表、监标人、记录人等有关人员在开标记录上签字确认；

⑨投标人介绍投标书主要内容；

⑩投标人接受专家评委质疑；

⑪开标结束。

5.2.2 评标

评标工作由评标委员会主持进行，《招标投标法》对评标委员会提出了如下要求：

①评标委员会成员应当客观、公正地履行职责，遵守职业道德，对所提出的评审意见承担个人责任。

②评标委员会成员不得私下接触投标人，不得收受投标人的财物或者其他好处。

③评标委员会成员和参与评标的有关工作人员不得透露对投标文件的评审和目标候选人的推荐情况以及与评标有关的其他情况。

④评标委员会可以要求投标人对投标文件中含义不明确的内容作必要的澄清或者说明，但是澄清或者说明不得超出投标文件的范围或者改变投标文件的实质性要求。

⑤评标委员会应当按照文件确定的评标标准和方法，对投标文件进行评审和比较，设有标底的应当参考标底。

⑥接受依法实施的监督。

工程评标程序分为评标的准备、初步评审、详细评审、编写评标报告。

1) 评标的准备

①评标委员会成员在正式对投标文件进行评审前,应当认真研究招标文件,主要了解以下内容:

a.招标的目标;

b.招标工程项目的范围和性质;

c.招标文件中规定的主要技术要求、标准和商务条款;

d.招标文件规定的评标标准、评标方法和在评标过程中考虑的相关因素。

②招标人或者其委托的招标代理机应当向评标委员会提供评标所需的重要信息和数据。

评标委员会应当根据招标文件规定的评标标准和方法,对投标文件进行系统地评审和比较。招标文件中没有规定的方法不得作为评标的论据。因此,评标委员会成员应当重点了解招标文件规定的评标标准和方法。

2) 初步评审

初步评审是指从所有的投标书中筛选出符合最低要求的合格投标书,剔除所有无效投标书和严重违反规定的投标书,以减少详细评审的工作量,保证评审工作的顺利进行。初步评审的内容包括对投标文件的符合性评审、商务性评审和技术性评审、投标文件的澄清和说明、应当作为废标处理的情况。

(1)符合性评审

投标文件的符合性评审包括形式评审、资格评审、响应性评审及商务符合性和技术符合性鉴定。投标文件应实质上响应招标文件的所有条款、条件,无显著的差异或保留。符合性评审主要是以下工作内容:

①投标文件的有效性:

a.投标人以及联合体形式投标的所有成员是否已通过资格预审,获得投标资格。

b.投标文件中是否提交了承包方的法人资格证书及投标负责人的授权委托证书;如果是联合体,是否提交了合格的联合体协议书以及投标负责人的授权委托证书。

c.投标保证的格式、内容、金额、有效期、开具单位是否符合招标文件要求。

d.投标文件是否按要求进行了有效的签署。

②投标文件的完整性。投标文件中是否包括招标文件规定应递交的全部文件,如标价的工程量清单、报价汇总表、施工进度计划、施工方案、施工人员和施工机械设备的配备等,以及应该提供的必要的支持文件和资料。

③与招标文件的一致性:

a.凡是招标文件中要求投标人填写的空白栏目是否全部填写,如投标书及其附录是否完全按要求填写。

b.对于文件的任何条款、数据或说明是否有任何修改、保留和附加条件。

通常,符合性鉴定是初步评审的第一步。如果投标文件实质上不响应招标文件要求,将被列为废标予以拒绝,且不允许投标人通过修正或撤销其不符合要求的差异或保留,使之成为具有响应性投标。

（2）技术性评审

投标文件的技术性评审包括方案可行性评估和关键工序评估,劳务、材料、机械设备、质量控制措施、安全保证措施评估以及对施工现场周围环境污染保护措施评估。

（3）商务性评审

投标文件的商务性评审包括投标报价校核,审查全部报价数据计算的正确性,分析报价构成的合理性,并与标底价格进行对比分析。如果报价中存在算术计算上的错误,应进行修正。修正后的投标报价经投标人确认后对其起约束作用。

（4）投标文件的澄清和说明

评标委员会可以要求招标人对投标文件中含义不明确、对同类问题表述不一致或者有明显文字和计算错误的内容作必要澄清或者说明,但是澄清或者说明不能超出投标文件的范围或者改变投标文件的实质性内容。对投标文件的相关内容做出澄清和说明,其目的是有利于评标委员会对投标文件的审查、评审和比较。

投标文件中的大写金额和小写金额不一致的,以大写为准;总价金额与单价金额不一致的,以单价金额为准,但单价金额小数明显错误的除外;对不同文字文本投标文件的解释发生异议的,以招标文件规定的主要语言为主为准。

（5）应当作为废标处理的情况

①弄虚作假。在评标的过程中,评标委员会发现投标人以他人的名义投标、串通投标、以行贿的手段谋取中标或者以其他弄虚作假方式投标的,该投标人的投标应当废标处理。

②报价低于其个别成本。在评标过程中,评标委员会发现投标人的报价明显低于其他投标报价或者在设有标底时明显低于标底,使得其投标报价可能低于其个别成本的,应当要求该投标人作出书面说明并提供相关证明材料。投标人不能合理说明或者不能提供相关证明材料的,由评标委员会认定该投标人以低于成本报价竞标,其投标应当作废标处理。

③投标人不具备资格条件或者投标文件不符合形式要求,其投标也应当按照废标处理。如投标人资格条件不符合国家有关规定和招标文件要求的,或者拒不按照要求对投标文件进行澄清、说明或者补正的,评标委员会可以否决其投标。

④按照住房和城乡建设部的规定,建设项目的投标有下列情况的也应当按照废标处理:

a. 未密封;

b. 无单位和法定代表人或其他代理人的印鉴,或未按规定加盖印鉴;

c. 未按规定的格式填写,内容不全或字迹模糊、辨认不清;

d. 逾期送达。

⑤未能在实质上响应的投标。评标委员会应当审查每一投标文件是否对招标文件提出的所有实质性要求和条件作出响应。未能在实质上响应的投标应作废标处理。

如果投标文件与招标文件有重大偏差,也认为未能对招标文件作出实质性响应。如果招标文件对重大偏差另有规定,服从其规定。

⑥投标偏差。评标委员会应当根据投标文件,审查并逐项列出投标文件的全部投标偏差。投标偏差分为重大偏差和细微偏差。

a. 重大偏差。下列情况属于重大偏差,可作为无效合同:

● 没有按照招标文件要求提供投标担保或者所提供的投标担保有瑕疵;

● 投标文件没有投标人授权代表签字和加盖公章;

- 投标文件载明的招标项目完成期限超过招标文件规定的期限(投标有效期);
- 明显不符合技术规格、技术标准的要求;
- 投标文件载明的密封要求包装方式、检验标准和方法等不符合招标文件的要求;
- 投标文件附有招标人不能接受的条件;
- 不符合招标文件中规定的其他实质性要求。

所谓投标有效期是指自截止投标之日至确定中标人或订立合同之时为止。招标文件应当规定一个适当的投标有效期,以保证招标人有足够的时间完成评标和与中标人确立订立合同事宜。如果在原投标有效期结束前,出现特殊情况的,招标人可以书面形式要求所有投标人延长投标有效期和延长投标保证金的有效期。投标人拒绝延长投标保证金有效期者,其投标无效。

b. 细微偏差。细微偏差是指投标文件在实质上响应招标文件要求,但在个别地方存在漏项或者提供了不完整的技术信息和数据等情况,并且补正这些遗漏或者不完整不会对其他投标人造成不公平的结果。细微偏差不影响投标文件的有效性。

评标委员会应当书面要求存在细微偏差的投标人在评标结束前予以补正。拒不补正的,在详细评审时可以对细微偏差作不利于该投标人的量化。量化标准应当在招标文件中规定,情节严重时,可没收投标保证金并认定为废标。

3) 详细评审

详细评审是指经初步审核合格的投标文件,评标委员会按照招标文件确定的评标标准和方法,对其技术部分和商务部分作进一步评审和比较,并对这两部分的量化结果进行加权,计算出每一投标的综合评估得分,实现推荐合格中标候选人的目的。详细评审的主要方法有经评审的最低投标价法和综合评估法。

4) 评标结果

评标结果是由评标委员会按照得分由高到低的顺序推荐中标候选人,并在完成评标后向招标人提出书面评标结论性的报告。评标报告的内容有:

①基本情况和数据表;

②评标委员会成员名单;

③开标记录;

④符合要求的投标一览表;

⑤废标情况说明;

⑥评标标准、评标办法或者评标因素一览表;

⑦经评审的价格或者评分比较一览表;

⑧经评审的投标人排序;

⑨推荐的中标候选人名单与签订合同前要处理的事宜;

⑩澄清、说明、补正事项纪要。

被授权直接定标的评标委员会可直接确定中标人。对使用国有资金投资或者国家融资的项目,招标人应当确定排名第一的中标候选人为中标人。排名第一的中标候选人放弃中标,因不可抗力提出不能履行合同,或者招标文件规定应当提交履约保证金而在规定的期限内未能提交的,招标人可以确定排名第二的中标候选人为中标人。

5.3　公路工程施工招投标评标办法及案例

5.3.1　常用评价办法

1)综合评分法

(1)评标办法前附表(表5.1)

表5.1　评标办法前附表①

条款号	评审因素与评审标准	
1	评标方法	综合评分相等时,评标委员会依次按照以下优先顺序推荐中标候选人或确定中标人: (1)评标价低的投标人优先; (2)被招标项目所在地省级交通运输主管部门评为较高信用等级的投标人优先; (3)商务和技术得分较高的投标人优先; ……
2.1.1 2.1.3	形式评审与响应性评审标准	第一个信封(商务及技术文件)评审标准: (1)投标文件按照招标文件规定的格式、内容填写,字迹清晰可辨: a.投标函按招标文件规定填报了项目名称、标段号、补遗书编号(如有)、工期、工程质量要求及安全目标; b.投标函附录的所有数据均符合招标文件规定; c.投标文件组成齐全完整,内容均按规定填写。 (2)投标文件上法定代表人或其委托代理人的签字、投标人的单位章盖章齐全,符合招标文件规定。 (3)与申请资格预审时比较,投标人发生合并、分立、破产等重大变化的,仍具备资格预审文件规定的相应资格条件且其投标未影响招标公正性: a.投标人应提供相关部门的合法批件及企业法人营业执照和资质证书等证件的副本变更记录复印件; b.投标人仍然满足资格预审文件中规定的资格预审条件最低要求(资质、业绩、人员、信誉、财务等); c.与所投标段的其他投标人不存在控股、管理关系或单位负责人为同一人的情况; d.与招标人也不存在利害关系并可能影响招标公正性。 (4)投标人按照招标文件的规定提供了投标保证金: a.投标保证金金额符合招标文件规定的金额,且投标保证金有效期不少于投标有效期;

---

①"评标办法前附表"用于明确评标的方法、因素、标准和程序。招标人应根据招标项目具体特点和实际需要,详细列明全部评审因素、标准,没有列明的因素和标准不得作为评标的依据。

条款号	评审因素与评审标准
2.1.1 2.1.3	形式评审与响应性评审标准

<table>
<tr><td></td><td></td><td>

b.若投标保证金采用现金或支票形式提交,投标人应在递交投标文件截止时间之前,将投标保证金由投标人的基本账户转入招标人指定账户;

c.若投标保证金采用银行保函形式提交,银行保函的格式、开具保函的银行均满足招标文件要求,且在递交投标文件截止时间之前向招标人提交了银行保函原件。

(5)投标人法定代表人授权委托代理人签署投标文件的,须提交授权委托书,且授权人和被授权人均在授权委托书上签名,未使用印章、签名章或其他电子制版签名代替。

(6)投标人法定代表人亲自签署投标文件的,提供了法定代表人身份证明,且法定代表人在法定代表人身份证明上签名,未使用印章、签名章或其他电子制版签名代替。

(7)投标人以联合体形式投标时,联合体满足招标文件的要求:

a.未进行资格预审的,投标人按照招标文件提供的格式签订了联合体协议书,明确各方承担连带责任,并明确了联合体牵头人;

b.已进行资格预审的,投标人提供了资格预审申请文件中所附的联合体协议书复印件,且通过资格预审后的联合体无成员增减或更换的情况。

(8)投标人如有分包计划,符合招标文件第二章"投标人须知"第1.11款规定,且按招标文件第九章"投标文件格式"的要求填写"拟分包项目情况表"。

(9)同一投标人未提交两个以上不同的投标文件,但招标文件要求提交备选投标的除外。

(10)投标文件中未出现有关投标报价的内容。

(11)投标文件载明的招标项目完成期限未超过招标文件规定的时限。

(12)投标文件对招标文件的实质性要求和条件做出响应。

(13)权利义务符合招标文件规定:

a.投标人应接受招标文件规定的风险划分原则,未提出新的风险划分办法;

b.投标人未增加发包人的责任范围,或减少投标人义务;

c.投标人未提出不同的工程验收、计量、支付办法;

d.投标人对合同纠纷、事故处理办法未提出异议;

e.投标人在投标活动中无欺诈行为;

f.投标人未对合同条款有重要保留。

(14)投标文件正、副本份数符合招标文件第二章"投标人须知"第3.7.4项规定。

……

第二个信封(报价文件)评审标准:

(1)投标文件按照招标文件规定的格式、内容填写,字迹清晰可辨:

a.投标函按招标文件规定填报了项目名称、标段号、补遗书编号(如有)、投标价(包括大写金额和小写金额);

</td></tr>
</table>

续表

条款号	评审因素与评审标准
2.1.1 2.1.3 形式评审与响应性评审标准	b.已标价工程量清单说明文字与招标文件规定一致,未进行实质性修改和删减; c.投标文件组成齐全完整,内容均按规定填写。 (2)投标文件上法定代表人或其委托代理人的签字、投标人的单位章盖章齐全,符合招标文件规定。 (3)投标报价或调价函中的报价未超过招标文件设定的最高投标限价(如有)。 (4)投标报价或调价函中报价的大写金额能够确定具体数值。 (5)同一投标人未提交两个以上不同的投标报价,但招标文件要求提交备选投标的除外。 (6)投标人若提交调价函,调价函符合招标文件第二章"投标人须知"第3.2.6项要求。 (7)投标人若填写工程量固化清单,填写完毕的工程量固化清单未对工程量固化清单电子文件中的数据、格式和运算定义进行修改;工程量固化清单中的投标报价和投标函大写金额报价一致。 (8)投标文件正、副本份数符合招标文件第二章"投标人须知"第3.7.4项规定。 ……
2.1.2 资格评审标准①	(1)投标人具备有效的营业执照、组织机构代码证、资质证书、安全生产许可证和基本账户开户许可证。 (2)投标人的资质等级符合招标文件规定。 (3)投标人的财务状况符合招标文件规定。 (4)投标人的类似项目业绩符合招标文件规定。 (5)投标人的信誉符合招标文件规定。 (6)投标人的项目经理和项目总工程师资格、在岗情况符合招标文件规定。 (7)投标人的其他要求符合招标文件规定。② (8)投标人不存在第二章"投标人须知"第1.4.3项或第1.4.4项规定的任何一种情形。 (9)投标人符合第二章"投标人须知"第1.4.5项规定。③ (10)以联合体形式参与投标的,联合体各方均未再以自己名义单独或参加其他联合体在同一标段中投标;独立参与投标的,投标人未同时参加联合体在同一标段中投标。 ……

---

①本项适用于未进行资格预审的情况。

②对于特别复杂的特大桥梁和特长隧道项目主体工程以及其他有特殊要求的工程,还可对其他管理和技术人员(如项目副经理、专业工程师等)以及主要机械设备和试验检测设备进行资格评审。

③本款规定仅适用于根据《关于发布公路工程从业企业资质名录的通知》(厅公路字〔2011〕114 号)要求,招标人应通过名录对投标人资质条件进行审核的公路施工企业。

续表

条款号	条款内容	编列内容
2.2.1	分值构成①（总分100分）	第一个信封（商务及技术文件）评分分值构成： 施工组织设计：_____分 主要人员：_____分 技术能力②：_____分 财务能力：_____分 业绩：_____分 履约信誉：_____分 …… 第二个信封（报价文件）评分分值构成： 评标价③：____分
2.2.2	评标基准价计算方法	评标基准价的计算：在开标现场，招标人将当场计算并宣布评标基准价。 （1）评标价的确定： 方法一：评标价＝投标函文字报价 方法二：评标价＝投标函文字报价－暂估价－暂列金额（不含计日工总额） 方法三：…… （2）评标价平均值的计算。 （3）除按第二章"投标人须知"第5.2.4项规定开标现场被宣布为不进入评标基准价计算的投标报价之外，所有投标人的评标价去掉一个最高值和一个最低值后的算术平均值即为评标价平均值（如果参与评标价平均值计算的有效投标人少于5家时，则计算评标价平均值时不去掉最高值和最低值）。 （4）评标基准价的确定④： 方法一：将评标价平均值直接作为评标基准价。 方法二：将评标价平均值下浮_____％，作为评标基准价。 方法三：招标人设置评标基准价系数，由投标人代表现场抽取，评标价平均值乘以现场抽取的评标基准价系数作为评标基准价。 方法四：…… 在评标过程中，评标委员会应对招标人计算的评标基准价进行复核，存在计算错误的应予以修正并在评标报告中作出说明。除此之外，评标基准价在整个评标期间保持不变，不随任何因素发生变化。

———————————

①各评分因素权重分值范围如下：施工组织设计5～20分；主要人员10～20分；技术能力0～5分；财务能力5～10分；业绩5～12分；履约信誉3～5分。

②"技术能力"指投标人的科研开发和技术创新能力，招标人可结合招标项目的具体情况提出相关要求，包括投标人获得的与项目施工有关的国家级工法、专利（发明专利或实用新型专利）、国家或省级科学技术进步奖，以及主编或参编过的国家、行业或地方标准等。

③评标价权重分值不应低于50分。

④招标人可依据招标项目特点和实际需要，选择或制订适合项目的评标基准价计算方法。与评标基准价计算或评标价得分计算相关的所有系数（如有），其具体数值或随机抽取的数值区间均应在评标办法中予以明确。

续表

条款号	条款内容	编列内容		
2.2.3	评标价的偏差率计算公式	偏差率=100%×(投标人评标价-评标基准价)/评标基准价偏差率(保留_____位小数)		

评分因素与权重分值①					评分标准②
条款号	评分因素	评分因素权重分值	各评分因素细分项	分值	
2.2.4(1)	施工组织设计	___分	总体施工组织布置及规划	___分	……
			主要工程项目的施工方案、方法与技术措施	___分	……
			工期保证体系及保证措施	___分	……
			工程质量管理体系及保证措施	___分	……
			安全生产管理体系及保证措施	___分	……
			环境保护、水土保持保证体系及保证措施	___分	……
			文明施工、文物保护保证体系及保证措施	___分	……
			项目风险预测与防范,事故应急预案	___分	……
			……	___分	……
2.2.4(2)	主要人员	___分	项目经理任职资格与业绩	___分	……
			项目总工任职资格与业绩	___分	……
			……	___分	……
2.2.4(3)	评标价	___分	评标价得分计算公式示例: (1)如果投标人的评标价>评标基准价,则评标价得分$=F-$偏差率$\times100\times E_1$; (2)如果投标人的评标价≤评标基准价,则评标价得分$=F+$偏差率$\times100\times E_2$。 　其中:F是评标价所占的权重分值,E_1是评标价每高于评标基准价一个百分点的扣分值,E_2是评标价每低于评标基准价一个百分点的扣分值;招标人可依据招标项目具体特点和实际需要设置E_1、E_2,但E_1应大于E_2		

①招标人应根据项目具体情况确定各评分因素及评分因素权重分值,并对各评分因素进行细分(如有)、确定各评分因素细分项的分值,各评分因素权重分值合计应为100分。各评分因素(评标价和履约信誉评分项除外)得分一般不得低于其权重分值的60%,且各评分因素得分应以评标委员会各成员的打分平均值确定,评标委员会成员总数为7人以上时,该平均值以去掉一个最高分和一个最低分后计算。评标委员会成员对某一项评分因素的评分低于权重分值60%的,应在评标报告中作出说明。

②招标人应列明各评分因素或各评分因素细分项(如有)的评分标准,并作为评标委员会进行评分的依据。

评分因素与权重分值①					评分标准
条款号	评分因素	评分因素权重分值	各评分因素细分项	分值	
2.2.4(4)	其他因素	技术能力	——分	……	——分	……
				……	——分	……
		财务能力	——分	……	——分	……
				……	——分	……
		业绩	——分	……	——分	……
				……	——分	……
		履约信誉	——分	……	——分	……
				……	——分	……
		……	——分	……	——分	……
				……	——分	……
需要补充的其他内容： 　　……					

（2）评标办法正文

①评标方法。本次评标采用综合评分法。评标委员会对满足招标文件实质性要求的投标文件,按照本章第 2.2 款规定的评分标准进行打分,②并按得分由高到低顺序推荐中标候选人,或根据招标人授权直接确定中标人,但投标报价低于其成本的除外。综合评分相等时,评标委员会应按照评标办法前附表规定的优先次序推荐中标候选人或确定中标人。

②评审标准：

a. 初步评审标准。资格评审标准见资格预审文件第三章"资格审查办法"详细审查标准（适用于已进行资格预审的）。

b. 分值构成与评分标准：

● 分值构成:施工组织设计见评标办法前附表;主要人员见评标办法前附表;评标价见评标办法前附表;其他评分因素见评标办法前附表。

● 评标基准价计算。

● 评标价的偏差率计算。评标价的偏差率计算公式见评标办法前附表。

● 评分标准:施工组织设计评分标准见评标办法前附表;主要人员评分标准见评标办法前附表;评标价评分标准见评标办法前附表;其他因素评分标准见评标办法前附表。

③评标程序：

---

①招标人可结合招标项目所在地省级交通运输主管部门对投标人的信用评级对其履约信用进行评分,但不得任意设置歧视性条款并不得任意设立行政许可。

②"本章"指《公路工程标准施工招标文件》（2018 年版）第三章",下文的"第二章""本章"类同,不再一一注释。

a. 第一个信封初步评审：

● 评标委员会可以要求投标人提交第二章"投标人须知"第 3.5.1 项至第 3.5.6 项规定的有关证明和证件的原件，以便核验。评标委员会依据本章第 2.1 款规定的标准对投标文件第一个信封（商务及技术文件）进行初步评审。有一项不符合评审标准的，评标委员会应否决其投标（适用于未进行资格预审的）。

● 评标委员会依据本章第 2.1.1 项、第 2.1.3 项规定的评审标准对投标文件第一个信封（商务及技术文件）进行初步评审。有一项不符合评审标准的，评标委员会应否决其投标。当投标人资格预审申请文件的内容发生重大变化时，评标委员会依据本章第 2.1.2 项规定的标准对其更新资料进行评审（适用于已进行资格预审的）。

b. 第一个信封详细评审：

● 评标委员会按本章第 2.2 款规定的量化因素和分值进行打分，并计算出各投标人的商务和技术得分。按本章第 2.2.4 项（1）目规定的评审因素和分值对施工组织设计部分计算出得分；按本章第 2.2.4 项（2）目规定的评审因素和分值对主要人员部分计算出得分 B；按本章第 2.2.4 项（4）目规定的评审因素和分值对其他部分计算出得分 D。

● 投标人的商务和技术得分分值计算保留小数点后两位，小数点后第三位"四舍五入"。

● 投标人的商务和技术得分为 $A+B+D$。

c. 第二个信封开标。第一个信封（商务及技术文件）评审结束后，招标人将按照第二章"投标人须知"第 5.1 款规定的时间和地点对通过投标文件第一个信封（商务及技术文件）评审的投标文件第二个信封（报价文件）进行开标。

d. 第二个信封初步评审：

● 评标委员会依据本章第 2.1.1 项、第 2.1.3 项规定的评审标准对投标文件第二个信封（报价文件）进行初步评审。有一项不符合评审标准的，评标委员会应否决其投标。

● 投标报价有算术错误的，评标委员会按以下原则对投标报价进行修正，修正的价格经投标人书面确认后具有约束力。投标人不接受修正价格的，评标委员会应否决其投标。

投标文件中的大写金额与小写金额不一致的，以大写金额为准；总价金额与依据单价计算出的结果不一致的，以单价金额为准修正总价，但单价金额小数点有明显错误的除外；当单价与数量相乘不等于合价时，以单价计算为准，如果单价有明显的小数点位置差错，应以标出的合价为准，同时对单价予以修正；当各子目的合价累计不等于总价时，应以各子目合价累计数为准，修正总价。

● 工程量清单中的投标报价有其他错误的，评标委员会按以下原则对投标报价进行修正，修正的价格经投标人书面确认后具有约束力。投标人不接受修正价格的，评标委员会应否决其投标。

在招标人给定的工程量清单中漏报了某个工程子目的单价、合价或总额价，或所报单价、合价或总额价减少了报价范围，则漏报的工程子目单价、合价和总额价或单价、合价和总额价中减少的报价内容视为已含入其他工程子目的单价、合价和总额价之中。

在招标人给定的工程量清单中多报了某个工程子目的单价、合价或总额价，或所报单价、合价或总额价增加了报价范围，则从投标报价中扣除多报的工程子目报价或工程子目报价中增加了报价范围的部分报价。

当单价与数量的乘积与合价(金额)虽然一致,但投标人修改了该子目的工程数量,则其合价按招标人给定的工程数量乘以投标人所报单价予以修正。

- 修正后的最终投标报价若超过最高投标限价(如有),评标委员会应否决其投标。
- 修正后的最终投标报价仅作为签订合同的一个依据,不参与评标价得分的计算。

e. 第二个信封详细评审:

- 评标委员会按本章第 2.2.4(3)目规定的评审因素和分值对评标价计算出得分 C。评标价得分分值计算保留小数点后两位,小数点后第三位"四舍五入"。
- 投标人综合得分=投标人的商务和技术得分+C。
- 评标委员会发现投标人的报价明显低于其他投标报价,使得其投标报价可能低于其个别成本的,应要求该投标人作出书面说明并提供相应的证明材料。投标人不能合理说明或不能提供相应证明材料的,评标委员会应认定该投标人以低于成本报价竞标,并否决其投标。

f. 投标文件相关信息的核查:

- 在评标过程中,评标委员会应查询交通运输主管部门"公路建设市场信用信息管理系统",对投标人的资质、业绩、主要人员资历和目前在岗情况、信用等级等信息进行核实。若投标文件载明的信息与交通运输主管部门"公路建设市场信用信息管理系统"发布的信息不符,使得投标人的资格条件不符合招标文件规定的,评标委员会应否决其投标。
- 评标委员会应对在评标过程中发现的投标人与投标人之间、投标人与招标人之间存在的串通投标的情形进行评审和认定。投标人存在串通投标、弄虚作假、行贿等违法行为的,评标委员会应否决其投标。

有下列情形之一的,属于投标人相互串通投标:投标人之间协商投标报价等投标文件的实质性内容;投标人之间约定中标人;投标人之间约定部分投标人放弃投标或中标;属于同一集团、协会、商会等组织成员的投标人按照该组织要求协同投标;投标人之间为谋取中标或排斥特定投标人而采取的其他联合行动。

有下列情形之一的,视为投标人相互串通投标:不同投标人的投标文件由同一单位或个人编制;不同投标人委托同一单位或个人办理投标事宜;不同投标人的投标文件载明的项目管理成员为同一人;不同投标人的投标文件异常一致或投标报价呈规律性差异;不同投标人的投标文件相互混装;不同投标人的投标保证金从同一单位或个人的账户转出。

有下列情形之一的,属于招标人与投标人串通投标:招标人在开标前开启投标文件并将有关信息泄露给其他投标人;招标人直接或间接向投标人泄露标底、评标委员会成员等信息;招标人明示或暗示投标人压低或抬高投标报价;招标人授意投标人撤换、修改投标文件;招标人明示或暗示投标人为特定投标人中标提供方便;招标人与投标人为谋求特定投标人中标而采取的其他串通行为。

投标人有下列情形之一的,属于弄虚作假的行为:使用通过受让或租借等方式获取的资格、资质证书投标;使用伪造、变造的许可证件;提供虚假的财务状况或业绩;提供虚假的项目负责人或主要技术人员简历、劳动关系证明;提供虚假的信用状况;其他弄虚作假的行为。

g. 投标文件的澄清和说明:

- 在评标过程中,评标委员会可以书面形式要求投标人对投标文件中含义不明确的内容、明显文字或计算错误进行书面澄清或说明。评标委员会不接受投标人主动提出的澄清、说明。

投标人不按评标委员会要求澄清或说明的,评标委员会应否决其投标。

● 澄清和说明不得超出投标文件的范围或改变投标文件的实质性内容(算术性错误的修正除外)。投标人的书面澄清、说明属于投标文件的组成部分。

● 评标委员会不得暗示或诱导投标人作出澄清、说明,对投标人提交的澄清、说明有疑问的,可以要求投标人进一步澄清或说明,直至满足评标委员会的要求。

● 凡超出招标文件规定的或给发包人带来未曾要求的利益的变化、偏差或其他因素在评标时不予考虑。

h. 不得否决投标的情形。投标文件存在第二章"投标人须知"第1.12.3项所列情形的,均视为细微偏差,评标委员会不得否决投标人的投标,应按照第二章"投标人须知"第1.12.4项规定的原则处理。

i. 评标结果:

● 除第二章"投标人须知"前附表授权直接确定中标人外,评标委员会按照得分由高到低的顺序推荐中标候选人,并标明排序。

● 评标委员会完成评标后,应向招标人提交书面评标报告。

2) 合理低价法

(1)评标办法前附表

①条款2.1.1、条款2.1.3形式评审与响应性评审标准与综合评分法相同)。

②条款2.2.1分值的构成:评标价为100分。

③条款2.2.2评标基准价计算方法:

a. 评标基准价的确定(招标人可依据招标项目特点和实际需要,选择或制订适合项目的评标基准价计算方法):

方法一:将评标价平均值直接作为评标基准价。

方法二:将评标价平均值下浮_____%,作为评标基准价。

方法三:招标人设置评标基准价系数,由投标人代表或监标人现场抽取,评标价平均值乘以现场抽取的评标基准价系数作为评标基准价。

方法四:……

如果投标人认为某一标段的评标基准价计算有误,有权在开标现场提出,经监标人当场核实确认之后,可重新宣布评标基准价。确认后的评标基准价在整个评标期间保持不变,不随通过初步评审和详细评审的投标人的数量发生变化。

b. 评标价平均值的计算与综合评分法相同。

④条款2.2.3评标价的偏差率计算公式与综合评分法相同。

(2)评标办法正文

①评标方法。本次评标采用合理低价法。评标委员会对满足招标文件实质性要求的投标文件,按照本章第2.2款规定的评分标准进行打分,并按得分由高到低顺序推荐中标候选人,或根据招标人授权直接确定中标人,但投标报价低于其成本的除外。综合评分相等时,评标委员会应按照评标办法前附表规定的优先次序推荐中标候选人或确定中标人。

除技术特别复杂的特大桥和长大隧道工程外,一般应当使用合理低价法。

②评审标准：

a. 初步评审标准与综合评分法相同。

b. 分值构成与评分标准：

- 分值构成：同合理低价法分值的构成，评标价为 100 分。
- 评标基准价计算与综合评分法相同。
- 投标报价的偏差率计算与综合评分法相同。

③评标程序：

- 第一个信封初步评审与综合评分法相同。
- 第二个信封开标。
- 第二个信封初步评审与综合评分法相同。
- 第二个信封详细评审。评标委员会按本章第 2.2 款规定的量化因素和分值进行打分，并计算出综合评估得分（即评标价得分）。投标人得分分值计算保留小数点后两位，小数点后第三位"四舍五入"。

评标委员会发现投标人的报价明显低于其他投标报价，使得其投标报价可能低于其个别成本的，应要求该投标人作出书面说明并提供相应的证明材料。投标人不能合理说明或不能提供相应证明材料的，评标委员会应认定该投标人以低于成本报价竞标，并否决其投标。

- 投标文件相关信息的核查与综合评分法相同。
- 投标文件的澄清和说明与综合评分法相同。
- 不得否决投标的情形与综合评分法相同。
- 评标结果。除第二章"投标人须知"前附表授权直接确定中标人外，评标委员会按照得分由高到低的顺序推荐中标候选人，并标明排序。评标委员会完成评标后，应向招标人提交书面评标报告。

3) 经评审的最低投标价法

（1）评标办法前附表

①条款 2.1.1、条款 2.1.3 形式评审与响应性评审标准与综合评分法相同。

②条款 2.2 详细评审标准（综合评分法在此不适用）、评标价计算。经评审的投标价（评标价）= 修正后的投标报价－暂估价－暂列金额（不含计日工总额）。

（2）评标办法正文

①评标方法。本次评标采用经评审的最低投标价法。评标委员会对满足招标文件实质性要求的投标文件，根据本章第 2.2 款规定的量化因素及量化标准进行价格折算，按照经评审的投标价由低到高的顺序推荐中标候选人，或根据招标人授权直接确定中标人，但投标报价低于其成本的除外。经评审的投标价相等时，评标委员会应按照评标办法前附表规定的优先次序推荐中标候选人或确定中标人。

适用使用世界银行、亚洲开发银行等国际金融组织贷款的项目和工程规模较小、技术含量较低的工程，采用最低评标价法进行评标。

②评审标准：

a. 初步评审标准与综合评分法相同。

b. 详细评审标准同条款 2.2 详细评审标准。

③评标程序：

a. 第一个信封初步评审与综合评分法相同。

b. 第二个信封开标与综合评分法相同。

c. 第二个信封初步评审与综合评分法相同。

d. 第二个信封详细评审：

● 评标委员会按本章第2.2款规定的量化因素和标准进行价格折算，计算出经评审的投标价（即评标价），并编制价格比较一览表。

● 评标委员会发现投标人的报价明显低于其他投标报价，使得其投标报价可能低于其个别成本的，应要求该投标人作出书面说明并提供相应的证明材料。投标人不能合理说明或不能提供相应证明材料的，评标委员会应认定该投标人以低于成本报价竞标，并否决其投标。

e. 投标文件相关信息的核查与综合评分法相同。

f. 投标文件的澄清和说明与综合评分法相同。

g. 不得否决投标的情形与综合评分法相同。

h. 评标结果：

● 除第二章"投标人须知"前附表授权直接确定中标人外，评标委员会按照经评审的价格由低到高的顺序推荐中标候选人，并标明排序。

● 评标委员会完成评标后，应向招标人提交书面评标报告。

4）技术评分最低标价法

（1）评标办法前附表

①条款2.1.1、条款2.1.3形式评审与响应性评审标准与综合评分法相同。

②条款2.2详细评审标准（综合评分法在此不适用）、评标价计算。经评审的投标价（评标价）= 修正后的投标报价-暂估价-暂列金额（不含计日工总额）。

分值的构成：商务和技术文件100分（各评分因素权重分值范围为：施工组织设计25～40分；主要人员25～40分；技术能力10～20分；履约信誉15～25分）。

（2）评标办法正文

①评标方法。本次评标采用技术评分最低标价法。评标委员会对满足招标文件实质性要求的投标文件的施工组织设计、主要人员、技术能力等因素进行评分，按照得分由高到低排序，对排名在招标文件规定数量以内的投标人的报价文件进行评审，按照评标价由低到高的顺序推荐中标候选人，或根据招标人授权直接确定中标人，但投标报价低于其成本的除外。评标价相等时，评标委员会应按照评标办法前附表规定的优先次序推荐中标候选人或确定中标人。

②评审标准：

a. 初步评审标准与综合评分法相同。

b. 分值构成与评分标准：

● 第一个信封评分分值构成：施工组织设计；主要人员；其他评分因素，如技术能力、履约信誉等。

● 第一个信封评分评分标准：施工组织设计评分标准同技术评分最低标价法，施工组织设计25～40分；主要人员评分标准同技术评分最低标价法，主要人员25～40分；其他因素评分标准同技术评分最低标价法，技术能力10～20分，履约信誉15～25分。

● 第二个信封详细评审标准见评标办法前附表。

③评标程序：

a. 第一个信封初步评审与综合评分法相同。

b. 第一个信封详细评审：

● 评标委员会按本章第 2.2 款规定的量化因素和分值进行打分，并计算出各投标人的商务和技术得分。对施工组织设计部分计算出得分 A；对主要人员部分计算出得分 B；对其他部分计算出得分 C。投标人的商务和技术得分为 $A+B+C$。

● 评标委员会按照投标人的商务和技术得分由高到低排序，排名在评标办法前附表规定数量以内的投标人，其投标文件第一个信封（商务及技术文件）通过详细评审。

● 通过投标文件第一个信封（商务及技术文件）初步评审的投标人不少于 3 个且未超过评标办法前附表第 3.2.4 项规定数量的，均通过投标文件第一个信封（商务及技术文件）详细评审，不再对投标人的商务和技术文件进行评分。

c. 第二个信封开标与综合评分法相同。

d. 第二个信封初步评审与综合评分法相同。

e. 第二个信封详细评审。评标委员会发现投标人的报价明显低于其他投标报价，使得其投标报价可能低于其个别成本的，应要求该投标人作出书面说明并提供相应的证明材料。投标人不能合理说明或不能提供相应证明材料的，由评标委员会认定该投标人以低于成本报价竞标，并否决其投标。

f. 投标文件相关信息的核查与综合评分法相同。

g. 投标文件的澄清和说明与综合评分法相同。

h. 不得否决投标的情形与综合评分法相同。

i. 评标结果：

● 除第二章"投标人须知"前附表授权直接确定中标人外，评标委员会按照经评审的价格由低到高的顺序推荐中标候选人，并标明排序。

● 评标委员会完成评标后，应向招标人提交书面评标报告。

5.3.2　工程施工招标评标案例

某工程采用公开招标方式，有 A、B、C、D、E、F、G 7 家承包商参加投标，经资格预审该 7 家承包商均满足业主要求。在初步评审中，G 密封存在问题，属于重大偏差；C 书写存在问题，认定为细微偏差。该工程采用综合评分法评标，评标委员会由 7 名委员组成，评标的具体规定如下：

1）第一个信封商务及技术文件

商务及技术文件共计 40 分，其中施工组织设计 15 分，主要人员 8 分，技术能力 6 分，业绩 6 分，企业信誉 5 分。

商务及技术文件各项内容得分，为各评委分去除一个最高分和一个最低分后的算术平均值。得分不满 28 分者，不再评其报价文件。表 5.2 为各评委对 6 家承包商施工组织设计评分汇总表。表 5.3 为各承包商主要人员、技术能力、业绩、企业信誉得分汇总表。

表 5.2　承包商施工组织设计评分汇总表

投标单位	评委						
	一	二	三	四	五	六	七
A	13.0	11.5	12.0	11.0	11.0	12.5	12.5
B	14.5	13.5	14.5	13.0	13.5	14.5	14.5
C	12.0	10.0	11.5	11.0	10.5	11.5	11.5
D	14.0	13.5	13.5	13.0	13.5	14.0	14.5
E	12.5	11.5	12.0	11.0	11.5	12.5	12.5
F	10.5	10.5	10.5	10.0	9.5	11.0	10.5

表 5.3　承包商主要人员、技术能力、业绩、企业信誉得分汇总表

投标单位	主要人员	技术能力	业　绩	企业信誉
A	6.5	5.5	4.5	4.5
B	6.0	5.0	5.0	4.5
C	5.0	4.5	3.5	3.0
D	7.0	5.5	5.0	4.5
E	7.5	5.0	4.0	4.0
F	8.0	4.5	4.0	3.5

2)第二个信封报价文件

最高(或最低)报价高于(或低于)次高(或次低)报价的 15% 者,在计算承包商报价算术平均值时不予考虑,且报价文件得分为 15 分。

以各承包商报价的算术平均数作为评标基准价,等于评标基准价为满分(60 分)。报价比基准价每下降 1% ,扣 1 分,最多扣 10 分;报价比基准价每增加 1% ,扣 2 分,扣分不保底。

3)计算结果保留两位小数

计算结果保留两位小数,见表 5.4。

表 5.4　承包商报价汇总表

投标单位	A	B	C	D	E	F
报价(万元)	13 656	11 108	14 303	13 098	13 241	14 125

【问题】　请按综合得分最高者中标的原则确定中标单位。

【解】　①计算各投标单位施工组织设计得分,见表 5.5。

表5.5　各投标单位施工组织设计得分

投标单位	评委							平均得分
	一	二	三	四	五	六	七	
A	13.0	11.5	12.0	11.0	11.0	12.5	12.5	11.9
B	14.5	13.5	14.5	13.0	13.5	14.5	14.5	14.1
C	12.0	10.0	11.5	11.0	10.5	11.5	11.5	11.2
D	14.0	13.5	13.5	13.0	13.5	14.0	14.5	13.7
E	12.5	11.5	12.0	11.0	11.5	12.5	12.5	12.0
F	10.5	10.5	10.5	10.0	9.5	11.0	10.5	10.4

②计算各投标单位商务及技术文件得分,见表5.6。

表5.6　各投标单位商务及技术得分

投标单位	施工组织设计	主要人员	技术能力	业　绩	企业信誉	合　计
A	11.9	6.5	5.5	4.5	4.5	32.9
B	14.1	6.0	5.0	5.0	4.5	34.6
C	11.2	5.0	4.5	3.5	3.0	27.2
D	13.7	7.0	5.5	5.0	4.5	35.7
E	12.0	7.5	5.0	4.0	4.0	32.5
F	10.4	8.0	4.5	4.0	3.5	30.4

由于承包商 C 的商务及技术文件仅得 27.2 分,小于 28 分的最低限,按规定,不再评其报价文件,实际上已作为废标处理。

③计算各承包商的报价文件得分,见表5.7。

$$(13\ 098-11\ 108)/13\ 098=15.19\% >15\%$$

$$(14\ 125-13\ 656)/13\ 656=3.43\% <15\%$$

承包商 B 的报价(11 108 万元)在计算评标基准价时不予考虑。

评标基准价 =(13 656+13 098+13 241+14 125)/4 =13 530(万元)。

表5.7　各投标单位报价文件得分

投标单位	报价(万元)	偏差率(%)	扣　分	得　分
A	13 656	0.93	1.86	58.14
B	11 108			15.00
D	13 098	−3.19	3.19	56.81
E	13 241	−2.14	2.14	57.86
F	14 125	4.40	8.80	51.20

④计算各承包商的综合得分,见表5.8。

表 5.8 各承包商的综合得分

投标单位	商务及技术得分	报价得分	综合得分
A	32.9	58.14	91.04
B	34.6	15.00	49.60
D	35.7	56.81	92.51
E	32.5	57.86	90.36
F	30.4	51.20	81.60

⑤因为承包商 D 的综合得分最高,故应选择其为中标单位。

请同学们完成表格后根据此项目填写附录招标评标报告。

专项实训:模拟某公路工程施工招标项目的评标

1)实践目的

通过公路工程施工开标、评标、定标全过程的模拟训练,学生熟悉公路工程招投标选择施工单位的程序,为仿真综合训练奠定基础,具有毕业后在建设单位、工程咨询公司、招标代理机构从事招标相关工作的能力。

2)实践(训练)方式及内容

学生在教师指导下分组进行。具体步骤如下:

①学生分组:2 名学生为建设单位代表,2 名学生为施工企业代表,剩余学生每 5 个为一组组成评标委员会。

②老师将招标文件、投标文件分发给每组,各组评标专家认真读懂招标文件、投标文件。

③建设单位代表主持开标过程。

④各公路施工企业代表阐述投标工程重点问题(可采用 PPT)。

⑤评标委员会完成评标过程。

⑥评标委员会完成评标报告的编写。

3)实践(训练)要求

实训结束后,以小组为单位完成训练总结。

本章小结

建设工程招标投标目的是选择中标单位,决定这个目标能否实现的关键都是评标定标。建设工程施工招标投标的评标、定标工作由评标委员会完成。

评标委员会的评标工作内容主要有:

①负责评标工作,向招标人推荐中标候选人或根据投标人的授权直接确定中标人。

②可以否决所有投标,当所有投标都不符合招标文件的要求,或者有效投标少于 3 家时。

③评标委员会完成评标后,应当向招标人提交书面评标报告。

建设工程评标定标的原则:

①建设工程评标定标活动应当遵循公平、公正和诚实信用的原则。

②科学、合理、择优的原则。

③违反正当竞争的原则,不能违反原则而以招标人的意图来确定中标结果。

④贯彻业主对本工程施工招标的各项要求和原则。

开标是指在招标文件确定的投标截止时间的同一时间,招标人依照招标文件规定的地点,开启投标人提交的投标文件,并公开宣布投标人的名称、投标报价、工期等主要内容的活动。

建设工程评标程序分为评标的准备、初步评审、详细评审、编写评标报告。

中标人确定后,招标人应当向中标人发出中标通知书,并同时将中标结果所有未中标的投标人。

复习思考题

1. 单项选择题

(1)下述人员中可以作为评标委员会成员的是(　　)。

　　A. 由投标人从省人民政府有关部门提供的专家名册的专家名单中确定的人员

　　B. 某投标人的近亲属

　　C. 该市行政主管部门的工作人员

　　D. 从事招标工作满9年并具有高级职称的招标人代表

(2)根据招标投标法有关规定,评标委员会中技术、经济等方面的专家不得少于成员总数的(　　)。

　　A. 1/3　　　　　　　　B. 2/3　　　　　　　　C. 1/4　　　　　　　　D. 1/2

2. 多项选择题

(1)某市一基础设施项目进行招标,现拟组建招标评标委员会,按评标委员会和评标方法暂行规定,下列人员中不得担任评标委员会成员的是(　　)。

　　A. 投标人的亲属

　　B. 行政监督管理部门人员

　　C. 与投标人有经济利益关系的人员

　　D. 从事相关专业领域工作满3年以上的人员

　　E. 熟悉有关招标投标法规,并具有与招标项目相关实践经验的人员

(2)评标委员会对在某工程项目评标过程中,发现个别投标文件中存在某些错误,则评标委员会的下列做法正确的有(　　)。

　　A. 甲的投标文件中的大写金额和小写金额不一致,以大写金额为准

　　B. 乙的投标文件中总价金额与单价金额不一致,以单价金额为准,但单价金额小数点有明显错误

　　C. 丙未按招标文件要求提交投标保证金,评标委员会将丙的投标文件作为废标处理

　　D. 丁的投标文件中有含义不明确的内容,评标委员会要求其对此做必要的澄清或者

说明

E. 戊是以他人的名义投标,评标委员会将戊的投标文件作废标处理

(3)某港口建设项目向社会公开招标,招标文件中明确规定提交投标文件的截止时间为2018年6月2日上午9点,下列说法正确的是(   )。

A. 开标时间为2018年6月2日上午至2018年6月3日上午9点之间

B. 开标由该市建设行政主管部门主持

C. 邀请所有投标人参加开标会

D. 开标时,由投标人当众检查投标文件的密封情况

E. 招标人对2018年6月2日上午9点15分送达的投标文件不予受理

(4)在开标时,如果发现投标文件出现(   )等情况,应按无效投标文件处理。

A. 未按招标文件的要求予以密封

B. 投标函未加盖投标人的企业公章且无法定代表人签字盖章的

C. 联合体投标未附联合体协议书

D. 明显不符合技术标准要求

E. 在开标后送达的

(5)某市一港口项目进行招标,下列(   )情形下,招标人有权没收投标人的投标保证金。

A. 投标人在投标有效期内撤回其投标文件

B. 投标人在投标文件截止前要求修改投标文件的内容

C. 中标后未能在规定期限内提交履约保证金或签署合同协议

D. 投标人的投标报价不符合招标文件要求

E. 投标文件中施工组织设计过于简单

(6)某建设项目招标,评标委员会由两位招标人代表和3名技术、经济等方面的专家组成。这一组成不符合招标投标法的规定,则下列关于评标委员会重新组成的做法中,正确的有(   )。

A. 减少一名招标人代表,专家不再增加

B. 减少一名招标人代表,再从专家库中抽取一名专家

C. 不减少招标人代表,再从专家库中抽取一名专家

D. 不减少招标人代表,再从专家库中抽取两名专家

E. 不减少招标人代表,再从专家库中抽取三名专家

3. 某公路工程招标项目采用合理低价法评标,已知如下条件:

(1)等于评标基准价为满分,满分为100分;

(2)高于评标基准价每1%,扣2分,低于评标基准价每1%扣1分;

(3)投标人报价高于10 000万元直接废标;

(4)该项目××标段共有10个投标人,其A1—A10报价分别为:9 600万元,9 300万元,8 700万元,8 500万元,10 100万元,9 200万元,8 900万元,8 400万元,10 020万元,9 000万元;

(5)采用随机下浮法确定评标基准价时,随机下浮值正好抽中为下浮6%。

试计算评标基准价,并对投标人报价得分进行排序。

4. 背景资料:某大型工程,由于技术难度大,对施工单位的施工设备和同类工程施工经验要

求高,而且对工期的要求也比较紧迫。建设单位在对有关单位和在建工程考察的基础上,仅邀请了 3 家国有一级施工企业参加投标,并预先与咨询单位和该 3 家施工单位共同研究确定了施工方案。业主要求投标单位将技术标和商务标分别装订报送。经招标领导小组研究确定的评标规定如下:

(1)商务及技术文件共 30 分,其中施工方案 10 分(因已确定施工方案,各投标单位均得 10分)、施工总工期 10 分、工程质量 10 分。满足业主总工期要求(36 个月)者得 4 分,每提前 1 个月加 1 分,不满足者不得加分;自报工程质量合格者得 4 分,自报工程量优良者得 6 分(若实际工程量未达到优良将扣罚合同价的 2%),近 3 年内获鲁班奖每项加 2 分,获省优工程奖每项加 1 分。

(2)报价文件共 70 分,将评标价平均值下浮 5% 作为评标基准价。在此基础上,报价比评标基准价每下降 1%,扣 1 分,每上升 1%,扣 2 分(计分按四舍五入取整)。

各投标单位的有关情况如表 5.9 至表 5.12 所示。请按综合得分最高者中标的原则确定中标单位。

表 5.9　各投标单位标书主要数据

投标单位	报价(万元)	总工期(月)	自报工程质量	鲁班工程奖	省优工程奖
A	35 642	33	优良	1	1
B	34 364	31	优良	0	2
C	33 867	32	合格	0	1

表 5.10　各投标单位技术标得分

投标单位	施工方案	总工期	工程质量	合　计
A				
B				
C				

表 5.11　各投标单位报价得分

投标单位	报价(万元)	偏差率(%)	扣　分	得　分
A	35 642			
B	34 364			
C	33 867			

表 5.12　各投标单位综合得分

投标单位	商务及技术得分	报价得分	综合得分
A			
B			
C			

第6章 公路工程模拟招投标课程设计

公路工程招投标工作是一项程序性、法规性很强的经济工作,招投标课程也是一门综合性、实践性很强的课程。在理论教学的同时,利用"模拟招投标"这种形式的课程设计来强化同学们对所学知识的掌握和运用很有必要。

6.1 模拟招投标课程设计实施方案

6.1.1 模拟招投标课程设计实施目的

模拟招投标课程设计实施的目的如下:
①提高学生学习的兴趣,锻炼学生学以致用的能力;
②使学生掌握招、投标文件的编制;
③使学生体会投标报价的策略与技巧;
④让学生参与和亲身感受招投标的组织、管理过程;
⑤锻炼学生收集、加工、整理、分析、编制资料的能力,提高他们的动手能力、分析问题的能力、判断问题的能力;
⑥促进学生对所学知识进行串联和融会贯通,锻炼学生综合运用知识的能力。

6.1.2 模拟招投标课程设计指导思想

模拟招投标课程设计的指导思想如下:
①重在充分发挥学生的主观能动性;
②重在让学生体会和感受招投标的气氛;
③重在让学生实践投标报价的策略与技巧;
④重在让学生掌握完整的招投标文件应该具有的资料;
⑤重在让学生学会应怎样组织招投标和编制招投标文件。

6.1.3 模拟招投标课程设计实施计划

1)招标人、评标委员会、开标现场组织管理人员、监督人员的组建
由指导教师和若干学生或若干其他教师按照有关规定组成。

2)投标人的组成
投标人由学生组成。原则上每个投标团队不少于5人,也不多于9人,按照自愿和有利于工作的原则组建。要求每个投标人团队模拟公路施工企业运作(公路工程施工总承包二级及以上),设立公司名称并建立相应的组织机构和人员配备,如确定公司名称、法定代表人(总负责人)、项目经理、技术负责人、相应专业技术人员。编制投标文件时,每个投标人团队还应分成若干小组并指定一人负责,每个小组负责投标文件某一部分的编制。

3)时间安排

从发售招标文件到开标,不少于 20 天,具体计划由指导教师根据实际情况制订。建议利用少部分上课时间进行解疑答惑,具体编制工作由学生通过课余时间来完成。

4)经费来源

模拟招投标所需经费(打印费、装订费等)建议由学生自筹,也可以考虑利用第二课堂等渠道的经费,具体由指导教师根据实际情况确定。

5)招标文件的编制

模拟招投标的招标文件,可以由指导教师收集真实招标项目的招标文件(最好有图纸)作为模拟招标文件,也可以采用本章 6.2 节中的案例资料进行编制。

6.2　《公路工程模拟投标文件》案例概要

项目概况:本招标项目属湖南省的省道改造项目,起点为××,终点接××,全长 23 km,技术标准为山岭微丘二级混凝土路面,设计荷载为公路-Ⅱ级。项目分为 A、B、C、D 4 个合同段,各合同段独立招标。工程内容包括路基工程、路面工程、桥涵工程、防护工程。本次模拟招标的标段为 A 标段。主要工程量见工程量清单;招标形式及方式:施工招标、公开招标;项目业主:××公路管理局;项目名称:××省道改建工程。

6.2.1　《招标文件》基本内容

1)招标公告/投标邀请书格式

招标公告/投标邀请书格式见《公路工程标准施工招标文件》(2018 年版)有关内容。

2)投标人须知

投标人须知根据《公路工程标准施工招标文件》(2018 年版)格式,结合实际情况进行编制。

3)评标办法

(1)评标办法

为了锻炼学生综合运用所学知识的能力,本次模拟招标的评标办法采用综合评分法。经批准,A 合同段的预算价 $X_A = 32\ 795\ 812$ 元,标底取值范围:$0.88X_A \leq Y_A \leq 0.93X_A$,投标人有效报价的范围为:$0.85Y_A \leq Z_A \leq 1.05Y_A$。

(2)评分标准

报价为 70 分,技术分 30 分:施工能力 14 分,施工组织设计 12 分,业绩与信誉 4 分。具体评标办法和评分细则见 6.3。

（3）资格评审

资格评审采用合格性审查,分为合格与不合格两类。凡达到资格审查强制性标准最低要求者且符合其他评审要求者,通过资格审查,否则,视为没有通过资格审查。只有资格审查合格的投标人才进行投标评审。

4) 合同条款及格式

由通用合同条款、专用合同条款(公路行业标准专用合同条款、项目专用合同条款)、合同附件格式(合同协议书、廉政合同、安全生产合同、其他管理人员和技术人员最低要求、主要机械设备和试验检测设备最低要求、项目经理委任书、履约保证金格式、工程资金监管协议格式)组成。

5) 工程量清单

工程量清单是提供给投标人投标报价具体而准确的工程量。

6) 图纸

限于篇幅,本模拟招标项目的图纸部分省略。在实际操作中,指导教师可根据需要选用含有图纸的完整招标案例作为课程设计案例。

7) 技术规范本

招标文件的技术规范为标准化条款,详见《公路工程标准施工招标文件》(2018 年版)。

8) 投标文件格式

投标文件格式详见《公路工程标准施工招标文件》(2018 年版)。

6.2.2 《招标文件》的技术规范

本招标文件的技术规范为标准化条款,详见《公路工程标准施工招标文件》(2018 年版)。

6.2.3 《招标文件》投标书的内容

1) 投标函及投标函附录

格式详见《公路工程标准施工招标文件》(2018 年版)。

2) 授权委托书或法定代表人身份证明

格式详见《公路工程标准施工招标文件》(2018 年版)。

3) 联合体协议书

格式详见《公路工程标准施工招标文件》(2018 年版)。

4) 投标保证金

格式详见《公路工程标准施工招标文件》(2018 年版)。

5) 已标价工程量清单

（1）工程量清单说明

详见本书第 3 章 3.4.7 工程量清单。

（2）投标报价说明

详见本书第 3 章 3.4.7 工程量清单。

（3）计日工说明

详见本书第 3 章 3.4.7 工程量清单。

（4）其他说明

①工程细目，详见表 6.1 至表 6.7。

表 6.1　总则

清单		第 100 章　总　则			
细目号	细目名称	单　位	数　量	参考单价	合　价
	工程管理、临时工程与设施、承包人驻地建设等项目总额包干	总额	1	200 000	200 000
清单		第 100 章合计		人民币 200 000 元	

注：本项目为不变价，不随投标人报价变化而变动。

表 6.2　路基工程

清单		第 200 章　路基工程			
细目号	细目名称	单　位	数　量	参考单价	合　价
203−1	路基挖方	m^3			
−a	挖土方	m^3	296 480	7.01	2 078 325
−b	挖石方	m^3	136 830	15.35	2 100 341
−c	挖机清淤泥	m^3	16 280	3.54	57 631
−d	挖除表土	m^3	11 030	2.11	23 273
204−1	路基填方压实	m^3	73 670	3.83	282 156
205−1	软土地基处理				
−a	抛石挤淤	m^3	6 930	43.88	304 088
209−1	挡土墙				
−a	7.5 号砂浆砌片石	m^3	6 000	118.07	708 420
					5 554 234
清单		第 200 章合计		人民币 5 554 234 元	

表 6.3　路面工程

清单 第 300 章　路面工程					
细目号	细目名称	单位	数量	参考单价	合　价
310-1	水泥混凝土面板				
-a	厚 22 cm(混凝土 35 cm)	m²	250 800	52.19	13 089 252
306-2	级配碎石基层				
-a	厚 20 cm	m²	259 160	14.55	3 770 778
312-1	培土路肩(40 cm)				
-a	厚 40 cm	m²	20 900	4.14	86 526
					16 946 556
清单　　第 300 章合计　　人民币 16 946 556 元					

表 6.4　桥涵工程

清单 第 400 章　桥涵工程					
细目号	细目名称	单　位	数　量	参考单价	合　价
420-1	钢筋混凝土盖板涵(4×2)10 道	延米	182	4 921.76	895 760
420-1	钢筋混凝土盖板涵(4×4)4 道	延米	96	6 820.26	654 745
					1 550 505
清单　　第 400 章合计　　人民币 1 550 505 元					

表 6.5　交通安全设施及预埋管线工程

清单 第 600 章　交通安全设施及预埋管线工程					
细目号	细目名称	单　位	数　量	参考单价	合　价
604-9	公路界碑	块	10	50.7	507
604-10	百米桩	块	90	7.48	673
					1 180
清单　　第 600 章合计　　人民币　1 180 元					

表 6.6　专项暂定金额

清单编号	细目号	名　称	估计金额
专项暂定金额			
合　计			

注:表列各项专项暂定金额,应已在工程量清单相关章、目中以专项暂定金额名义列出,已转入工程量清单汇总表中,仅在
　　此表中摘出予以汇总。

②工程量清单汇总表见表6.7。

表6.7 工程量清单汇总表

序号	章 次	项目名称	金额（元）
1	100	总则	200 000
2	200	路基	5 554 234
3	300	路面	16 946 556
4	400	桥梁、涵洞	1 550 505
5	500	隧道	
6	600	公路设施及预埋管线	1 180
7	700	绿化及环境保护	
8		第100章至700章清单合计	24 252 475
9		已包含在清单合计中的材料、工程设备、专业工程暂估价合计	
10		清单合计减去材料、工程设备、专业工程暂估价合计（8−9＝10）	24 252 475
11		计日工合计	
12		暂定金额（不含计日工总额）	
13		投标价（8+11+12＝13）	24 242 475
合　计			24 242 475

6）施工组织设计格式

施工组织设计格式见《公路工程标准施工招标文件》（2018年版）。

7）项目管理机构

（略）

8）拟分包项目情况表

拟分包项目情况见《公路工程标准施工招标文件》（2018年版）。

9）资格审查资料

（1）资格审查资料表格格式及填报要求。

资格审查资料表格格式及填报要求见《公路工程资格预审文件范本》（2018年版）。

（2）资格审查强制性标准

①财务能力如表6.8所示。

表6.8 财务能力表

项　目	最低要求	申请人达到程度详述
过去3年平均营业额	不少于5 000万元人民币	
能用于本项目的营运资金	不少于500万元人民币	

②施工业绩至少满足表6.9中两项要求。

表 6.9 施工业绩要求

项 目	最低要求	申请人达到程度详述
二级以上公路路基	过去 3 年累计修建 30 km 以上	
高级、次高级路面	过去 3 年累计修建 50 万 m² 以上	
桥梁	过去 3 年累计修建单桥长≥100 m 或单跨≥50 m 桥 2 座以上	
单项合同额	2 000 万元人民币以上的 3 个	

③人员资历最低要求如表 6.10 所示。

表 6.10 人员资历要求

人 员	人数	资历要求	申请人达到程度
项目经理	1	具有 6 年以上工程管理经验,中级职称以上,二级以上项目经理	
技术负责人	1	具有 6 年以上工程管理经验,高级职称	
财务负责人	1	具有中级以上职称	
计划统计负责人	1	具有中级职称、乙级以上公路工程造价工程师	
技术人员	5	相应初级以上职称	
试验检测人员	1	具有试验检测资质,中级以上职称	

④设备仪器最低要求如表 6.11 所示。

表 6.11 设备仪器最低要求

规格名称	单 位	数 量	申请者设备
推土机 165 kW	台	1	
挖掘机 0.8 m³	台	2	
18 t 压路机	台	2	
50 m³/h 混凝土搅拌机	台套	1	
10 t 混凝土运输车	辆	15	

10)承诺函

承诺函见《公路工程标准施工招标文件》(2018 年版)。

11)其他资料

要求提供的其他资料包括投标人企业简历、营业执照、资质证书、安全生产许可证复印件等。

6.3　模拟招标评标办法与评标工作细则

1）总则

本模拟招标项目评标工作按下列程序进行：

（1）初步评审

①符合性审查；

②算术性复核；

③澄清及有关情况说明（如有必要）。

（2）详细评审

①合同条件评审；

②投标报价评审；

③技术评审（财务能力、技术能力、管理水平以及投标人以往施工业绩及履约信誉等方面进行详细评审）。

（3）综合评分汇总、推荐中标人

（4）编写评标报告

2）初步评审

（1）符合性审查的主要内容

开标时、招标人在宣读投标书有关内容前，对投标书当场进行核查以确定其是否合格及完备。具体为以下内容：

①投标文件密封是否符合招标文件的规定；

②投标文件是否标明了正、副本，数量是否满足；

③是否正确标明了所投标标段、投标单位；

④是否提供了投标保证金。

（2）符合性审查的主要条件

①投标文件是否按照招标文件规定的格式、内容填写，招标文件要求提供的资料是否齐全、真实，字迹是否完整、清晰可辨。

②投标文件上法定代表人或法定代表人授权代理人的签字（含小签）是否齐全，是否符合招标文件规定，投标人法定代表人若授权代理人，其授权书是否符合招标文件规定。

③与申请资格预审时比较，投标人资格是否发生实质性变化，是否提供了经资质管理部门年审合格的资质证明书，营业执照是否为经工商部门出具的法定代表人证书复印件。

④投标人是否按招标文件规定的格式、内容和要求提供了合格的投标担保，上述保函是否经银行法定代表人签署和盖章。如由银行授权代表人签署，是否附有银行经公证的法定代表人授权书，是否提供了银行查证授权书。

⑤投标人以联合体形式投标时，是否提交了符合招标文件要求的联合体协议。联合体成员单位与申请资格预审时是否发生实质性变化。

⑥投标人如有分包计划，是否提交分包协议，分包工作量是否超过投标价的 30%。

⑦是否按招标文件要求填写、提交了工程量清单,同一份投标文件中是否仅有一个报价。

⑧投标人提交的调价函是否符合招标文件要求。

⑨投标文件载明的招标项目完成期限是否超过招标文件规定的时限。

⑩投标文件是否附有招标人不能接受的其他条件。如果发现投标人所投合同段(号)与资格预审通过的不符,或者发现投标文件与招标文件中的条款与规定有重大偏离或保留,特别是对本工程招标范围、工程质量标准或工程实施等方面有重大改变,或工期安排有实质性偏离,或者对合同中规定业主的权利或投标人的责任和义务的实质性限制,而且调整这种偏离或保留将会对其他符合招标文件规定的投标人的竞争地位产生不公正影响时,则对出现上述情况的投标文件不予评审。

投标文件以上条件之一检查结果不满足招标文件要求的,评标委员会应认为其存有重大偏差,并对该投标文件作废标处理。

如果有证据显示投标人以他人名义投标,与他人串通投标,以行贿手段谋取中标,以及投标弄虚作假的,评审委员会应对该投标文件作废标处理。

(3)算术性修正

符合性审查工作完成后,评标委员会按照招标文件规定对符合性审查合格投标人报价进行算术性修正、校核,并对有算术上的和累加运算上的差错给予修正。修正原则如下:

①当以数字表示的金额与文字表示的金额有差异时,以文字表示的金额为准。

②当单价与数量与乘积不等于合价时,以单价计算为准;如果单价有明显的小数点位置差错,应以标出的合价为准,同时对单价予以修正。

③当各细目的合价累计不等于总价时,应以各细目合价累计数为准,修正总价。

④按以上原则对算术性差错的修正结果,评标委员会通过招标人向投标进行书面澄清;投标人对修正结果进行书面确认的,其投标文件可参加详细评审;投标人对修正结果存有不同意或未作书面确认的,评标委员会应重新复核算术性修正结果。如果确认算术性修正无误,则对该投标文件作废标处理;如果发现算术性修正存在差错,应作出及时调整并重新进行书面澄清。

⑤当按上述原则修正后的投标价与开标价的误差超过±1%时,其报价无效,作废标处理。只有通过初步评审的投标人才进入下一阶段的评审。

3)详细评审

(1)合同条件的评审

①投标人接受招标文件规定的风险划分原则,未提出新的风险划分办法;

②投标人未增加业主的责任范围,也未减少投标人义务;

③投标人未提出不同的工程验收、计量、支付办法;

④投标文件未对合同纠纷、事故处理办法提出异议;

⑤投标人在投标活动中没有欺诈行为;

⑥投标人对合同条款没有重要保留;

⑦良好的信誉和优良的业绩,包括类似的公路、桥梁施工经验。

投标文件不符合以上条件之一的,评标委员会应对其作废标处理。只有通过合同条件评审的投标人才进入下一阶段评审及技术评审。

（2）投标报价的评审

在算术性修正后，评标委员会对投标报价进行评审，以计算出标价得分。

①评标基准价 A 的确定。招标人设置评标基准价系数，由投标人代表现场抽取，评标价平均值乘以现场抽取的评标基准价系数作为评标基准价。

②计算评标基准价。评标价平均值乘以现场抽取的评标基准价系数即为评标价平均值：

$$D = A \times (1 - N\%)$$

式中　D——评标基准价；

　　　A——评标价平均值；

　　　N——评标基准价系数（投标人代表现场抽取）。

③计算报价分 F（总分为 70 分）。当投标人的评标价等于 D 时得最高分，每高于 D 一个百分点扣 2 分；每低于 D 一个百分点扣 1 分，中间值按比例内插。公式如下：

$$F_1 = F - \frac{|D_1 - D|}{D} \times 100 \times E$$

式中　F_1——投标人评标价得分；

　　　F——评标价所占的百分比权重；

　　　D_1——投标人的评标价；

　　　D——评标基准价；

　　　E——若 $D_1 \geqslant D$，则 $E = 2$；若 $D_1 < D$，则 $E = 1$。

（3）技术评审（财务能力、技术能力、管理水平以及投标人近 5 年施工业绩及履约信誉等方面进行详细评审）

技术评审总分 30 分，评分标准如表 6.12 所示。

（4）澄清及有关情况说明

①在评标阶段，评审委员会认为必要时，可通过招标人书面通知投标人要求澄清拟投标文件中的问题，或要求补充某些资料，包括单价分析资料等。

②有关澄清的要求和答复，应以书面进行，投标人不得借澄清问题的机会，与招标人及评标人员私下接触或对原投标价和内容提出实质性内容修改，但在评标中发现的算术性差错进行的核实、修正则不在此列。

③招标人不接受投标人主动提出的澄清。

④有关情况说明。

表 6.12　技术评审评分标准表

序号	项　　目			标准分		具体评分标准
1	施工能力	财力	近 3 年年平均营业额	14	2	满足招标文件最低要求计 2 分
		流动资金			2	满足招标文件最低要求计 2 分
		本工程投入设备			5	设备数量、规格达到招标文件最低要求，且设备完好、配置合理计 2.5 分
		本工程投入人力			5	人员数量及其经验达到招标文件最低要求，人员配置合理计 5 分

续表

序号	项 目		标准分		具体评分标准
2	施工组织设计	建议书内容	12	2.5	施工组织设计建议书内容齐全,计基本分1.5分;文字精炼,内容具体,最高计2.5分
		施工工艺、方案		2.5	各工艺、工序说明清楚;关键工程施工方案合理,计基本分1.5分,技术先进最高计2.5分
		质量保证体系		3	工程质量保证体系健全,计基本分1.5分,责任明确,措施得力最高计2.5分;通过国际质量认证加0.5分
		安全生产保障措施		1	安全生产保障措施制度健全,计基本分0.6分,计划安排科学资源配置保障措施得力最高计1分
		工程施工进度保证体系		3	工程施工进度保证体系完善,计基本分1.8分;计划安排科学,资源配置保障措施得力最高计3分
3	业绩与信誉	主要管理人员素质	4	2	项目经理、施工技术总负责人2个管理职位,满足基本要求计0.6分;在此基础上若在类似项目管理中被业主或上级主管部门评为先进个人,每职位加0.4分
		公司业绩与信誉		2	投标人近5年完成的类似公路工程项目业绩满足招标文件要求,且未受到业主或上级主管部门通报批评的,计基本分1.2分;质量优良、履行信誉良好最高计2分

4)综合评分汇总、推荐中标人

①合同应授予通过详细评审,符合招标文件要求的投标人。

②依据本细则的规定,对各项评分进行汇总,拟订"综合评分排序表",按评分从高到低进行排序,推荐得分最高的投标人为中标候选人,得分排名第二和第三的为后备中标候选人。

③如果评标委员会发现所有投标人的报价均高于标底或相应工程概算投资,评标委员会可以否决所有投标,并建议招标人重新招标。

5)评标报告

评标委员会在完成上述评审程序后,经集体讨论,编制评标报告报招标人。

6.4 《公路工程模拟招投标文件》编制指导书

6.4.1 《公路工程模拟招投标文件》

1)编制任务

根据以上提供的资料,在指导教师的指导下,由学生按要求、按时完成下述任务:

①根据《公路工程标准施工招标文件》(2018 年版)等相关资料,整理一套用于模拟招标的完整招标文件。

②根据编制的招标文件和相关资料,按《投标书编制参考目录》编制投标文件。

③模拟招投标工作结束后,每个人编制招标及投标文件各一套(电子版),作为平时成绩的重要评分依据。每组投标人编制一套书面投标文件并按《公路工程标准施工招标文件》(2018 年版)要求封装。

④模拟招投标工作结束后,每个人写一份不少于 1000 字的"模拟招投标感想",要求简述招标投标组织和管理程序、总结经验教训,或抒发感想体会,提出建议意见等。该心得体会作为平时成绩的重要评分依据。

2) 投标文件编制要求

(1)商务部分编制最低要求

认真阅读并理解招标文件和相关资料,全面、完整、有效、(仿)真实、及时完成《公路工程模拟投标文件编制指导书》规定的内容。编制的投标文件作为平时成绩的主要评分依据。

(2)投标报价的最低要求

①各投标团队必须根据所学知识合理运用不平衡报价技巧,并给出理由和说明。

②各投标团队报价必须入围,否则,建议课程设计记零分。

③各投标团队应当运用恰当的策略和技巧尽可能提高中标概率而又有利可图。

④投标书的内容的"工程量清单"中的工程细目的单价除 100 章包干项目外,其他均为参考单价。投标人必须运用所学《公路工程造价编制与案例》的知识和本书第 7 章的知识按规定编制投标报价,建议利用同望 2000 预算软件上机操作。

(3)施工组织设计的最低要求

①施工组织和进度安排必须符合逻辑;

②施工方案的选择应符合常规,并兼顾先进性、技术性、经济性;

③施工方案应与报价相匹配。

6.4.2　编制依据

①模拟项目的招标文件;

②《公路工程标准施工招标文件》(2018 年版);

③《公路工程招投标与合同管理》教材及教案;

④《公路工程造价编制及案例》《公路工程施工组织设计》教材及教案;

⑤公路工程预算定额;

⑥人工、材料、机械单价相关资料;

⑦模拟招投标实施方案;

⑧其他。

6.4.3 投标书编制参考目录

1)投标文件投标函部分格式

①投标函及投标函附录；

②授权委托书及法定代表人身份证明；

③投标保证金。

2)已标价工程量清单

①编制说明；

②工程量清单。

3)施工组织设计

①施工组织设计的文字说明；

②施工总体计划表；

③分项工程进度率计划(斜率图)；

④工程管理曲线；

⑤分项工程生产率和施工周期表；

⑥施工总平面图；

⑦劳动力计划表；

⑧临时用地计划表；

⑨外供电力需求计划表；

⑩合同用款估算表。

4)项目管理机构

项目管理机构见《公路工程标准施工招标文件》(2018 年版)。

5)拟分包项目情况表

拟分包项目情况见《公路工程标准施工招标文件》(2018 年版)。

6)资格审查资料

①投标人基本情况表(附相应证明材料的复印件)；

②投标人企业组织机构框图；

③拟委任的项目经理和项目总工资历表(附相应证明材料的复印件)；

④近年财务状况表(附相应证明材料的复印件)；

⑤近年完成的类似项目汇总表(附相应证明材料的复印件)；

⑥正在施工和新承接的项目情况表(附相应证明材料的复印件)；

⑦近年发生的诉讼及仲裁情况(附相应证明材料的复印件)；

⑧拟委任的其他主要管理人员和技术人员汇总表(附相应证明材料的复印件)；

⑨拟委任的其他主要管理人员和技术人员资历表(附相应证明材料的复印件)；

⑩拟投入本标段的主要施工机械表；

⑪拟配备本标段的主要材料试验、测量、质检仪器设备表。

7) 承诺函

承诺函见《公路工程标准施工招标文件》(2018 年版)。

8) 其他资料

①公司简介;

②营业执照;

③资质证;

④安全生产许可证。

第7章　公路工程合同及合同管理

公路工程合同是一个较为复杂和庞大的体系,业主和承包商签订的合同是"核心合同",业主居于合同主体的"核心位置"。公路工程合同管理是指合同相关方以现行法律法规和合同文件为依据,本着公正、公开、公平和诚实信用的原则,运用科学理论和现代科学技术依法进行合同订立、履行、变更、索赔、解除、终止以及审查、监督、控制等一系列行为的总称。通过合同管理,业主可以实现"五控两管",承包商可以实现经营目标和经营战略,监理可以促进业主和承包商目标的实现,监管部门可以维护市场经济秩序。因此,公路工程合同管理是项目管理的核心。

7.1　公路工程合同管理概述

7.1.1　公路工程合同管理的目的和原则

1)公路工程合同管理的目的

(1)促进公路建设市场的规范和发展

我国公路建设采用《公路工程标准施工招标文件》(2018年版)作为合同文件通用化、标准化的示范文本,保证了我国公路工程合同订立的合法性、全面性、准确性和完整性,从而对我国公路建设市场的形成和发展起到了积极的推动作用。但目前我国公路建设市场仍然存在不规范之处,我们必须认真从以下方面做好合同管理工作,以促进我国公路建设市场的规范、健康发展:

①规范公路建设市场主体和监管部门的行为;

②完善市场价格的形成机制;

③健全市场交易方式,形成开放、有序的有形公路建设市场;

④切实提高合同的履约率和履约质量。

(2)促进公路建设市场主体建立现代企业制度

公路建设市场主体的从业单位是指从事公路建设的项目法人,项目建设管理单位,咨询、勘察、设计、施工、监理、试验检测单位,提供相关服务的社会中介机构以及设备和材料的供应单位。从单位之间的法律地位是平等的,而维系它们之间关系的桥梁和纽带是合同,能否认真签订合同,全面、适当履行合同,正确对待变更与索赔,既是工程项目能否顺利实施和完成的前提,又反映了业主法人责任制的落实程度、承包商法人治理的完善程度。也就是说,建设市场主体是否建立和健全以"产权清晰、权责明确、政企分开、管理科学"为条件的现代企业制度是公路工程合同管理落到实处的关键。反过来说,通过合同管理,又可以促进公路建设市场主体建立现代企业制度。

（3）形成以合同管理为核心的项目管理体系

全面实现项目管理的各项目标。公路工程合同体系严密,内容全面,既有合同双方责、权、利、义明确而全面的描述,又有施工规范、计量规则、变更办法、索赔程序等具体的操作性很强的规定。因此,通过加强合同管理,提高合同履约质量,可以使业主实现"五控两管"（质量、进度、投资、安全、环保控制和合同、信息管理）,使承包商实现经营目标和经营战略,使监理促进业主和承包商目标的实现。

2）公路工程合同管理的原则

（1）依法管理的原则

依法管理的原则是公路工程合同管理的基本原则。要求管理者树立法治观念,强化合同意识,根据现行相关法律法规、《公路工程标准施工招标文件》（2018 年版）等开展合同管理工作,做到有法必依,执法必严,违法必究。

（2）全面管理的原则

公路工程合同从横向来看是一个体系,从纵向来看是一个系统。因此,合同管理必须实行全面管理的原则,做到"全员""全方位""全过程"管理。所谓"全员"管理,就是将合同责任分解,落实到每一个相关人员;所谓"全方位"管理,就是针对公路工程合同是一个体系的特点,实行全方面管理,防止疏漏;所谓"全过程"管理,就是通过加强基础管理和过程控制,使合同管理各个环节都能得到有效控制。

（3）实现共赢的原则

公路工程合同体系涉及的关联方较多。要想顺利地实施合同任务和履行合同义务,合同各方必须在为己方利益着想时,也考虑他方利益,加强管理和控制,认真履行合同,实现共赢。

（4）注重效益的原则

效益原则是一切管理行为都必须坚持的原则。合同管理注重效益的原则是指在合同管理的过程中应遵循经济规律,注重通过合同管理来实现预期的经济目的。

7.1.2　公路工程合同特点及管理的方法

1）公路工程合同的特点

（1）合同标的具有特殊性

公路工程合同标的物——公路建设项目,具有建设周期长、造价高、风险大、项目内容变动性大和多样性、一次性、不可逆性等不同于一般合同标的物的特点。因此,对公路工程合同管理提出了更高的要求。

（2）具有很强的计划性和程序性

公路工程建设项目要经过决策、设计、造价批复等程序方能进行招投标,再经过法定招标程序才能签订合同,合同实施期间也要经过很多规定程序才能最后竣工验收,竣工后还需要进行后评价。由此可见,公路工程合同具有很强的计划性和程序性。

（3）合同主体的特殊性

为了规范公路建设市场,确保工程质量,国家对公路建设市场主体进行了严格规定。对业主的经济能力、管理能力、技术能力进行了具体限定,对承包商和中介机构(如监理、造价咨询、设计)等实行严格的资质管理制度,禁止没有资质的单位从业,不允许超越资质等级和范围从业,等等。因此,公路工程合同主体具有限定性。

（4）合同监管的严肃性

公路工程属于国家重要基础设施,关乎国计民生。因此,国家对公路建设承包合同实行特殊的管理、监督,对合同的订立和履行实行行政监管;对合同的拨款、结算进行银行监督,保证专款专用;对合同的履行情况进行严格专项审计;对项目的运行效益进行科学的后评价。

（5）合同体系的复杂性

公路工程特别是高速公路等大型项目,建设过程中涉及的部门和单位很多,相关单位之间又存在错综复杂的协作关系。因此,公路工程合同往往形成了一个复杂的体系。

2）公路工程合同管理的方法

（1）健全法规,规范市场

市场经济是法治经济,也是信用经济。合同是联系法制和信用的重要纽带,法制和信用则是合同具有生命力的基础。因此,公路工程合同管理应首先建立、健全法律体系,特别是项目法人制、招投标制度,完善合同管理制度,维护法律法规的统一性、严肃性和程序性。其次,要规范公路建设市场,减少政府管制,增加透明度,加大违法惩处力度,促使公路建设市场全面实现从"无形到有形、隐蔽到公开、无序到有序"的转变,形成统一、开放、竞争、有序的市场。

（2）推行合同管理目标责任制,形成正向激励

将合同管理的预期结果和最终目标数字化和责任化,促使各级管理人员相互配合,协同一致,通过提高管理水平和效率来实现合同目标,从而获得合同利益。同时,有关监管部门还可以通过开展"重合同、守信用"等活动来激励履约、守约单位;通过建立合同信息管理系统,对不守信的单位采取公开曝光或列入"黑名单"等惩罚措施。

（3）借鉴国际通行做法,规范并推行合同示范文本制度

土木工程采用合同范本制度,是国际上通行的做法。目前已形成了很完善的运行规则和很成熟的国际惯例,如国际咨询工程师联合会(FIDIC)根据不同管理模式、不同项目条件出台的多个合同条件已广泛地为国际工程界所接受。我国公路建设领域结合中国实际情况出台了《公路工程标准施工招标文件》(2018 年版)、《公路工程标准勘察设计招标文件》(2018 年版)和《公路工程标准施工监理招标文件》(2018 年版)等。推行合同范本制度,有助于规范合同订立程序、内容,维护合同当事人的利益,对我国公路建设产生了积极的促进作用。但目前我国公路领域推行合同范本制度还不同程度地存在"重形式,轻实质"的现象。因此,我们必须进一步借鉴国际通行做法,规范合同范本,积极推行合同范本制度。

（4）建立合同管理机构,健全合同管理制度

公路工程合同的管理包括两个层次,即政府监管部门的宏观管理和合同主体的微观管理。政府监管部门应设立专门的合同管理机构,承担合同管理的服务和监督功能,行使登记、审查、审计等监管工作,维护市场秩序,保护合同当事人的合法权益。合同主体应通过建立合同管理机构、配置专业合同管理人员、健全合同管理制度来加强管理。

7.1.3　公路工程合同体系

公路工程(特别是大型项目)建设是一个很复杂的过程。首先,其建设程序复杂,从规划、可行性研究、勘察设计、概预算编制、招投标、工程施工、竣工验收、运行到后评价,往往要经历几年、十几年,甚至几十年;其次,公路工程涉及的项目类别繁多,有道路工程、桥隧工程、通涵工程、交通工程、机电工程、通信管网工程、建筑工程、景观工程等。一个公路工程的建设需要涉及许多不同行业的单位,投入许多不同专业的人力以及大量的资金设备。它们之间通过合同形成了不同的经济关系,从而形成了复杂的合同体系(图7.1)。其中,业主和承包人依法签订的施工合同是"核心合同";业主又处于合同体系中的"核心位置"。

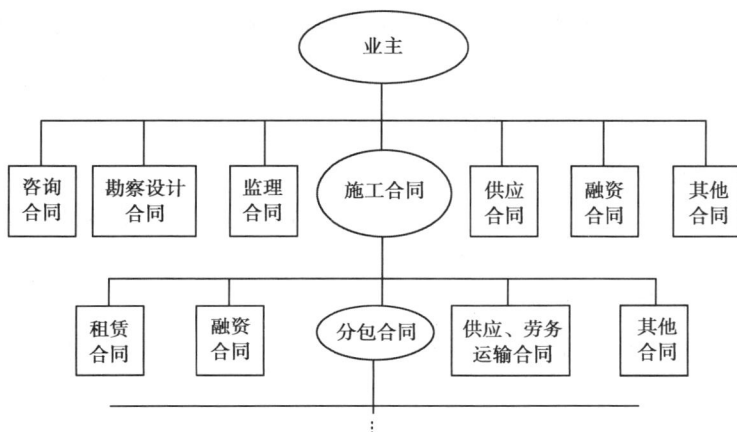

图7.1　公路工程合同体系

7.2　FIDIC 合同条件

7.2.1　FIDIC 及 FIDIC 合同条件简介

1) FIDIC 组织简介

FIDIC 是国际咨询工程师联合会法文名称(Ferderation Internationale Des Ingenieurs Conseils)的 5 个单词的第一个字母组合。该组织于 1913 年在英国成立,总部设在瑞士洛桑,以国家或地区为团体会员组成,发展到目前有 60 多个成员。我国于 1996 年加入该组织。

FIDIC 代表了世界上大多数咨询工程师,是国际最具权威的咨询工程师组织,并为世界银行所认可。多年以来,该组织编辑、发表了不少合同文件、条例和出版物,有的已成为国际上公认的土木工程执行法,如土木工程施工合同条件(国际通用),投标程序,施工、保险和法律,关于土木工程合同文件的注释,业主与咨询工程师标准服务协议书。

2) FIDIC 合同条件简介

国际咨询工程师联合会编制的《土木工程施工合同条件》即 FIDIC 合同条件,是由国际咨询工程师联合会和欧洲建筑工程国际联合会(FIEC),在英国土木工程师学会(ICE)的合同条件的基础上,于 1957 年制定并出版发行的。它包括两部分内容:第一部分是通用条件;第二部分是专用条件。FIDIC 合同条件于 1963 年和 1977 年分别修订为第二版和第三版,1987 年由会员团体选出的工程师所组成的委员会修订出版了第四版,而后于 1988 年发行了第四版的订正版。1999 年 9 月,FIDIC 根据多年来在实践中取得的经验以及专家、学者的建议与意见,在继承前四版优点的基础上进行重新编写,又出版了新的《土木工程施工合同条件》(第 5 版)。它总结了世界各国土木工程建设管理数十年的经验,科学地把土建工程技术、经济、法律有机地结合,并用合同的形式加以固定,详细地规定了承包人、业主的义务和权利以及监理工程师的职责和权限。FIDIC 合同条件经世界银行和世界其他金融机构推荐,已被大多数国家认可和采用。所以,它又是一份国际性的土木工程合同条件。

FIDIC 条款从广义上解释为:建设工程项目的实施是按照一套标准的招标文件,通过公开招标选择承包商,通过监理工程师的独立监理进行控制,按照业主与承包商之间签订的合同进行施工。

3)FIDIC 合同条件的特点和适用范围

(1)FIDIC 合同条件的特点

①合同文本标准化程度高。FIDIC 合同文本包括通用条件、专用条件和其他标准化文件。其中:通用条件不需修改;专用条件根据项目实际情况拟订,与通用条款编号保持一致;标准化格式的其他文件仅需在空格地方填上恰当内容即可。

②条款严密,逻辑性强。FIDIC 合同条件文字表述严谨,定义准确,不前后矛盾,条款之间逻辑性也很强。

③内容全面、具体,可操作性强。FIDIC 条款对工程施工过程中可能出现的各种问题均做出了全面而具体的论述,增强了合同的可操作性。

④风险分担公平合理,责、权、利、义明确。FIDIC 对施工过程中出现的风险应该由谁承担、怎样承担均做出了公平合理的划分,对合同各方的责、权、利、义也有详尽、具体和明确的界定。

⑤监理制度严格,监理工程师职权明确。FIDIC 合同条件对监理的定位、职权规定很严格,甚至连监理工程师的身份、姓名都要求写入合同。

(2)FIDIC 合同条件的适用范围

FIDIC 合同条件作为唯一的国际通用的合同条件被广泛应用。世界银行规定:凡是利用世界银行贷款兴建的工程项目,都必须采用国际性公开招标的方式,并必须采用 FIDIC 合同条件的第一部分通用条件;第二部分专用条件因涉及各国和工程项目的特点,可结合具体工程项目编写。FIDIC 合同条件一般适用于大型土木工程项目,如道路、桥梁、水利工程等。另外,它适用于新建工程项目,而不太适用于改建项目。

7.2.2　FIDIC 合同条件的内容构成及招投标程序

1)FIDIC 合同条件的内容构成

FIDIC 合同条件包括"通用条件"和"专用条件"。所谓"通用条件"的含义是,只要工程建设项目是属于土木工程类的施工,不论是工业与民用建筑,还是电力工程、公路工程、铁路工程,均可适用。"通用条件"的内容涉及工程项目施工阶段业主和承包商各方的权利和义务,工程师的权利和职责,各种可能预见到的事件发生后的责任界限,合同正常履行过程中各方应遵循的工作程序,以及因意外事件而使合同被迫中止时各方应遵循的工作准则等诸多方面。通用条件依据条款的属性与作用,可将其进行如下分类。

（1）一般性条款

一般性条款主要包括合同文件的组成、语言、优先次序等条款。

（2）法律性条款

法律性条款主要为有关劳工、税收、原产地、保险、争议解决等条款。

（3）商务性条款

商务性条款是指与承包工程的一切财务、财产所有权密切相关的条款。

（4）技术性条款

技术性条款是针对承包工程的施工质量要求、材料检验及施工监督、检验测量、验收等环节而设立的条款。

（5）权利与义务条款

权利与义务条款包括承包商、业主和监理工程师三者的权利和义务。

（6）违约与索赔条款

违约惩罚与索赔是 FIDIC 条款中一项重要内容,也是国际承包工程得以圆满实施的有效手段。采用工程承发包制实施工程的效果之所以明显优于其他方法,根本原因就在于按照这种制度使当事人各方责任明确,赏罚分明。

（7）附件和补充条款

FIDIC 条款还规定了作为招标文件的文件内容和格式,以及在各种具体合同中可能出现的补充条款。

专用条件是相对于通用条件而言的,即根据建设项目的专业特点以及项目所在地的政治、经济、法律、自然条件等地域特点,针对通用条件中条款的规定,相应补充、修订或取代其中的某些内容,或适当增补通用条件中没有规定的内容。

2）FIDIC 合同工程招标与投标程序

（1）准备招标文件

招标文件主要内容包括投标邀请书、投标人须知、合同通用条件、合同专用条件、合同格式、技术规范、图纸、投标书格式及其附件、投标担保书格式、工程量清单、补充资料表（或称投标书附表）、勘察资料等。

（2）投标单位资格审查

由于投标单位来自各方,为保证工程的正常进行,应对投标单位的资格进行审查。审查内容包括营业执照、企业资历等级证书、主要的施工经历、技术力量简况、施工机械装置简况、正在施工的承建项目、资金或财务状况。

（3）发送投标邀请书

招标单位在进行资格预审后,即可对合格的投标单位发送投标邀请书。它通常以信函形式发给各个投标单位,目的是向有能力的投标单位提供一些决定他们是否能够或者愿意参与投标的必要信息。投标邀请书的内容包括工程范围、资金来源、合同段划分、主要工程量、施工期限、到何处可取到更详细的资料、招标文件的费用、投标保证金的金额、现场考察及标前会议日期、投递标书的截止时间以及开标时间等。有时为了存档,也将投标邀请书列入招标文件中。

（4）发售招标文件

在对投标单位进行资格审查并发送招标邀请书后，招标单位即可发售招标文件。在领取招标文件前，投标单位代表要交验法人代表委托书，并交纳一定数量的招标文件工本费。

（5）组织现场考察

在投标单位领取招标文件并进行初步研究后，招标单位应组织投标单位进行现场考察，以便让投标单位取得有关编制投标书所必需的一切资料。

（6）组织标前会议，解答投标中提出的问题

投标单位在研究招标文件、进行现场考察后，会对招标文件中的一些地方提出质疑。因此，招标单位有必要组织标前会议，澄清投标单位的疑问。

（7）接收投标单位标书

投标时，投标单位将标书装入投标箱或直接递交给招标单位，要求标书必须蜡封，并在封口上签字盖章。投标后，招标单位应将盖有日期的收据交给投标单位，以证明是在规定的截标日期前投入的。

（8）开标

开标时间与截标期限十分接近，通常相差只有一两个小时。属于公开开标的项目，均由招标单位主持公开开标会议，投标单位可派出代表参加，有时还可邀请公证处参与监督。在开标会议上，应当众拆开所有的标书，宣读标价。对于在投标致函中已说明自动降低投标价格的一并宣布。标价宣读后，应填写在开标记录中。开标记录经公证员和招标单位领导审查后存档。对于有附加条件的投标，应在开标记录的备注中说明。开标过程中，还要检查投标单位提供的投标担保书。

（9）评标

评标由评标委员会负责。评标委员会由具有高级职称或同等专业水平的技术、经济等相关领域专家、招标人和招标机构代表等 5 人以上单数组成，其中技术、经济等方面专家人数不得少于成员总数的 2/3。

评标程序如图 7.2 所示。

图 7.2　评标程序框图

（10）定标

招标单位在评标工作结束后，将投标评比分析和授标建议提交给业主，由业主进行最后决策，决定中标单位，这个过程称为定标。定标的原则是接受合理的低标，即通常接受标价（评比标价）尽可能低，而且有充分理由说明这种低价是合理的，且技术、工期和财务方面都较理想的投标单位。在确定了中标单位后，即可向中标单位颁发"中标通知书"，说明其投标书已被业主接受。

（11）签订合同

业主在签发"中标通知书"的同时，将招标文件中规定的合同协议书格式填好，并寄给中标单位。中标单位在收到协议书后 28 天内，应以适当方式签字、盖章，并退还业主，由业主办理签

字、盖章手续。根据规定,中标单位还应在收到中标通知后的 28 天内,办理履约担保手续。

7.3　公路工程施工合同和合同管理

公路工程施工合同即承包合同是业主与承包商为完成约定的公路工程项目施工,确定双方权利和义务的协议。它是公路工程合同体系中的"核心合同"。因此,无论是订立的要求、程序和内容,都较其他公路工程合同更严格、规范和复杂。

7.3.1　公路工程施工合同订立与履行

1)订立的条件

①项目已列入公路建设年度计划;
②施工图设计文件已经完成并经审批同意;
③建设资金已经落实,并经交通主管部门审计;
④征地手续已办理,拆迁基本完成;
⑤监理单位已依法确定,招标项目的中标通知书已下达;
⑥已办理质量监督手续,已落实保证质量和安全的措施。

2)合同主体的资格要求

(1)业主的资格要求
①具备法人资格;
②具有与工程规模相适应的经济能力;
③具有相应的技术和管理能力、经济技术管理人员和相应机构;
④具备编制招标文件、编制标底、组织开标、评标的能力。
其中:①②项条件必须具备;③④项条件不具备的,应委托具有相应资格、能力的单位代理。
(2)承包商的资格要求
①具备有效的法人资格和法律法规规定的或业主要求达到的有效资质条件;
②具备按规定编制投标文件的能力(项目采用招标时);
③具备实施项目的技术、经济、管理能力及相应符合要求的人员;
④具备承担项目风险责任的能力;
⑤具有良好的信誉。

3)订立施工合同的程序和形式

(1)订立的程序
根据法律、法规的要求,公路工程施工合同的订立有直接发包和招标发包两种方式。采用直接发包的,至少要经过要约和承诺两个阶段;采用招标发包的,至少要经过要约邀请(招标)、要约(投标)和承诺(定标)3 个阶段。
(2)招标项目施工合同订立的特殊要求
采用招标方式的项目,施工合同应在中标通知书发出后 28 天内或招标文件约定的天数内依据招标文件、投标书等签订。签订时,承包商必须按要求提交履约担保。签订合同的承包商必须是依法中标的单位,合同价必须与中标价一致,不能修改招标文件和投标文件的实质性内容。如果中标单位不在规定时间内签订或拒绝签订合同,其中标无效并没收其投标保证金。

（3）合同订立的形式

公路工程施工合同属于双务、有偿和要式合同。因此,合同签订的形式必须是书面的。

4）公路工程施工合同的种类及特点

公路工程施工合同按计价方式的不同,可以分为总价合同、单价合同、成本加酬金合同等,每种合同都有各自的特点。

（1）总价合同

总价合同是指在约定的风险范围内承包总价不变的合同。

①总价合同的优点:合同文件简单,易于控制总价,易于计量,施工图必须详细、全面,业主管理难度小且成本低。

②总价合同的缺点:风险分担不合理,业主承担的风险小,承包商承担的风险大。

③适用范围:简单且工程量小、工期短、技术不复杂、风险不大、工期较紧、监理不到位的项目。

（2）单价合同

单价合同是指在约定的风险范围内承包单价不变的合同,是公路工程合同范本规定采用的合同类型。

①单价合同的优点:风险分担相对合理,有利于承包商提高工效。

②单价合同的缺点:计量复杂（需要双方认可的技术规范、计量规则）、管理难度大且成本高。

③适用范围:适用范围广,特别适用于业主管理完善、监理到位、工程不确定性较大的项目。

（3）成本加酬金合同

成本加酬金合同是指按施工实际制造成本加上商定的总管理费和利润进行最终结算的合同。

①成本加酬金合同的优点:合同签订周期短,承包商基本不承担风险。

②成本加酬金合同的缺点:承包商获利小,不利于调动承包商提高工效和降低成本的积极性,容易引发工程纠纷。

③适用范围:需要立即开工的（如自然灾害破坏的工程）、新型的、项目内容不明确的、风险很大的项目。

（4）其他合同类型

单价合同与总价合同相结合的混合式合同在公路工程中采用很普遍。例如,公路工程工程量清单项目大部分工程细目是单价项目,也有部分项目总价项目,还有不同加成方式的成本加酬金合同。

由于不同的合同类型风险不同,管理的模式也不同,因此合同类型的选择很重要,在签订合同时一定要慎重选择。

【例7.1】　某工程采用固定总价合同。在工程施工中,承包商与业主因设计变更影响产生争执。该项目双方最终认可的混凝土数量为 66 000 m^3。对此双方没有争执,但承包商坚持认为原合同工程量为 40 000 m^3,则增加了 26 000 m^3;而业主认为原合同工程量为 56 000 m^3,则只增加了 10 000 m³，相差 16 000 m³。双方对合同工程量差异产生的原因在于：承包商报价时业主仅给了初步设计文件，没有详细的截面尺寸。加之投标期限较短，承包商没有时间细算。于是承包商就按经验匡算了一下，估计为 40 000 m³。合同签订后，再根据详细施工图细算，混凝土量为 56 000 m³。当然作为固定总价合同，这个 16 000 m³ 的差额（即 56 000 m³-40 000 m³）最终就作为承包商的报价失误，由他自己承担。仅此一项承包商就损失近 600 万元。

5) 公路工程施工合同的履行

(1) 业主的合同履行

①严格按照施工合同的规定，履行业主应尽义务。业主履行合同是承包商履行合同的基础。因为业主的很多合同义务都是为承包商施工创造先决条件，如征地拆迁、"三杆迁移"、"三通一平"、原始测量数据、施工图纸等。

②按合同规定行使工期控制权、质量检验权、工程计量权、工程款支付权，确保工程目标的实现。

③按合同约定行使工程交工、竣工验收权和履行工程款支付、竣工结算义务。

(2) 承包商的合同履行

①想方设法全面履行施工合同中的各项义务。在施工过程中，承包商必须通过投入足够的资源，建立精干高效的组织机构和完善的制度体系（特别是质保和安检体系），采用先进、合理、经济的施工方案和技术，精心组织、科学管理，确保如期、保质、保量完成各项施工任务。

②通过合理的工程变更与索赔，维护自己的合法权益，实现预期经营目标和战略。

7.3.2　公路工程施工合同的管理

1) 业主的合同管理

(1) 做好招标文件的编制工作

公路工程项目目前大部分都采用招标制，因此，编制好招标文件十分重要。

①确定合同条件是采用（参照）标准文件还是自行编制，目前交通运输部要求达到规定标准的项目（二级及以上公路工程）应当使用《公路工程标准施工招标文件》（2018 年版）作为合同条件。

②合理确定重要合同条款，如付款条件和方式，价格调整的范围、方式和条件，合同风险分担的划分，有关激励和工程控制权的确定条款。

③资格审查的内容和方式。

④标底的确定和评定标方法的选择等。

(2) 全面履行合同义务，正确行使合同权利，确保工程目标的实现

在公路工程合同体系中，业主居于"核心位置"，处于"强势地位"。因此，业主要想顺利实现工程目标，自己必须全面履行合同义务，为承包商创造良好的施工条件和环境；同时，业主也要正确运用合同赋予的权利，维护自身的权益和制约承包商、监理的行为，保证工程目标的实现。

(3) 做好档案管理工作

公路工程的特点决定了公路工程档案资料的复杂性、多样性和重要性，因此必须做好档案

管理工作。

①建立档案管理制度和机构；

②制订标准格式，要求承包商和监理工程师按规定格式报送资料；

③及时整理、归档资料，按要求移交档案资料。

(4)利用项目管理软件进行合同管理

如利用工程项目集成管理系统等管理软件可以完成工程项目合同管理的各种任务。

2)承包商的合同管理

(1)认真编制投标文件

投标文件是合同文件的重要组成部分，也是投标人在施工阶段能否实现经营目标的重要基础。

①确定投标方式，如采用联合投标还是单独投标。

②确定投标策略。根据掌握的信息，利用"五因素分析法"或定量分析法进行认真、充分分析论证后决定是投保险标，还是投风险标；常规价格标，还是高价标或低价标。

③确定报价策略。在遵循投标报价"三原则"的前提下，根据具体评标办法采用相应的报价策略，特别注意不平衡报价技巧的灵活、适度运用。

④认真做好招标文件及合同条件的审查工作，全面、实质性响应招标文件。

(2)切实履行合同义务，有理、有利、有节地维护自身权益

公路工程施工合同是公路工程合同体系中的"核心合同"，对工程项目"五控"目标的实现至关重要。因此，承包商必须全面、适当履行合同义务，否则不仅不能实现预期目标，还有可能导致业主的反索赔，甚至被解除合同。承包商在履行合同义务时，也要注意采用恰当的方式维护自身的权益，如提出合理的工程变更要求、理直气壮地提出正当的索赔要求等。

(3)建立完整的合同管理制度

公路工程合同的复杂性和经济性决定了合同潜在的风险较大，为了规避、化解风险，承包商必须建立完整的合同管理制度，使施工合同的谈判、签订、履行等各环节实现科学化、规范化、程序化、模块化。具体来讲，应建立和完善如下合同管理制度：

①合同管理相关部门的部门职责和工作岗位制度；

②合同管理的授权和内部会签制度；

③合同审查批准制度；

④印鉴及证书管理使用制度；

⑤合同管理绩效考核制度；

⑥合同档案管理制度。

(4)利用合同管理软件进行合同管理

如利用施工企业集成管理系统等管理软件进行合同管理，能够轻松完成合同基本信息的维护、合同执行过程的监管、计量与支付管理、工程变更与索赔管理、生成合同台账、分包商的管理、合同查询及档案管理等合同管理任务。

7.3.3　公路工程施工合同管理存在的主要问题

1）业主合同管理存在的主要问题

（1）没有形成真正的项目法人责任制，项目法人的主体资格不完善

在公路工程建设中，尽管交通运输部出台了规范项目法人责任制的部门规章，但目前我国很多地方项目法人责任制还很不健全，项目法人的责、权、利落实不了，政府行政干预很普遍。

（2）合同签订程序流于形式

尽管目前我国公路工程招投标制度是土木工程领域比较完善的制度，但作为公路工程合同形成的招投标过程仍然在许多方面流于形式，特别是在评定标阶段。如投标人报价和技术标的评审，对投标人商务资料的实质性、逻辑性、全方位审查不够彻底；审查时，相关部门的联动机制没有真正形成，如工商、税务、建设、银行等信息没有综合利用起来评价投标人。评标方法的选择科学性不强，有种为了形式上的公平不及其余的倾向，如目前很多地方在招标时采用抽签定标法确定中标候选人，尽管形式上的公平性强，但却失去了招投标的经济意义。

（3）合同履行过程中合同意识不强

①自身角色定位不准。按照《合同法》的规定，业主和承包商是平等的民事主体，但业主往往习惯于把平等关系视为管理与被管理的关系，习惯用行政手段管理项目。

②不能正确地对待工程索赔。索赔是工程建设中的正常现象。可以说，没有索赔，就没有真正的合同管理，但业主往往把索赔视为负面事件而不能正确地对待。

③合同管理的基础工作不健全，如工程台账不健全，工程计量不严谨，工程支付不规范，甚至超计量支付的现象时有发生等。

2）承包商合同管理存在的主要问题

（1）投标决策和投标报价不慎重

①投标报价不分析和研究合同，仅根据图纸预算或工程量清单报价，而不是根据认真研究过的技术规范、计量规则、图纸、完整准确的现场调查资料、先进可行又经济实用的施工组织设计进行报价计算。

②没有对合同作全面的研究，没有对合同风险、责任、义务进行认真评估并采取对策。

（2）没有树立合同意识

①在工程施工前只有图纸交底，而没有合同交底工作。

②将合同视为摆设，工程施工中根本不看合同文件，只按图施工，而不是按合同施工。

③没有全面研究合同文件，国内外先进的合同管理和索赔方法、措施、手段和经验。事实上，工程合同管理在国际上有一套成熟的方法和程序，承包商可以从研究 FIDIC 合同条件、研究国际工程承包商的合同管理方法与程序、研究国际工程合同与索赔案例 3 个方面入手，对国际惯例进行系统剖析，结合自身合同管理的实践，不断总结经验，吸取教训，达到逐步完善自己合同管理的目的。

（3）不重视培养合同管理和索赔专家

合同管理和索赔是专业性、技术性强的复杂劳动，又是涉及全局的管理工作。要提高工程项目经营效益，就必须有一批掌握合同管理和索赔技能的专家。但目前我国公路施工企业在这

方面做得很不够,不仅合同管理和索赔的专家没有培养或引进来,甚至连项目主要管理人员、计量和工程技术人员都不太了解和熟悉合同文件。

7.4　公路工程施工合同条款

7.4.1　《公路工程标准施工招标文件》(2018 年版)合同条款概述

《公路工程标准施工招标文件》(2018 年版)的合同条款包括通用合同条款和专用合同条款。通用合同条款和专用合同条款是互为补充,互为完善的有机整体。没有通用合同条款,合同文件就难以规范;没有专用合同条款,合同文件就难以具体。

1)通用合同条款

通用合同条款采用我国九部委联合制定的《标准施工招标文件》中"通用合同条款"的内容。

2)专用合同条款

专用合同条款包括"公路工程专用合同条款"和"项目专用合同条款"两个层次。

"公路工程专用合同条款"是《公路工程标准施工招标文件》(2018 年版)依据《标准施工招标文件》,结合公路工程招投标特点,补充公路工程行业内容后构成的专用合同条款,是对通用条款的补充和细化。

"项目专用合同条款"是招标人在编制项目招标文件时,根据招标项目的具体特点和实际需要,对"通用合同条款"及"公路工程专用合同条款"进行补充、细化。除"通用合同条款"明确"专用合同条款"可作出不同约定外,补充和细化的内容不得与"通用合同条款"及"公路工程专用合同条款"强制性规定相抵触。

在具体项目招标过程中,招标人根据项目实际情况编制的项目专用合同条款与《公路工程标准施工招标文件》(2018 年版)共同使用,但不得违反九部委《标准施工招标文件》的规定。

3)合同文件的组成

公路工程合同文件由下列文件组成,它们互相解释、互为说明,构成了一个整体。除专用合同条款另有说明外,当彼此出现矛盾时,解释合同文件的优先顺序如下:

①合同协议书及各种附件(含评标期间和合同谈判过程中的澄清文件和补充资料);

②中标通知书;

③投标函及投标函附录;

④项目专用合同条款;

⑤公路工程专用合同条款;

⑥通用合同条款;

⑦工程量清单计量规则;

⑧技术规范;

⑨图纸;

⑩已标价工程量清单;

⑪承包人有关人员、设备投入的承诺及投标文件中的施工组织设计;

⑫其他合同文件。

上述合同文件的解释顺序相当重要,不使彼此出现相互矛盾是业主、监理、承包商合同管理的重要内容之一,否则就可能引发索赔。

【例 7.2】　某承包商施工的某隧道工程,合同工程量清单隧道 C25 防水混凝土单价为每立方米 273 元,没有指明抗渗标号。该高速公路技术规范规定温暖地区隧道,防水混凝土抗渗标号不高于 S4。后来业主要求项目经理部将隧道抗渗标号变更为 S8,抗渗等级提高了,也就是技术标准和要求变了。该承包商根据合同解释的优先顺序——技术规范优先于已标价的工程量清单,要求业主要求调整 C25 防水混凝土单价。由于公路工程专用合同条款 1.4 款中有明确规定,业主最终同意调整了单价。

7.4.2　《公路工程标准施工招标文件》(2018 年版)合同条款的主要内容

《公路工程标准施工招标文件》(2018 年版)合同条款内容由通用合同条款和公路工程专用合同条款共同构成。通用合同条款共 24 条 131 款;公路工程专用合同条款 73 款,其中对通用合同条款中各项细化补充或约定的共 65 款,对通用合同条款完全补充的共 8 款。根据条款的作用与属性,共分为以下 8 组。

1)合同主要用语定义和一般性约定

第一组包括《公路工程标准施工招标文件》(2018 年版)通用合同条款第 1 条"一般约定"。其中第 1.1 款"词语定义"是为准确理解本合同条款,对合同中使用的主要用语和常用语予以专门定义;第 1.2—1.12 款为有关合同文件的通用性解释和一般性说明。

2)合同双方的责任、权利和义务

第二组包括《公路工程标准施工招标文件》(2018 年版)通用合同条款第 2 条"发包人义务"、第 3 条"监理人"、第 4 条"承包人"。

从广义上说,通用合同条款的全部 24 条都是约定合同双方的责任、权利和义务。第二组第 2—4 条为合同条款编制框架需要表述的第一层次条款内容,其目的是列出合同双方总体的合同责任及其相应的权利和义务。

3)合同双方的施工资源投入

第三组包括《公路工程标准施工招标文件》(2018 年版)通用合同条款第 5 条"材料和工程设备"、第 6 条"施工设备和临时设施"、第 7 条"交通运输"、第 8 条"测量放线"、第 9 条"施工安全、治安保卫和环境保护"。列出双方投入施工资源的责任及其具体操作内容。

4)工程进度控制

第四组包括《公路工程标准施工招标文件》(2018 年版)通用合同条款第 10 条"进度计划"、第 11 条"开工和竣工"、第 12 条"暂停施工"。列出双方对工程进度控制的责任及其具体操作内容,对公路工程开工与延误作出了如下规定:

(1)开工

承包人应按专用合同条款约定的内容和期限,编制详细的施工进度计划和施工方案说明报送监理人。监理人应在开工日期 7 天前向承包人发出开工通知。监理人在发出开工通知前应获得发包人同意。工期自监理人发出的开工通知中载明的开工日期起计算。承包人应在开工日期后尽快施工。

（2）发包人的工期延误

在履行合同过程中，由于发包人的下列原因造成工期延误的，承包人有权要求发包人延长工期和（或）增加费用，并支付合理利润。需要修订合同进度计划的，按照《公路工程标准施工招标文件》（2018年版）第三章第10.2款的约定办理。

①增加合同工作内容；

②改变合同中任何一项工作的质量要求或其他特性；

③发包人迟延提供材料、工程设备或变更交货地点的；

④因发包人原因导致的暂停施工；

⑤提供图纸延误；

⑥未按合同约定及时支付预付款、进度款；

⑦发包人造成工期延误的其他原因。

（3）异常恶劣的气候条件

由于出现专用合同条款规定的异常恶劣气候的条件导致工期延误的，承包人有权要求发包人延长工期。

【例7.3】 某高速公路某合同段按照经批准的施工组织设计中的进度计划进行路基挖、填施工过程中，由于在路基施工期中（××年9月至次年4月，共9个月）雨季期的天数远远超过正常雨季期的天数（超过天数达45天，经调查属70年难遇），符合该项目合同专用条件中规定的异常恶劣的气候条件的范畴。在雨季期中，承包人除在工地例会上表达了受雨季影响，路基施工难以完成进度计划会影响到整个工程的交工，要求延期外，并向监理工程师报送了书面报告，表达了要求延期的意向。雨季结束后，承包人根据该恶劣气候对实际施工的影响向监理工程师报送了正式的索赔报告，向业主索赔工期105天。

监理工程师根据承包商提供的索赔证据并经核查同期记录，认为该事件符合合同通用条款规定，承包商索赔成立，然后对详细计算进行了审查，并查实了该时段内每月承包人实际作业时间（按施工日志、监理日志核定）与往年该时段内相应月份的有效作业时间（通过调查统计得出），通过计算两者的差额，核定承包商工期索赔38天。

本案例的关键是确定如下事项：

①查实承包商所报工期索赔计算书中数据资料月平均下雨天数、月实际下雨天数、实际下雨超过月平均的天数与实际气候状况是否基本吻合。

②路基挖、填施工季节是否符合公路工程专用合同条款11.4款对异常恶劣的气候条件的界定；按施工计划，其异常恶劣的气候条件对路基挖、填施工进度会造成严重不利影响的情况属实；符合通用合同条款11.4款关于延期的规定。

③延期的天数核定。除要考虑下雨的月数、天数外，还要考虑下雨的次数、往年该月份的有效作业时间、本年该月份的实际作业时间，并应考虑其是否处于（网络）进度计划的关键线路上，以及在总工期内的气候情况（今后是否可能出现有利于施工的气候条件）等。

（4）承包人的工期延误

由于承包人原因，未能按合同进度计划完成工作，或监理人认为承包人施工进度不能满足合同工期要求的,承包人应采取措施加快进度,并承担加快进度所增加的费用。由于承包人原因造成工期延误,承包人应支付逾期竣工违约金。逾期竣工违约金的计算方法在专用合同条款中约定。承包人支付逾期竣工违约金,不免除承包人完成工程及修补缺陷的义务。

5)工程质量控制

第五组包括《公路工程标准施工招标文件》(2018 年版)通用合同条款第 13 条"工程质量"、第 14 条"试验和检验"。列出双方对工程质量控制的责任及其具体操作内容。

通用合同条款 13.5 款规定,没有监理工程师的批准,任何工程均不得覆盖或掩蔽。在工程覆盖或掩蔽前,承包人应保证监理工程师有充足的机会进行检查或量测,监理工程师的此项工作应在规定时间内完成,否则承包人有权自行进行检测。如果监理工程师对承包人已按规定覆盖或掩蔽的工程进行剥开或开孔检测时,若被检工程合格,则由发包人承担由此增加的费用和(或)工期延误,并支付承包人合理利润;经检验证明工程质量不符合合同要求的,由此增加的费用和(或)工期延误由承包人承担。

6)工程投资控制

第六组包括《公路工程标准施工招标文件》(2018 年版)通用合同条款第 15 条"变更"、第 16 条"价格调整"、第 17 条"计量和支付"。列出双方对工程投资控制的责任及其具体操作内容。

除专用合同条款另有约定外,因变更引起的价格调整按照本款约定处理。

①已标价工程量清单中有适用于变更工作的子目的,采用该子目的单价。

②已标价工程量清单中无适用于变更工作的子目,但有类似子目的,可在合理范围内参照类似子目的单价,由监理人按第 3.5 款商定或确定变更工作的单价。

③已标价工程量清单中无适用或类似子目的单价,可按照成本加利润的原则,由监理人按第 3.5 款商定或确定变更工作的单价。

7)验收和保修

第七组包括《公路工程标准施工招标文件》(2018 年版)通用合同条款第 18 条"竣工验收"和第 19 条"缺陷责任与保修责任"。列出双方对工程竣工验收、缺陷修复、保修责任及其具体操作内容。

第三—七组为合同条款编制框架需要表述的第二层次条款内容,列出合同双方在工程建设过程中为完成合同约定的实物目标,需要各自履行的具体工作责任及相应的权利和义务。

8)工程风险、违约和索赔

第八组包括《公路工程标准施工招标文件》(2018 年版)通用合同条款第 20 条"保险"、第 21 条"不可抗力"、第 22 条"违约"、第 23 条"索赔"、第 24 条"争议的解决"。为合同条款编制框架需要表述的第三层次条款内容,设置本组第 20—24 条的目的是保障上述第二层次条款的实物操作内容得以公正、公平地顺利执行,保障工程的圆满完成。这一组条款应与国家的合同法及相关的法律法规衔接好,以充分体现本合同执法的公正性。

(1)合同纠纷解决程序(图 7.3)

从图 7.3 可以得到如下启示:

①合同纠纷的解决应遵从监理工程师裁定→友好协商或上级调解→仲裁→诉讼(仲裁无

效时)的程序进行。

②对于工程纠纷,其解决应当坚持"协商为主、调解优先"的原则,否则就会陷入旷日持久的仲裁或诉讼"马拉松",劳民伤财。

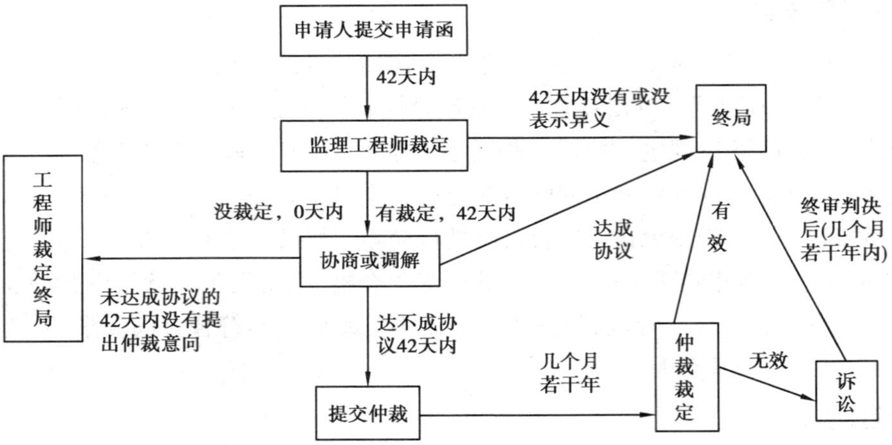

图7.3 合同纠纷解决程序

③要特别注意时效性,因为一旦超过时限,往往就不能进入下一个纠纷解决程序。

(2)不可抗力

不可抗力是指承包人和发包人在订立合同时不可预见,在工程施工过程中不可避免发生并不能克服的自然灾害和社会性突发事件,如地震、海啸、瘟疫、水灾、骚乱、暴动、战争和专用合同条款约定的其他情形。

(3)承包人违约

在履行合同过程中发生的下列情形,属承包人违约:

①承包人违反第1.8款或第4.3款的约定,私自将合同的全部或部分权利转让给其他人,或私自将合同的全部或部分义务转移给其他人;

②承包人违反第5.3款或第6.4款的约定,未经监理人批准,私自将已按合同约定进入施工场地的施工设备、临时设施或材料撤离施工场地;

③承包人违反第5.4款的约定使用了不合格材料或工程设备,工程质量达不到标准要求,又拒绝清除不合格工程;

④承包人未能按合同进度计划及时完成合同约定的工作,已造成或预期造成工期延误;

⑤承包人在缺陷责任期内,未能对工程接收证书所列的缺陷清单的内容或缺陷责任期内发生的缺陷进行修复,而又拒绝按监理人指示再进行修补;

⑥承包人无法继续履行或明确表示不履行或实质上已停止履行合同;

⑦承包人不按合同约定履行义务的其他情况。

(4)发包人违约

在履行合同过程中发生的下列情形属发包人违约:

①发包人未能按合同约定支付预付款或合同价款,或拖延、拒绝批准付款申请和支付凭证,导致付款延误的;

②发包人原因造成停工的;

③监理人无正当理由没有在约定期限内发出复工指示,导致承包人无法复工的;

④发包人无法继续履行或明确表示不履行或实质上已停止履行合同的;

⑤发包人不履行合同约定其他义务的。

【例 7.4】　某高速公路某合同段在 K210+300—K210+700 路基高切坡施工中发生大滑坡(近 20 000 m³),导致已开挖的路基被掩埋,土石方机械十余台被毁,幸无人员伤亡。由于设计图纸没有指明该路段山体存在滑移带,可能存在滑坡,设计图中也没有关于滑坡的处理措施,承包人在路基高切坡施工中,发生滑坡前也没有发现能够合理预见的征兆。

大滑坡发生后,承包人按照工地例会和监理工程师的指示对边坡进行了处理,对土石方进行了清除。在工地例会上。承包人曾经提出保留要求补偿费用和延期的权利,并根据合同条款23.1 款向监理工程师报送了索赔意向书。该路段路基施工完成后,承包人向监理工程师报送了正式的索赔报告,提出了费用索赔 1 778 980 元和工期索赔 10 天。其中费用索赔包括土石方清、运费 361 783 元(按合同土石方单价计),已成型路基整修费 48 960 元,机械设备及小型机具损失 1 368 237 元。

监理工程师根据承包商提供的索赔证据并经核查同期记录,认为该事件符合通用合同条款21.1.1 款的规定,承包商索赔成立,然后对详细计算进行了审查。核定如下:

①由于合同单价包含开挖、装卸运、整平、管理费、利税等全部费用,因此,索赔事件中的土石方清、运费项目的计算单价不能采用合同单价,应按废土弃运处理,只计算装运卸及弃土场处理费用。综合考虑,核定该项目补偿额为 178 912 元。

②已成型路基整修费核定为 48 960 元。

③根据通用合同条款 21.3.1 款第 2 条的规定“承包人设备的损坏由承包人承担”,业主不应赔偿承包商的机具损坏费用,因此,核定机械设备及小型机具损失的补偿额为 0 元。

④根据经批准的施工组织总进度计划,结合已完工程和未完工程重新绘制的网络进度图(最新)。经分析计算有关时间参数,该索赔事件影响的路段已不在关键路线上,因此,核定工期补偿为 0 天。

综合以上分析,核定该索赔事件的费用补偿为 227 872 元,工期不补偿。

7.4.3　项目专用合同条款的编制

1)《公路工程标准施工招标文件》(2018 年版)使用说明

①招标人根据《公路工程标准施工招标文件》(2018 年版)编制项目招标文件时,不得修改“投标人须知”和“评标办法”正文,但可在前附表中对“投标人须知”和“评标办法”进行补充、细化,补充和细化的内容不得与“投标人须知”和“评标办法”正文内容相抵触。

②招标人在根据《公路工程标准施工招标文件》(2018 年版)编制项目招标文件中的“项目专用合同条款”时,可根据招标项目的具体特点和实际需要,对“通用合同条款”及“公路工程专用合同条款”进行补充、细化,除“通用合同条款”明确“专用合同条款”可作出不同约定以及“公路工程专用合同条款”明确“项目专用合同条款”可作出不同约定外,补充和细化的内容不得与“通用合同条款”及“公路工程专用合同条款”强制性规定相抵触。同时,补充、细化或约定的不同内容,不得违反法律、行政法规的强制性规定和平等、自愿、公平和诚实信用原则。

③《公路工程标准施工招标文件》(2018 年版)第三章"评标办法"分别规定合理低价法、技术评分最低标价法、综合评分法和经评审的最低投标价法 4 种评标方法,供招标人根据招标项目具体特点和实际需要选择适用。第三章"评标办法"前附表列明全部评审因素和评审标准,并在本章(前附表及正文)标明投标人不满足其要求即导致否则其投标的全部条款。招标人选择适用综合评估法的,在满足交通运输部相关规定的前提下,由招标人应根据项目具体情况确定各评分因素及评分因素权重分值。

④第五章"工程量清单"由招标人根据《公路工程标准施工招标文件》(2018 年版)、招标项目具体特点和实际需要编制,并与"投标人须知""通用合同条款""专用合同条款""技术规范""图纸"相衔接。第五章所附表格可根据有关规定作相应的调整和补充。

⑤第七章"技术规范"由招标人根据《公路工程标准施工招标文件》(2018 年版)、招标项目具体特点和实际需要编制。"技术规范"中的各项技术标准应符合国家强制性标准,不得要求或标明某一特定的专利、商标、名称、设计、原产地或生产供应者,不得含有倾向或者排斥潜在投标人的其他内容。如果必须引用某一生产供应者的技术标准才能准确或清楚地说明拟招标项目的技术标准时,则应当在参照后面加上"或相当于"字样。

2) 项目专用合同条款编制的形式和内容

①项目专用合同条款的编号应与通用合同条款和公路工程专用合同条款一致。

②项目专用合同条款可对下列内容进行补充和细化:

a."通用合同条款"中明确指出"专用合同条款"可对"通用合同条款"进行修改的内容(在"通用合同条款"中用"应按合同约定""应按专用合同条款约定""除合同另有约定外""除专用合同条款另有约定外""在专用合同条款中约定"等多种文字形式表述)。

b."公路工程专用合同条款"中明确指出"项目专用合同条款"可对"公路工程专用合同条款"进行修改的内容(在"公路工程专用合同条款"中用"除项目专用合同条款另有约定外",项目专用合同条款可能约定的"项目专用合同条款约定的其他情形"等多种文字形式表述)。

c.其他需要补充、细化的内容。

③项目专用合同条款包括"数据表"和"条款"两种形式。

a.数据表是项目专用合同条款中适用于本项目的信息和数据的归纳与提示,是项目专用合同条款的组成部分。其主要内容与形式如表 7.1 所示。

表 7.1　项目专用合同条款数据表

序号	条目号	信息或数据
1	1.1.2.2	发 包 人: 地　　址: 邮政编码:
2	1.1.2.6	监 理 人: 地　　址: 邮政编码:
3	1.1.4.5	缺陷责任期:自实际交工日期起计算＿＿＿＿年①

①缺陷责任期一般应为自实际交工日期起计算 1 年,最长不超过 2 年。

续表

序号	条目号	信息或数据
4	1.6.3	图纸需要修改和补充的,应由监理人取得发包人同意后,在该项工程或工程相应部位施工前_____天签发图纸修改图给承包人
5	3.1.1	监理人在行使下列权利前需要经发包人事先批准: (6)根据第 15.3 款发出的变更指示,其单项工程变更涉及的金额超过了该单项工程签约时合同价的_____%或累计变更超过了签约合同价的_____%
6	5.2.1	发包人是否提供材料或工程设备:是或否 如发包人负责提供部分材料或工程设备,相关规定如下:_____
7	6.2	发包人是否提供施工设备和临时设施:是或否 如发包人负责提供部分施工设备和临时设施,相关规定如下:_____
8	8.1.1	发包人提供测量基准点、基准线和水准点及其书面资料的期限:_____ 承包人将施工控制网资料报送监理人审批的期限:_____
9	11.5(3)	逾期交工违约金:_____元/天
10	11.5(3)	逾期交工违约金限额:_____%签约合同价①
11	11.6	提前交工的奖金:_____元/天
12	11.6	提前交工的奖金限额:_____%签约合同价
13	15.2.2	承包人提出的合理化建议降低了合同价格或者提高了工程经济效益的,发包人按所节约成本的_____%或增加收益的_____%给予奖励
14	16.1	□因物价波动引起的价格调整按照第 16.1.1 或 16.1.2 项约定的原则处理。若按第 16.1.1 项的约定采用价格调整公式进行调价,每半年或一年按价格调整公式进行一次调整 □合同期内不调价②
15	17.2.1(1)	开工预付款金额:_____%签约合同价③
16	17.2.1(2)	材料、设备预付款比例:_____等主要材料、设备单据所列费用的_____%④
17	17.3.2	承包人在每个付款周期末向监理人提交进度付款申请单的份数:_____份
18	17.3.3(1)	进度付款证书最低限额的_____%签约合同价或_____万元⑤
19	17.3.3(2)	逾期付款违约金的利率:_____‰/天⑥

①逾期交工违约金限额一般应为 10%签约合同价。

②对于工程规模不大、工期较短的工程(如工期不超过 12 个月的),可以不进行调价。

③开工预付款金额一般应为 10%签约合同价。

④指主要材料,一般应为 70% ~75% ,最低不少于 60% 。

⑤国际上一般按月平均支付额的 0.3 ~0.5 倍计算,我国可按 0.2 ~0.3 计算,以利于承包人资金周转。

⑥相当于中国人民银行短期贷款利率加手续费。招标人不能自行取消本项内容或降低利率。

续表

序号	条目号	信息或数据
20	17.4.1	质量保证金金额：_____％合同价格①，若交工验收时承包人具备被招标项目所在地省级交通运输主管部门评定的最高信用等级，发包人给予_____％合同价格质量保证金的优惠② 质量保证金是否计付利息： □是，利息的计算方式：_____ □否
21	17.5.1(1)	承包人向监理人提交交工付款申请单（包括相关证明材料）的份数：_____份
22	17.6.1(1)	承包人向监理人提交最终结清申请单（包括相关证明材料）的份数：_____份
23	18.2(2)	竣工资料的份数：_____份
24	18.5.1	单位工程或工程设备是否需投入施工期运行：是或否 如单位工程或工程设备需要进行施工期运行，需要施工期运行的单位工程或工程设备规定如下：_____
25	18.6.1	本工程及工程设备是否进行试运行：是或否 如本工程及工程设备需要进行试运行，试运行的具体规定如下：_____
26	19.7(1)	保修期：自实际交工日期起计算_____年③
27	20.1	建筑工程一切险的保险费率：_____‰
28	20.4.2	第三者责任险的最低投保金额：_____万元，事故次数不限（不计免赔额） 保险费率：_____‰
29	24.1	争议的最终解决方式：仲裁或诉讼 如采用仲裁，仲裁委员会名称：_____

b. 对"公路工程专用合同条款"中规定必须在项目专用合同条款中明确的内容以集中"条款"形式出现，如以下所列。

4.1 承包人的一般义务

4.1.10 其他义务

(4)承包人应履行的其他义务：_____

4.11 不利物质条件

4.11.1 不利物质条件的范围：_____

10.1 合同进度计划

承包人编制施工方案的内容：_____

---

①质量保证金最高不超过合同价格的3%。

②若交工验收时承包人具备被招标项目所在地省级交通运输主管部门评定的最高信用等级，发包人可在质量保证金方面给予一定的优惠奖励。例如，发包人可给予承包人2%合同价格质量保证金的优惠，具体优惠幅度由发包人自行确定。

③保修期一般应为自实际交工日期起计算5年。

11.4 异常恶劣的气候条件

异常恶劣的气候条件的范围：＿＿＿＿＿＿＿＿＿＿＿＿＿

12.1 承包人暂停施工的责任

12.1(6)由承包人承担的其他暂停施工：＿＿＿＿＿＿＿＿＿

17.1 计量

17.1.5 本项目工程量清单中总额价子目的支付原则和支付进度：＿＿＿＿＿＿

17.3 工程进度付款

17.3.5 农民工工资保证金的缴存时间：＿＿＿＿＿＿＿＿＿＿

农民工工资保证金的缴存金额：＿＿＿＿＿＿＿＿＿＿＿＿

农民工工资保证金的扣留条件：＿＿＿＿＿＿＿＿＿＿＿＿

农民工工资保证金的返还时间：＿＿＿＿＿＿＿＿＿＿＿＿

21.1 不可抗力的确认

21.1.1(6)不可抗力的其他情形：＿＿＿＿＿＿＿＿＿＿＿＿

22.1 承包人违约

22.1.2 当承包人发生第 22.1.1 项约定的违约情况时，发包人有权向承包人课以违约金，具体约定如下：＿＿＿＿＿＿＿＿＿＿＿＿＿＿

22.2 发包人违约

22.2.2 发包人无正当理由不按时返还履约保证金、质量保证金或农民工工资保证金的，发包人应向承包人支付的违约金如下：＿＿＿＿＿＿＿＿＿＿＿＿＿＿

……

7.5　公路工程建设的其他合同和合同管理

公路工程建设是复杂的系统工程，涉及的关联方很多，它们以合同为纽带形成了复杂的经济关系。公路工程建设中的其他合同有勘察合同、设计合同、监理合同、买卖合同(材料、设备、办公生活用品等采购)、运输合同、分包合同、融资合同、租赁合同、保险合同等。认真做好这些合同管理，是项目施工顺利进行的基础和前提。

7.5.1　公路工程勘察设计合同和合同管理

1)公路勘察设计合同的订立

(1)公路勘察设计合同的订立合同当事人

公路工程勘察设计合同的当事人指发包人和(或)设计人。其中，设计人必须具有法人资格和相应勘察设计资质，具有相应的经济、技术、勘察设计能力，拥有相应的管理人员和具有执业资格的技术人员。

(2)公路工程勘察设计合同订立的程序和形式

①程序。公路工程勘察设计订立一般要经过要约邀请(招标)→要约(投标)→承诺(定标、签订合同)。

②形式。公路勘察设计合同订立的形式必须采用书面形式，并参照交通运输部《公路工程

标准勘察设计招标文件》(2018 年版)签订。

2) 公路工程勘察设计合同的履行

（1）发包人的义务

发包人的义务是指业主负责提供资料的内容、标准和期限，以及应承担的工作和服务项目。主要包括以下内容：

①按法律规定合理确定设计工作量和设计期限，按合同约定确定设计费用并按规定及时支付。

②发包人按合同约定数量和期限向设计人提供设计所需的各种文件，包括基础资料、勘察设计任务书等。

③发包人应严格履行基本建设程序，根据本工程的具体情况和技术要求，确定合理的勘察设计工作量及合理的勘察设计服务期限。

④按合同约定及相关法律法规使用设计成果。

（2）设计人的义务

设计人的义务主要是按合同约定保质、保量、按时完成勘察设计工作，交付设计成果，并对合同工程勘察设计质量承担设计使用年限内的终身责任。

（3）违约责任

如果在合同履行过程中，一方违约给另一方造成损害，违约方应当承担赔偿责任。公路工程承担违约责任的方式由双方在合同条件中约定或参照《公路工程标准勘察设计招标文件》(2018 年版)。

3) 公路工程勘察设计合同的管理

（1）业主对勘察设计合同的管理

①严格按照基本建设程序和《公路工程勘察设计招标投标管理办法》(2018 年版)规定的程序确定勘察设计单位，按照《公路工程标准勘察设计招标文件》(2018 年版)等规定的内容签订勘察设计合同；

②及时向设计方提供资料和工作便利；

③按照合同约定监督设计方履约情况，审查设计方案和成果；

④按合同约定支付设计费用。

（2）设计方对勘察设计合同的管理

①建立合同管理机构，健全合同管理制度；

②加强过程控制，防止违约事件的发生；

③不断提高设计能力、质量和效率；

④加强人员培训，提高合同管理水平。

（3）国家有关机构对工程勘察设计合同的监督

国家交通行政主管部门对公路工程勘察设计合同的监督主要包括合同订立前批准设计任务书和合同签订后的备案制。

4）公路工程勘察设计合同文件简述

（1）公路工程勘察设计合同文件的主要内容

采用招标方式的公路工程勘察设计合同文件的主要内容包括：

①合同书及各种合同附件（含评标期间和合同谈判过程中的澄清文件和补充资料，设计人提交的经发包人审核通过的勘察设计详细工作大纲及进度计划、专题研究详细工作大纲等）；

②中标通知书；

③投标函；

④勘察设计合同专用条款；

⑤勘察设计合同通用条款；

⑥发包人要求；

⑦勘察设计费用清单；

⑧设计人有关人员投入的承诺；

⑨其他合同文件。

上述组成合同的各项文件应互为解释、互为说明，除专用合同条款另有约定外，解释合同文件以上述所列优先顺序为准。

合同当事人针对各类合同文件所作出的补充和修改亦属于合同文件的组成部分，属于同一类内容的文件，应以最新签署的为准。

（2）公路勘察设计合同主要条款

交通运输部颁布的《公路工程标准勘察设计招标文件》（2018 年版）的合同条款包括通用合同条款和专用合同条款。

①通用合同条款是根据我国现行法律、法规，结合公路工程勘察设计具体情况和实践经验而制定的，使用时不允许直接增删、修改，必须通过专用合同条款的形式使其具体化。通用合同条款共 15 条，包括一般约定、发包人义务、发包人管理、设计人义务、勘察设计要求、开始勘察设计和完成勘察设计、暂停勘察设计、勘察设计文件、勘察设计责任与保险、招标和施工期间配合、合同变更、合同价格与支付、不可抗力、违约、争议的解决。

②项目招标文件中专用合同条款由招标人根据《公路工程标准勘察设计招标文件》（2018年版）编制。招标人可根据招标项目的具体特点和实际需要，对"通用合同条款"进行补充、细化。在"专用合同条款"中补充或细化的内容，不得违反法律、行政法规的强制性规定及平等、自愿、公平和诚实信用原则，专用合同条款的编号应与通用合同条款一致。

7.5.2　公路工程监理合同和合同管理

1）公路工程监理合同订立与履行

（1）公路工程监理合同的特点

国际土木工程实行监理制是一种非常普及的方法，形成了很完善的合同条件。我国在引进 FIDIC 条款实行公路建设项目管理后，逐步参照国际通行做法实行了工程项目监理制度，并形成了具有中国特色的监理合同条件。其主要特点为：

①制定了一套规范性管理办法。为推行公路工程项目监理制度，我国交通运输部先后制定

了《公路工程施工监理规范》(JTG G10—2016)、《公路工程标准施工监理招标文件》(2018年版)等标准规范,为监理市场的规范、健康发展创造了制度条件,为我国工程施工和监理服务走向国际市场提供了锻炼的平台。

②监理合同的主体资格具有限定性。监理合同的业主方应具有法人资格和相应的经济、技术、管理能力。监理方必须具有法人资格和相适应的资质证书,有一定的经济能力、丰富的管理经验以及一定数量的具有交通运输部监理资格证书技术人员。

③合同订立条件和程序的严肃性。签订监理合同除遵守《合同法》的相关规定外,还必须遵守公路工程基本建设程序。属于招投标的项目,还必须遵守招投标的程序和相关规定。

(2)公路工程监理合同的履行

①监理方必须按照合同约定全面、适当地完成"五控"(质量、进度、投资、安全、环保)"两管"(合同、信息),按照"严格监理、优质服务、科学公正、廉洁自律"的原则为业主和承包商提供优质高效的监理服务。

②业主方必须按照合同约定及时足额支付监理费用,为监理工作提供合乎约定的资源及便利。

③如果一方违约,另一方有权按照约定的程序和方式提出合理的赔偿要求。

2)公路工程监理合同的管理

①树立合同意识、履约观念,客观、公正地提供监理服务。

②实行全过程管理。监理工程师可以采用旁站、见证、巡视、测量、试验、抽查、工序控制、指令文件等多种方法来加强过程控制,确保工程"四大控制"目标的实现。

③业主应加强对监理工程师的监管,防止监理渎职行为的发生。

3)公路工程监理合同条款

(1)监理合同条款的内容

根据交通运输部2018年颁发的《公路工程标准施工监理招标文件》,我国公路工程监理合同条款及格式主要由通用合同条款、专用合同条款和合同附件组成。其中合同附件主要包括合同协议书、廉政合同、其他主要监理人员最低要求、主要试验检测设备最低要求、履约保证金格式。

合同协议书是监理合同的纲领性文件,对监理合同的组成、合同的成立条件、合同双方的责权利等进行规定和说明;也是一份标准化程度很高的文件,只需在空白处填写相应内容,无须修改其他内容和添加新条款,签字生效。通用合同条款具有普遍适用性,对双方的责、权、利、义做出了明确的规定。专用合同条件是针对具体项目对通用条件的补充和完善。

(2)监理合同条款的特点

①采用FIDIC模式。该范本参照国际咨询工程师联合会(FIDIC)《业主/咨询工程师标准服务协议书条件》格式和内容,并结合我国具体情况编制,有利于与国际接轨。

②具有公正性和规范性。该范本兼顾了业主与监理双方的合法利益,内容全面、公正,体现了先进性和规范性,易为双方接受,有利于建设市场的规范化管理。

③具有通用性,便于使用。该范本适用于各类公路工程建设的施工监理服务的委托合同,招标人只需(而且必须)原文采用其通用条件,并根据项目特点和具体情况,在通用条件的基础

上填写专用条件和合同附件上的部分内容,无须另行起草合同条件。如确有必要,招标单位可通过使用专用条款,对通用条款进行增加、修正和删减,但应注意各部分文件相互间对应,避免出现不一致或矛盾。对于投标人,可以在平时认真研究,熟悉合同条件,做到心中有数;投标时只须进一步研究、熟悉专用条件内容和合同附件中具体要求即可。这就大大减少了投标的工作量。

7.5.3　买卖合同及合同管理

1)买卖合同概述

(1)买卖合同的概念

买卖合同是出卖人转移标的物的所有权于买受人,买受人支付价款的合同。买卖合同不仅是最基本、最典型的经济合同,也是公路工程建设中十分常见的合同类型,如材料采购、设备购买、添置办公生活用具等都需要订立买卖合同。

(2)买卖合同的特点

①买卖合同是双方、有偿合同。买卖合同的双方都有相应的权利、义务,履行义务是享受权利的前提。买方在得到标的物所有权时,必须向卖方支付对价,买卖双方权利的取得是有偿的。

②买卖合同是诺成合同。通常情况下,买卖合同的成立前提是双方意思表示一致,即承诺生效时,而不是在实际交付标的物时。

③买卖合同是不要式合同。通常情况下,买卖合同的成立,既不需要经过特殊审批程序,也不需要特定的形式。但公路工程合同体系中的买卖合同金额一般较大,履行期限也较长,为防止发生纠纷,建议采用书面形式的合同。

(3)买卖合同的内容

买卖合同除具备《合同法》规定的“八要素”外,还可经双方约定添加包装方式、检验标准和方法、结算方式、合同使用的文字及效力、交付地点等内容。

2)买卖合同的履行

①买卖合同的履行必须坚持全面、适当和诚实信用的原则。

②买卖合同的买受人和出卖人必须按合同约定和有关法律法规的要求认真履行合同中有关标的物的转移和交付、标的物的风险承担、标的物质量与检验、价款支付等条款,确保合同各方权益的实现。

③当出现不适当履行时,买受人和出卖人应当按照实事求是和公平合理的原则,按照合同约定和法律法规的规定进行处理。

3)买卖合同的管理

(1)合同订立的管理

由于买卖合同不像施工合同那样有严格的审查程序和合同主体的严格限定性,因此,买卖合同在签订过程中必须严格管理。

①认真审查对方的主体资格和履行能力、信用,防止与不具有主体资格或不具有履约能力或不守信用的单位(个人)签订买卖合同。审查时必须从形式和实质两方面进行,不能仅凭对方出示的资料,就盲目相应对方。

②如果对方委托代理人签订合同,除审查对方的资格和能力外,还要审查对方代理人是否有代理权、是否超过代理范围、是否超过代理期限等。

③认真拟订合同条款,慎重选择合同形式,尽量使用书面形式,少用"君子协议"。

④认真约定合同生效的条件。

（2）合同履行的管理。

①严以律人,也严以律己,在要求别人全面、适当履行合同时,自己首先做到这一点。

②对重大经济合同,采用双方提供担保的方式来强化合同的履行。

③加强过程控制和管理,及时发现并解决合同履行中问题,包括利用行使抗辩权、代位权和撤销权等法律赋予的权利。

④通过采取内部激励（奖励相关人员）和外部激励（返利和折扣）等经济措施来提高合同（签）履约率。

⑤加强合同档案管理,防止合同文本丢失、被盗和毁坏。

⑥重视维权。当自己的权益受到侵害时,必须在规定的时限内按规定的程序处理。

7.5.4　分包合同及合同管理

为规范公路工程施工分包活动,加强公路交通运建设市场管理,保证工程质量,保障施工安全,交通运输部结合当前公路工程建设实际情况,于 2011 年 11 月制定出台了《公路工程施工分包管理办法》。

《公路工程施工分包管理办法》进一步明确了公路工程施工分包管理职责,国务院交通运输主管部门负责制定相关规章制度,并进行指导和监督检查;省级交通运输主管部门负责本行政区域内公路工程施工分包活动的监督和管理工作,并要求发包人、承包人、分包人建立相应的项目管理机构,健全管理制度,加强对施工活动的管理。

《公路工程施工分包管理办法》明确了分包的条件,承包人可以将适合专业化队伍施工的专项工程分包给具有相应资格的单位。不得分包的专项工程,发包人应在招标文件中予以明确。分包人不得将承接的分包工程再进行分包,同时禁止承包人以劳务合同的名义进行施工分包。承包人对拟分包的专项工程及规模,应当在投标文件中予以明确。未列入投标文件的专项工程,承包人不得分包。公路工程分包人应具备如下条件:一是具有经工商登记的法人资格;二是具有与分包工程相适应的注册资金;三是具有从事类似工程经验的管理与技术人员;四是具有（自有或租赁）分包工程所需的施工设备。

《公路工程施工分包管理办法》规定,承包人有权依据承包合同自主选择符合资格的分包人,任何单位和个人不得违规指定分包。承包人和分包人应当按照交通运输主管部门制定的统一格式依法签订分包合同,并履行合同约定的义务。分包合同必须遵循承包合同的各项原则,满足承包合同中的质量、安全、进度、环保以及其他技术、经济等要求。承包人要建立健全相关分包管理制度和台账,对分包工程的质量、安全、进度和分包人的行为等实施全过程管理。分包人要依据分包合同的约定,组织分包工程的施工,并对分包工程的质量、安全和进度等实施有效控制。

《公路工程施工分包管理办法》严禁将承包的公路工程进行转包和违法分包,明确了 3 种转包和 8 种违法分包的具体情形,并要求承包人和分包人互相开展信用评价,将信用评价结果报送相关交通运输主管部门。

《公路工程施工分包管理办法》还对公路工程施工分包活动中的材料采购、履约担保、依法纳税、工程业绩证明等事项作出了规定。

7.5.5　租赁合同及合同管理

1) 租赁合同概述

(1) 租赁合同的概念

租赁合同是出租人将租赁物交付承租人使用、收益,承租人支付租金的合同。出租人转让的是租赁物的使用权,而不是所有权,这是租赁合同与买卖合同的主要区别之一。租赁活动是工程建设中十分常见的经济活动,如设备租赁、房屋租赁等,因此,租赁合同也是公路工程建设中常见的合同。

(2) 租赁合同的特点

租赁合同是双务、有偿、诺成和不要式合同。但租赁期限超过 6 个月的租赁合同,应当采用书面形式。《合同法》规定,租赁期限最长不超过 20 年。超过 20 年的,超过部分无效。

(3) 租赁合同的主要内容

租赁合同的主要内容包括租赁物的名称、数量、用途、租赁期限、租金及其支付期限和方式、租赁物维修等条款。

2) 租赁合同的管理

(1) 签订阶段的合同管理

①仔细了解租赁物的状况,特别是设备的新旧程度、现状、型号、生产厂商等。

②认真商定租赁价格和支付方式,特别是设备租赁是采用月租还是小时台班,闲置时怎样计算租金,维修费用怎样承担,操作人员由谁派遣和负责费用等。

③对设备数量、配套件、技术资料、技术指导、验收和保修条款也必须认真商定。

(2) 履行阶段的合同管理。

①承租人应当按合同约定使用和保管租赁物,不能超负荷使用租赁物,防止因保管不善造成租赁物的损害;承租人也不能擅自对租赁物进行改造和转租第三方。

②承租人应当按合同约定及时足额支付租金,不能无故拖延,也不能找借口不付或少付。

③租赁期满后,承租人应当返租赁物,返还的租赁物应当符合按照约定或者按照租赁物的性质使用后的状态。

④出租人应当按合同约定的期限和要求将租赁物交付给承租人。

当然,公路工程合同体系中还有很多其他合同种类,如运输合同、保险合同、融资合同等。这些合同及合同管理同样十分重要,但这里不再一一介绍,希望通过以上合同种类的介绍,起到举一反三的作用。

专项实训:公路工程合同管理分析

1) 实践目的

通过分析一份具体的公路工程建设合同,学生进一步理解合同条款的内容,提高合同管理的综合能力。

2）实践（训练）方式及内容

请走访一家公路工程建设业主（承包商、监理公司、勘察设计单位等），了解其合同管理情况，然后根据你所掌握的情况和所学知识，分析其合同管理效果，指出其合同管理存在的问题，总结其合同管理的经验，提出进一步完善合同管理的建议和措施。

3）实践（训练）要求

①充分发挥学生的积极性、主动性和创造性。

②分析报告要求不少于 1 000 字。

本章小结

本章主要讲述公路合同管理的目的、方法和 FIDIC 合同条件，以及公路工程合同体系中施工合同、勘察设计合同、监理合同、分包合同、买卖合同等合同及合同管理，重点介绍了《公路标准施工招标文件》（2018 年版）合同条件。

公路工程项目管理的核心是合同管理。通过合同管理，可以将项目建设中的各种经济关系联结在一起，实现共赢。

FIDIC 合同条件是国际土木工程通行的合同条件，也是我国《公路工程标准施工招标文件》（2018 年版）的母本，它集权威、标准、通用、公正合理、明晰、严谨、操作性强等诸多优点于一身。

公路工程施工合同是合同体系中的核心合同，也是合同条款最完善、最复杂的合同。施工合同管理的成效，直接关系到项目"五控二管"目标的实现，因此，必须加强公路工程施工合同管理。

公路工程其他合同如勘察设计合同、监理合同、买卖合同、分包合同、租赁合同等，也是公路工程合同体系的有效组成部分，加强其管理，对公路工程建设的顺利进行起着重要作用。

通过本章的学习，应了解公路工程合同管理的目的和方法，了解勘察设计合同、监理合同、买卖合同、分包合同、租赁合同等合同的主要内容及其管理方法，熟悉和掌握公路工程施工合同条款的主要内容和合同管理的方法。

复习思考题

1. 选择题

（1）下列关于工程"五大控制"的正确表述是（　　）。

    A. 进度最重要   B. 质量、安全最重要

    C. 投资控制最重要   D. 有机统一，互为影响

（2）公路工程施工合同主体之一的承包商必须是（　　）。

    A. 自然人   B. 非法人组织   C. 法人   D. 以上都可以

（3）我国公路工程合同体系中，居于核心位置的是（　　）。

    A. 承包商   B. 工程师   C. 业主   D. 政府主管部门

(4)公路工程合同争议的解决方式中,通常不能在同一次争议中均适用的方式是( )。

    A. 和解和调解   B. 和解和仲裁   C. 调解和诉讼   D. 仲裁和诉讼

(5)FIDIC 合同条款具有( )特点。

    A. 权威性、通用性   B. 公正合理、职责分明

    C. 程序严谨、易于操作   D. 通用条件和专用条件有机结合

2. 判断改错题

(1)公路工程合同管理是工程项目管理的核心。   ( )

(2)超过图纸所示的面积和体积,都可以计量与支付。   ( )

(3)承包商不能将所承包的公路工程项目转包,但可以自主分包。   ( )

3. 简答题

(1)请按解释顺序简述公路工程施工合同文件的组成。

(2)简述公路工程合同管理的目的和方法。

(3)公路工程施工合同的计价类型及特点。

4. 综合分析题

某高速公路项目,承包商为了避免今后可能支付延误赔偿金的风险,要求将路基的完工时间延长6个星期。承包商的理由如下:

(1)特别严重的降雨;

(2)现场劳务不足;

(3)业主在原工地现场之外的另一地方追加了一项额外工作;

(4)无法预见的恶劣土质条件,使路基施工难度加大;

(5)施工场地使用权提供延误;

(6)工程款不到位。

问题:

(1)请根据《公路工程标准施工招标文件》(2018 年版)合同条款判断承包商的哪些理由可构成索赔理由?

(2)承包商应怎样依据《公路工程标准施工招标文件》(2018 年版)合同条款提出索赔要求?

第 8 章　公路工程变更与索赔

土木工程项目实施过程中,工程变更是合同变更的特殊表现形式,施工索赔与反索赔也是合同履行过程中的正常现象。如何处理变更与索赔,是合同各方(业主、监理、承包商)的重要工作职责,事关合同主体目标的实现,甚至项目的成败。因此,合同各方在处理工程变更和索赔问题时,应依照程序,及时沟通,平等协商,尊重合同、事实、证据,公平合理地处理工程的变更和索赔工作。本章重点阐述怎样运用《公路工程标准施工招标文件》(2018 年版)的合同条款处理有关工程的变更和索赔的事项。

8.1　公路工程变更概述

1)公路工程变更的概念

工程变更是一种特殊形式的合同变更,是指对合同中的工作内容做出修改,或者追加或取消某一项工作。由于土木工程地质水文条件的复杂性,发生合同变更是较常见的。

土木工程合同文件中技术规范、设计图纸或施工方法等发生变更,总是发生在工程施工过程中,有时是事先不可预见的,需要监理工程师依据工程现场情况决定。若处理不当,即使是正常的工程变更也会影响工程进展,因此必须对工程变更予以高度重视。

工程变更,不仅变更工作本身会产生额外工程成本,延长工期,而且还经常会影响其他相关工作,对工程产生多米诺骨牌效应。若处理不当,会造成人、财、物的浪费,造成停工、窝工,埋下索赔隐患,甚至会使业主对其工程投资失去控制。

2)公路工程变更的类型和原因

按照国际土木工程合同管理的惯例,一般合同中都有专门的变更条款,对有关工程变更的问题做出具体规定。依据合同条件有关规定,根据监理工程师的判断,如果他认为有必要对工程或其中任何部分的形式、质量或数量做出任何变更,为此目的或出于任何其他理由,他都有权指示承包商进行而承包商也应进行下述任何工作。

①合同所列出的工程项目中任何工程量的增加或减少,如监理工程师可以指示将原定的 35 mm 厚沥青路面改为 40 mm 厚。

②取消合同中任何单项工程的工作(被取消的工作是由业主或其他承包方实施者除外),如监理工程师可以指示取消钢管扶手的建造工作。

③改变合同中任何工作的性质、质量及种类。如监理工程师可以根据业主要求,将原定的水泥混凝土路面改为沥青混凝土路面,或提高水泥混凝土等级。

④改变工程任何部分的标高、线形、位置和尺寸。如公路工程中要修建的路基工程,监理工程师可以指示将在原设计图纸上原定的边坡坡度,根据实际的地质土壤情况改建成比较平缓的边坡坡度。

⑤为完成本工程所必需的任何种类的附加工作。如监理工程师可以指示把原定由业主安装的路面标志纳入本工程项目。

⑥改变本工程任何部分的任何规定的施工时间安排等。有关规定的施工顺序和时间安排,也一定是在规范里有所规定。若某一工段因业主的征地拆迁延误,使承包方无法开工,因而业主对此事是负有责任的。监理工程师应和业主及承包商协商,变更工程施工顺序,让承包商的施工队伍不要停工,以免对工程进展造成不利影响。

但是,监理工程师必须注意,不可以改变承包商既定施工方法,除非监理工程师可以提出更有效的施工方法予以替代。

8.2 公路工程变更的程序

8.2.1 工程变更的提出

工程变更的范围广且内容也较多,按提出工程变更的各方当事人来看,可分为以下 4 个方面。

1)承包商提出工程变更

如果是由承包商提出工程变更,应交与监理工程师审查。承包商在提出工程变更时,一种情况是工程遇到不能预见的地质条件或地下障碍,如原设计的斜拉桥基础为钻孔灌注桩,承包商根据开工后钻探的地质条件和施工经验,认为改成沉井基础较好,就会上报监理工程师;另一种情况是承包商为了节约工程成本或加快工程施工进度,提出工程变更。

2)工程相邻地段的第三方提出工程变更

如果是工程相邻之外的任何第三方提出工程变更的要求,监理工程师要先报请业主,由业主出面与第三方协调,以利于工程进展。

【例 8.1】 三原至铜川高速公路在耀县附近原设计图上有一个下穿式的板式通道,后当地政府及西北耐火厂要求变更设计,改通道为上跨天桥,该工厂同意支付修建天桥引道的工程费用。经业主和监理工程师准许,由陕西省××设计院设计,改为 U 形桥台空心板梁天桥。但由于当时原设计的通道已开始施工挖基坑土方,按合同规定应支付给承包商已完工程费用,对新修天桥工程费用重新协商价格进行支付。

3)业主提出工程变更

如果是业主提出工程变更,监理工程师应与承包商协商,看是否合理可行,主要看业主方提出的工程变更内容是否超出合同限定的范围。若属于新增工程,则不能算为工程变更,只能另外签合同处理,除非承包方同意作为变更。

4)监理工程师提出工程变更

监理工程师往往根据工地现场的工程进展具体情况,认为确有必要时,可提出工程变更。

公路工程承包合同施工中,常有通道、涵洞和排水系统在设计阶段考虑不周,或施工时环境发生变化,监理工程师本着节约工程成本和加快工程进度与保证工程质量的原则,提出工程变更。例如,在三原至铜川高速公路项目中,经现场监理人员调查,考虑排洪,增加 K81+450 处圆管涵洞;取消原设计 K82+340 通道,增加 K82+185.5 通道;增加综合排水系统等。另外还有改变桥梁或通道与引道的交角,顺接线路,变更支线或引道工程等。上述变更,因属业主授权的范围,经监理工程师批准才能下达变更指令。

桥梁工程施工中,主要问题是地基基础提出的变更较多。

8.2.2　工程变更申请

工程变更通常实行分级审批的管理制度。

1)一般工程变更的审批程序

所谓一般变更程序,通常指一些小型的监理工程师有权直接批准的工程变更工作,其审批程序大致如下:

①工程变更的提出人向驻地监理工程师提出工程变更申请,包括变更的原因、工程变更对造价的影响等分析,必要时附上有关变更设计资料。

②驻地监理工程师对变更申请进行评估,并写出初步的审查意见。

③总监理工程师对驻地监理工程师审查的变更申请进行进一步的审定,并签署审批意见。总监理工程师签署工程变更令。

④承包单位组织变更工程的施工(包括可能的设计工作)。

⑤监理工程师和承包人协商确定变更工程的造价及办理有关的结算工作。

2)重要工程变更的审批程序

重要工程变更通常是指对工程影响较大、需要业主批准的工程变更。其审批程序是:监理工程师在下达工程变更命令之前,一是要报业主批准,二是要同承包人协商确定变更工程的价格不超过业主批准的范围。如果超过业主批准的总额,监理工程师应在下达工程变更命令之前请业主做进一步的批准或授权。

3)重大工程变更的审批程序

重大工程变更通常是指一些对工程造价的影响很大、可能超出设计概算(甚至投资估算)的工程变更。对这些工程变更工作,业主在审批工程变更之前应事先取得国家计划主管部门的批准。各省对工程变更的审批程序会有所不同。

8.2.3　工程变更的实施程序

从我国现在推行的施工监理制度来讲,驻地监理工程师每天直接与承包商及其他参加工程建设的人员打交道,应把好对工程变更管理与审批的第一个关口。驻地监理工程师和监理人员应负责有关变更的工程数量的计量与核实,提供有关现场的数据资料和证明,并审查提出工程变更方的理由是否充分,起草工程变更令;然后上报总监理工程师或其代表,总监理工程师或其代表应负责对工程变更令的最终审查。若基本同意工程变更,可上报业主批准备案。若业主批准了该项工程变更,监理工程师或其代表可签发工程变更令;若业主不批准变更,监理方应视工地工程进展情况,实事求是地向业主讲明变更的利弊,必须变更时,还是应先征得业主同意;若遇紧急情况,监理方可先处理工程变更事宜,然后尽快地通知业主。下面具体介绍有关工程变更的程序与方法。

1)工程变更指示有效

①当监理工程师书面通知承包商工程变更,承包商才执行变更的工程,即必须要有监理工程师签发的书面变更通知令(ChangeOrder)。

②当监理工程师发出口头指示要求工程变更时,如增加桥梁桩基的配筋及数量,这种口头指示在事后一定要补加一份书面的工程变更指示。如果监理工程师口头指示后忘了补书面指示,承包商(须在 7 天内)以书面形式证实此项指示,交与监理工程师签字。监理工程师若在 14 天之内没有提出反对意见,应签字认可。

③所有工程变更必须用书面或一定规格写明。对于要取消的任何一项分部工程,工程变更应在该部分工程还未施工之前进行,以免造成人力、物力、财力的浪费,并使业主多支付工程款项。

④可以例外不用书面指示的变更。如工程量的增减是由于其实际工程量超过或少于工程量清单中估算的数量而并非工程师指令的结果,这类增减不需要变更指令。

2)工程变更审批的原则

工程变更的管理与审批的一般原则应为:

①要考虑工程变更对工程进展是否有利;

②要考虑工程变更可以节约工程成本(价值工程成本);

③应考虑工程变更是兼顾业主、承包商或工程项目之外其他第三方的利益,不能因工程变更而损害任何一方的正当权益;

④必须保证变更工程符合本工程的技术标准;

⑤工程受阻,如遇到特殊风险、人为阻碍、合同一方当事人违约等不得不变更工程。

总之,监理工程师应注意处理好工程变更问题,并对合理确定工程变更后的估价与费率非常熟悉,以免引起索赔或合同争端。

8.2.4　工程变更的估价

变更的估价原则:根据《公路工程标准施工招标文件》(2018 年版)的有关规定,变更工程应根据其完成的数量及相应的单价来办理结算。其中,变更工程的单价原则,其一是约定优先原则,其二是公平合理原则。

除专用合同条款另有约定外,因变更引起的价格调整按照如下约定处理:

①如果取消某项工作,则该项工作的总额价不予以支付。

②已标价工程量清单中有适用于变更工作的子目的,采用该子目单价。

③已标价工程量清单中无适用于变更工作子目,但有类似子目的,可在合理范围内参照类似子目的单价,由监理工程师按合同约定商定或确定变更工作的单价。例如,工程量清单中已有桥梁明挖基础深度为 1.5 m、2 m 和 2.5 m 的价格,而要决定挖 3 m 深时的价格,可以按前面的价格以线性比例决定。

④已标价工程量清单中无适用或类似子目的单价,可在综合考虑承包人在投标时所提供的单价分析表的基础上,由监理人按合同约定商定或确定变更工作的单价。

⑤如果本工程的变更指示是因承包人过错、承包人违反合同或承包人责任造成的,则这种违约引起的任何额外费用应由承包人承担。

【例8.2】 某施工单位(乙方)与某建筑单位(甲方)签订了公路工程施工承包合同,合同价款1 500万元。其中包括中桥一座,基础采用扩大基础,上部结构为预应力混凝土T梁。开工前,施工单位提交了详细的施工组织设计并得到批准。合同规定,变更工程超过合同总价的15%时,监理工程师应与业主和承包人协商确定一笔管理费调整额。

问题:

①在进行桥梁基础开挖时,发现地基和设计不符,不能满足承载力的要求,承包商应该如何处理?

②在工程施工过程中,乙方根据监理工程师的指示就部分工程进行了变更施工。试问变更部分合同价款根据什么原则确定?

③签发交工证书时,监理工程师发现变更工程的价款累计金额为302万元。假设投标报价的管理费率为直接费的10%,业主、监理工程师和承包人协商后确定管理费下调两个百分点。在其他工程内容不变的情况下,请问工程价款该如何调整?

【分析与答案】 该案例考核承包商遇到工程地质条件发生变化时的工作程序以及工程变更价款的确定原则,当变更数量较大时管理费的调整方法。

①承包商应根据合同规定,及时通知甲方,要求对工程地质重新勘察并对设计进行变更,按变更后的设计图纸进行施工,并及时申报变更费用。

②变更部分合同价款根据下列原则确定:

a.如果取消某项工作,则该项工作的总额价不予支付。

b.已标价工程量清单中有适用于变更工作的子目的,采用该子目的单价。

c.已标价工程量清单中无适用于变更工作子目,但有类似子目的,可在合理范围内参照类似子目的单价,由监理工程师按合同约定商定或确定变更工作的单价。

d.已标价工程量清单中无适用或类似子目的单价,可在综合考虑承包人在投标时所提供的单价分析表的基础上,由监理人按合同约定商定或确定变更工作的单价。

e.如果本工程的变更指示是因承包人过错、承包人违反合同或承包人责任造成的,则这种违约引起的任何额外费用均应由承包人承担。

③当变更工程超过合同价的15%时,超过部分的管理费应下调两个百分点。

管理费调整的起点:1 500×(1+15%) = 1 725(万元)

管理费部分调整的金额:(1 500+302−1 725) = 77(万元)

管理费调整部分的直接费:77/(1+10%) = 70(万元)

调整后的工程价款:1 725+70×(1+8%) = 1 800.6(万元)

8.2.5　计日工

根据《公路工程标准施工招标文件》(2018年版)规定,监理工程师如认为必要或可取时,可以指令按计日工完成任何变更的工程。

计日工通常包括在有标价的工程量清单中的一项暂定金额内。计日工主要用于工程量清单中没有合适目的零星附加工作。有关计日工的费率和价格表一般作为工程量清单的附件包括在合同之内。

8.2.6　工程变更的管理

监理工程师对工程变更的指示及管理一定要慎重行事,妥善处理,下面再具体予以讨论。

1) 监理工程师发布工程变更指示的方法

依据《公路工程标准施工招标文件》(2018 年版)规定:只有监理工程师发布变更指令,并且一般都应该是书面变更指示形式,但下列情况例外:

①监理工程师认为发布口头变更指示已足够。

②承包商及时发出了要求监理工程师对口头变更指示给予书面确认的请求,工程师没有在规定时间内予以答复。从承包商方面来说,应该在规定时间内尽快致函监理工程师要求对口头指示予以书面确认。在接到承包商的来函后,如果监理工程师未在规定时间内予以书面否认,即使在没有给予答复的情况下也可以推定工程师已承认该变更指示。对此,承包商也应该致函监理工程师声明他的沉默已构成合同法律中认为对该指示的确认。

③属于原工程量清单中各工作项目的实际工程量增减。这种情况不需要监理工程师发布任何指示,只要按实际完成的工程量计量与支付即可。

2) 工程变更的时间

土木工程施工合同中一般对何时可进行工程变更没有明确的限制性规定。从理论上讲,在合同整个有效期间,即从合同成立至缺陷责任终止证书颁发之日,都可以进行工程变更。但从实际合同管理工作来看,工程变更大多发生在施工合同签订以后,工程基本竣工之前。除非有特殊情况,在总监理工程师对整个工程发了工程竣工交接证书以后,一般不能再进行工程变更。

如果监理工程师根据合同规定发布了进行工程变更的书面指令,则不论承包商对此是否有异议,也不论监理方或业主答应给予付款的金额是否令承包商满意,承包商都必须无条件地执行该指令。即使承包商有意见,也只能是一边进行变更工作,一边根据合同规定寻求索赔或仲裁解决。在争议处理期间,承包商有义务继续进行正常的工程施工和有争议的变更工程施工,否则可能会构成承包商违约。

工程变更只能在原合同规定的工程范围内变动,业主和监理程师应注意不能使工程变更引起工程改造性质方面的大的变动,否则应重新订立合同。主要原因是工程性质若发生重大变更,承包商在投标时并未准备这些工程的施工机械设备时,需另购置或运进机具设备,使承包商有理由要求另签合同,但不能作为原合同的变更,除非合同双方都同意将其作为原合同的变更。承包商认为某项变更指示已超出本合同的范围,或监理工程师的变更指示的发布没有得到有效的授权时,可以拒绝进行变更工作,但承包商在做出这种判断时必须小心谨慎。因为如果提交仲裁,仲裁人可能会对合同规定的监理工程师及业主的权利做出非常广泛的解释。

3) 监理工程师发布变更指示时应注意的问题

合同变更,不仅会使变更工作本身产生额外成本和工期延长,而且会产生连锁反应,影响与之相关的其他工作。作为承包商,若认为合同变更改变了原工作项目的性质,增加了工作难度,则要提出索赔要求提高变更工作的单价。若导致发生了与变更相关的其他额外成本,也可以索赔得到补偿。如果变更后造成了工程量减少,承包商实际完成工程所需时间也会相应缩短。这样,工期一般不能缩短,除非合同有规定或业主、承包商和工程师三方协商同意。另外,承包商还应注意,如果业主取消了大量的工程内容,而没有同时增加其他替代工作,据公平合理的原则,承包商可以对相应的可得管理费用和利润损失索赔。

承包商在施工中遇到问题或要改变施工方法时,监理工程师可能会主动地应承包商的请求而提出建议。客观地说,监理工程师对这种建议不负任何责任,仅仅是建议而已,是否采纳以及由此产生的后果均由承包商自己承担。而在实际工作过程中,承包商有时会将监理工程师的一些建议作为工程变更令,以便得到与此相关的经济补偿。

4)合同中的推定变更及处理

推定变更是指工程师虽没有按合同发布变更令,但实际上要求承包商干的工作已经与原合同不同或已有额外的工作。推定变更可以通过工程师或驻地监理的行为来推定,一般要证明:原合同规定的施工要求是什么,实际上承包商自己的工作已超出了合同要求,并且是按工程师或其代表的要求进行的。这样,便可证明为推定变更。推定变更同指令变更,承包商有权据《公路工程标准施工招标文件》(2018 年版)规定获得额外费用补偿。常发生的推定变更情况如下:

①业主要求的修改与变动。在施工过程中,如果业主对技术规范进行修改或变动,又没按合同规定程序办理变更通知,可看作推定变更。或者是工程项目所在国新近颁布了技术规范或施工管理规定,对原合同要求的标准提高,也可归属于"业主要求的修改",推定为变更。据此,承包商可提出索赔要求。

②工程师的不适当拒绝。这表现为两个方面:一方面是工程师认为承包商用于工程上的材料或施工方法等不符合技术规范的要求,从而拒绝该方法或材料,可事后又证明工程师的认识是错误的,这种不适当的拒绝则构成了推定变更。若因此而使承包商花费了额外款项,则有权索赔并得到补偿。另一方面是承包商在施工的过程中,若工程师在发现承包商的施工缺陷后,没有在规定的合理时间内拒绝该工作,也可以认为工程师已默许并改变了原来的工程质量要求,这也构成推定变更。若后来工程师又拒绝接受认可该工作,就又属于不适当拒绝。因此,而造成承包商不得不进行的缺陷修复或返工,可认为是因推定变更而引起的,承包商可要求额外费用补偿。

【例 8.3】 某承包商施工的桥梁工程,一分项工作为预制和吊装预应力混凝土空心板梁。合同规定,在预制浇筑混凝土前,监理工程师应检查预应力筋和普通钢筋的布置情况,吊装后也应予以检查认证。经过承包商和监理人员的检查,均未发现错误。结果在 2 个月后,监理人员发现有一小部分梁板有肉眼可见裂缝,仔细查找原因,才发现是吊装时把空心板的顶底面吊反了,使下翼缘受拉区无受力的预应力筋。因此,必须进行补救。其补救费用为 37 580 元,承包商进行了补救工作,并同时提出索赔要求。监理工程师和业主拒绝了这一索赔,承包商提请仲裁。仲裁人员认为:虽然监理人员未检查出施工错误,但也未授权担当承包商的施工班长。并且《公路工程标准施工招标文件》(2018 年版)合同条件已明确规定,承包商应对自己失误造成的工程缺陷负责,即使有监理人员的检查和批准也不能免除或减轻承包商的完全责任。因此,承包商必须自费修补和改正缺陷,达到技术规范要求。这是由于工程师未发现的质量问题,不构成推定变更。

③干扰和影响了正常的施工程序。如果业主或工程师的行为实质上影响到承包商的正常施工程序,就构成了推定变更。由此产生的干扰会给承包商造成生产效率的降低,增加工程成本,即会使承包商不能按计划进行施工,导致停工、人员和机械设备闲置,以及其他额外费用的问题。因此,承包商有权提出索赔并得到相应的经济补偿。

④图纸与技术规范中的缺陷。由业主方提供的技术规范和图纸,应由业主负责任。承包商按技术规范和图纸进行施工,如果出现了缺陷,则属于业主的失误和责任。从理论上讲,为了保护承包商的正当利益,起草技术规范和设计图纸的业主方,一般被认为提供了暗示担保:如果承包商遵守该技术规范,工程就能够达到合同的预定目标要求。即便是建成的工程不能令人满意,承包商也没有责任。如果是因技术规范和图纸有缺陷,则承包商有权向业主索赔由此而增加的额外成本费用。

⑤按技术规范和图纸的工作的不可能。是指合同所要求的工作根本无法实现,即实际工作上的不可能;或者是合同所要求的工作不能在合理的时间、成本或努力之内完成,即商业上的不可行。承包商要以工作实施的不可能为理由得到补偿比较困难,况且在下列几种情况下承包商应自己承担风险,如签订合同时已能预料到工作实施不可能;或仅涉及施工规范;或者图纸及技术规范等是由承包商自己提供的;或合同中有明文条款规定承包商应承担这种风险。承包商若要对工作实施的不可能得到索赔补偿,则必须设法去证明:从法律和工程意义上看,技术规范所要求的工作是不可行的,并且是在签合同时承包商所完全不知道或无法合理预料到的,这种风险该由业主来承担。

8.3　公路工程索赔概述

在我国,由于社会主义市场体制尚未完全形成,在工程实施中,业主不让索赔,承包商不敢索赔和不懂索赔,监理工程师不会处理索赔的现象普遍存在。面对这种情况,在建设市场中,应当大力提高业主和承包商对工程索赔的认识,加强对索赔理论和方法的研究,认真对待和搞好工程索赔,这对维护国家和企业利益都有十分重要的意义。

8.3.1　施工索赔概念

①施工索赔:在施工过程中,承包商根据合同和法律的规定,对并非由于自己的过错所造成的损失,或承担了合同规定之外的工作所付的额外支出,承包商向业主提出在经济或者时间上要求补偿或赔偿的权利。

②施工反索赔:在施工过程中,业主根据合同和法律的规定,对并非由于自己的过错所造成的损失,业主向承包商提出在经济或工期上要求赔偿的权利。

施工索赔是双方面的,既包括承包商向业主的索赔,也包括业主向承包商的索赔。索赔属于经济补偿行为,而不是惩罚,是合法的权力,而不是无理争利。而承包商向业主的索赔则是索赔管理的重点和难点。

8.3.2　索赔的依据、目的、原因

①索赔的依据:签订的合同和有关法律、法规和规章。索赔成功的主要依据是合同和法律

及与此有关的证据。没有合同和法律依据,没有依据合同和法律提出的各种证据索赔不能成立。

②索赔的目的:承包商保护自身利益、弥补工程在工期和经济上的损失、提高经济效益的重要和有效的手段,是补偿索赔方的损失。

③索赔原因:我国加入 WTO 世贸组织,加速了与国际接轨的步伐,一些现代大型承包工程或国际承包工程,在施工中索赔事件经常发生,且索赔金额也较大,大大提高了经济效益,取得了较好的发展。

常见的施工索赔事件及产生原因有以下 5 类:

①业主违约原因造成的事件:没有按合同规定提供设计资料、图纸,未及时下达指令、答复请示,使工程延期;没按合同规定的时间交付施工现场、道路、提供水电;因由业主提供的材料和设备,导致工程不能及时开工或造成工程中断;未按合同规定按时支付工程款;业主处于破产境地或不能再继续履行合同或业主要求采取加速措施,业主希望提前交付工程等;业主要求承包商完成合同规定以外的义务或工作。

②合同文件缺陷的原因造成的事件:合同条文间有矛盾,措辞不当等;由于合同文件复杂,合同权利和义务的范围、界限的划定理解不一致,对合同理解的差异,致使工程管理失策。

③勘测、设计原因造成的事件:现场条件与设计图纸不符合,造成工程报废、返工、窝工;工程地质与合同规定不一致,出现异常情况,如未标明管线、古迹或其他文物等。

④业主和监理工程师方面原因造成的事件:各承包单位技术和经济关系错综复杂,相互影响;下达错误的口令,提供错误的信息;业主或监理工程师口令增加,减少工程量,增加新的附加工程,提高设计、施工材料的标准,不适当决定及苛刻检查;非承包商原因,业主或监理工程师指令中止工程施工;在工程施工和保修期间,由于非承包商原因造成未完成或已完工程的损坏;业主要求修改施工方案,打乱施工程序;非承包商责任的工程拖延。

⑤不可抗力的原因造成的事件:特别反常的气候条件或自然灾害,如超标准洪水、地下水、地震;经济封锁、战争、战乱、空中飞行物坠落;建设市场和监测市场的变化,材料价格和工资大幅度上涨;国家法令的修改、城建和环保部门对工程新的建议和要求或干涉;货币贬值,外汇汇率变化;其他非业主责任造成的爆炸、火灾等形成工程实施的内部干扰。

8.3.3 索赔的分类

按索赔的目的,索赔分为工期索赔和费用索赔。工期索赔要求得到工期的延长,费用索赔是由于造成工程成本增加,承包商可以根据合同规定提出费用补偿要求。

按索赔发生的原因,索赔分为延期索赔、工程变更索赔、施工加速索赔和不利现场条件索赔。

1)延期索赔

延期索赔主要表现在由于业主的原因不能按原计划的时间进行施工所引起的索赔。业主未能按合同规定提供施工条件,如未及时交付图纸、技术资料、场地、道路等,业主指令停止工程实施,其他不可抗力因素作用等原因。

2)工程变更索赔

业主或工程师指令修改设计、增加或减少工程量、增加或删减部分工程、修改实施计划、变更施工次序等,造成工期延长和费用增加。

3)施工加速索赔

施工加速索赔经常是延期或工程变更索赔的结果,有时也被称为"赶工索赔",而施工加速索赔与劳动生产率的降低关系极大,因此又称为劳动生产率损失索赔。

如果业主要求承包商比合同规定的工期提前,或者因工程前段的工程拖期,要求后一阶段工程弥补已经损失的工期,使整个工程按期完工。这样,承包商可以因施工加速成本超过原计划的成本而提出索赔。其索赔的费用一般应考虑加班工资、雇用额外劳动力、采用额外设备、改变施工方法、提供额外监督管理人员和由于拥挤、干扰加班引起疲劳的劳动生产率损失所引起的费用增加。

4)不利现场条件索赔

不利的现场条件是指合同的图纸和技术规范中所描述的条件与实际情况有实质性的不同,或合同未作描述而且是一个有经验的承包商也无法预料的。不利现场条件索赔应归咎于确实不易预知的某个事实。例如,现场的水文、地质条件在设计时全部弄得一清二楚几乎是不可能的,只能根据某些地质钻孔和土样试验资料来分析和判断。

8.3.4　索赔的证据

索赔的证据是在合同签订和合同实施过程中产生的用来支持其索赔成立或和索赔有关的证明文件和资料,主要有合同资料、日常的工程资料和合同双方信息沟通资料等。证据作为索赔文件的一部分,关系到索赔的成败。证据不足或没有证据,索赔不能成立。证据又是对方反索赔攻击的重点之一。

索赔证据是关系到索赔成败的重要条件之一。在合同实施过程中,资料很多,面很广。索赔管理人员需要考虑监理工程师、业主、调解人和仲裁人需要哪些证据。索赔证据资料种类如下:

①合同文件、设计文件、计划类索赔证据。它包括:招标文件、合同文本及附件,其他的各种签约(备忘录、修正案等);业主认可的工程实施计划、各种工程图纸(包括图纸修改指令)、技术规范等;承包商的报价文件,各种工程预算和其他作为报价依据的资料,如环境调查资料、标前会议和澄清会议资料等。

②来往信件、会谈纪要类索赔证据。它包括业主的变更指令、来往信件、通知、对承包商问题的答复信及会谈纪要、经各方签署做出决议或决定。

③施工进度计划、实际施工进度记录。它包括:总进度计划;开工后业主的工程师批准的详细的进度计划、每月进度修改计划、实际施工进度记录、月进度报表等;工程的施工顺序、各工序的持续时间;劳动力、管理人员、施工机械设备、现场设施的安排计划和实际情况;材料的采购订货、运输、使用计划和实际情况等。

④施工现场的工程文件类索赔证据。它包括:施工记录、施工备忘录、施工日报、工长或检查员的工作日记、监理工程师填写的施工记录和各种签证等;劳动力数量与分布、设备数量与使用情况、进度、质量、特殊情况及处理;各种工程统计资料,如周报、旬报、月报;本期中以及本期末的工程实际和计划进度对比、实际和计划成本对比和质量分析报告、合同履行情况评价;工地

的交接记录(应注明交接日期、场地平整情况,以及水、电、路情况等);图纸和各种资料的交接记录;工程中送停电、送停水、道路开通和封闭的记录和证明;建筑材料和设备的采购、订货、运输、进场及使用方面的记录、凭证和报表等。

⑤工程照片类索赔证据。它包括表示工程进度的照片、隐蔽工程覆盖前的照片、业主责任造成返工和工程损坏的照片等。

⑥气候报告索赔证据。它包括天气情况记录。

⑦验收报告、鉴定报告类索赔证据。它包括:工程水文地质勘探报告、土质分析报告;文物和化石的发现记录;地基承载力实验报告、隐蔽工程验收报告;材料实验报告、材料设备开箱验收报告;工程验收报告等。

⑧市场行情资料类索赔证据。它包括:市场价格、官方的物价指数、工资指数、中央银行的外汇比率等公布材料、税收制度变化(如工资税增加、利率变化、收费标准提高)。

⑨会计核算资料类索赔证据。它包括:工资单、工资报表、工程款账单、各种收付款原始凭证、银行付款延误;总分类账、管理费用报表、计工单、工程成本报表等。

8.3.5　施工索赔处理程序

施工索赔处理程序如图8.1所示。

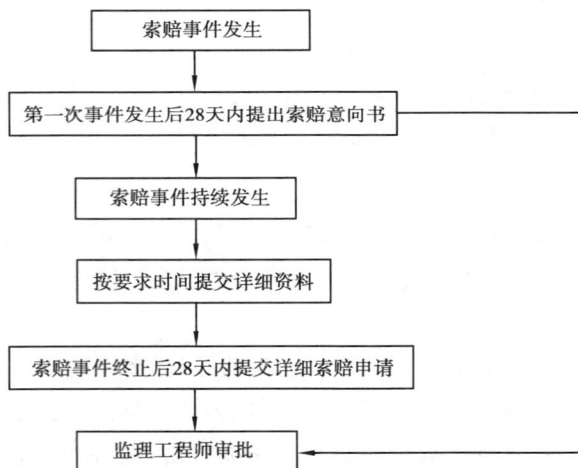

图8.1　承包商申请索赔的程序图

①索赔事件发生后28天内,承包商完成索赔事件发生原因、索赔理由分析、索赔理由评价,并向工程师发出索赔意向通知。

②发出索赔意向通知28天内,向工程师提出延长工期和(或)补偿经济损失的索赔报告及有关证据(工期延长或费用增加证据)资料。

③工程师在收到承包人送交的索赔报告和有关资料后,于28天内给予答复,或要求承包人进一步补充索赔理由和证据。

④工程师在收到承包人送交的索赔报告和有关资料后28天内未予答复或未对承包人作进一步要求,视为该项索赔已经认可。

⑤当该索赔事件持续进行时,承包人应当阶段性向工程师发出索赔意向。在索赔事件终止后28天内,向工程师提交索赔的有关资料和最终索赔报告。

⑥索赔的解决阶段。其解决方法有和解、调解、仲裁、诉讼。

a. 和解：即双方"私了"。合同双方在自愿互谅的基础上，按照合同规定自行协商，通过摆道理，弄清责任，共同商讨，互作让步，使争执得到解决。和解是解决任何争执首先采用的最基本的，也是最常见的、最有效的方法。

b. 调解：指在合同争执发生后，在第三人的参加和主持下，对双方当事人进行说服、协调和疏导工作，使双方当事人互相谅解并按照法律的规定及合同的有关约定达成解决合同争执的协议。如果合同双方经过协商谈判不能就索赔的解决达成一致，则可以邀请中间人进行调解。

c. 仲裁：合同双方达成仲裁协议的，向约定的仲裁委员会申请仲裁。在我国，仲裁实行一裁终局制度。裁决做出后，当事人若就同一争执再申请仲裁，或向人民法院起诉，则不再予以受理。

d. 诉讼：向有管辖权的人民法院起诉。

⑦最终结论。

8.4　公路工程索赔计算及案例

8.4.1　索赔费用的组成

索赔费用的主要组成部分与工程款的计价内容相似，如图 8.2 所示。从原则上讲，承包商有索赔权利的工程成本增加，都是可以索赔的费用。但是对于不同原因引起的索赔，承包商可索赔的具体费用内容是完全不一样的，要按照各项费用的特点、条件分析论证哪些内容可索赔。

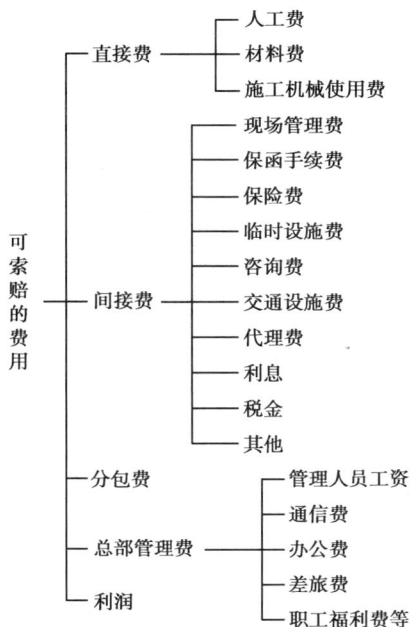

图 8.2　索赔费用的组成

1）人工费

人工费包括施工人员的基本工资、工资性质的津贴、加班费、奖金以及法定的安全福利等费用。对于索赔费用中的人工费部分而言，人工费是指完成合同之外的额外工作所花费的人工费用；由于非承包商责任的工效降低所增加的人工费用；超过法定工作时间加班劳动；法定人工费增长以及非承包商责任工程延期导致的人员窝工费和工资上涨费等。

2）材料费

材料费的索赔包括：由于索赔事项材料实际用量超过计划用量而增加的材料费；由于客观原因材料价格大幅度上涨而增加的材料费；由于非承包商责任工程延期导致的材料价格上涨而增加的材料费和超期储存费用。材料费中应包括运输费、仓储费以及合理的损耗费用。如果由于承包商管理不善，造成材料损坏失效，则不能列入索赔计价。承包商应该建立健全物资管理制度，记录建筑材料的进货日期和价格，建立领料耗用制度，以便索赔时能准确地分离出索赔事项所引起的材料额外耗用量。为了证明材料单价的上涨，承包商应提供可靠的订货单、采购单，或官方公布的材料价格调整指数。

3）施工机械使用费

施工机械使用费用的索赔包括：由于额外工作增加的机械使用费；非承包商责任工效降低增加的机械使用费；由于业主或监理工程师原因导致机械停工的窝工费。窝工费的计算，如系租赁设备，一般按实际租金和调进调出费的分摊计算；如系承包商自有设备，一般按台班折旧费计算，而不能按台班费计算，因台班费中包括了设备使用费。

4）分包费用

分包费用索赔指的是分包商的索赔费，一般也包括人工、材料、机械使用费的索赔。分包商的索赔应如数列入总承包商的索赔款总额以内。

5）现场管理费

索赔款中的现场管理费是指承包商完成额外工程、索赔事项工作以及工期延长期间的现场管理费，包括管理人员工资、办公、通信、交通费等。

6）利息

在索赔款额的计算中，经常包括利息。利息的索赔通常发生于下列情况：拖期付款的利息；错误扣款的利息。至于具体利率应是多少，在实践中可采用不同的标准，主要有以下 4 种规定：

①按当时的银行贷款利率；

②按当时的银行透支利率；

③按合同双方协议的利率；

④按中央银行贴现率加 3 个百分点。

7）总部（企业）管理费

索赔款中的总部管理费主要指的是工程延期期间所增加的管理费，包括总部职工工资、办公大楼、办公用品、财务管理、通信设施以及总部领导人员赴工地检查指导工作等开支。这项索赔款的计算，目前没有统一的方法。在国际工程施工索赔中总部管理费的计算有以下 3 种方法：

①按照投标书中总部管理费的比例(3% ~8%)计算。

总部管理费=合同中总部管理费比率(%)×(直接费索赔款额+现场管理费索赔款额等)

②按照公司总部统一规定的管理费比率计算。

总部管理费=公司管理费比率(%)×(直接费索赔款额+现场管理费索赔款额等)

③以工程延期的总天数为基础,计算总部管理费的索赔额。计算步骤如下:

对某一工程提取的管理费=同期内公司的管理费×(该工程的合同额/同期内公司的总合同额)

该工程的每日管理费=该工程向总部上缴的管理费/合同实施天数

索赔的总部管理费=该工程的每日管理费×工程延期的天数

8)利润

一般来说,由于工程范围的变更、文件有缺陷或技术性错误、业主未能提供现场等引起的索赔,承包商可以列入利润。但对于工程暂停的索赔,由于利润通常是包括在每项实施工程内容的价格之内的,而延长工期并未消减某些项目的实施,也没有导致利润减少。因此,一般监理工程师很难同意在工程暂停的费用索赔中加进利润损失。索赔利润的款额计算通常是与原报价单中的利润百分率保持一致。

8.4.2　索赔费用的计算方法

索赔费用的计算方法有实际费用法、总费用法和修正的总费用法。

1)实际费用法

实际费用法是计算工程索赔最常用的一种方法。这种方法的计算原则是以承包商为某项索赔工作所支付的实际开支为依据,向业主要求费用补偿。

用实际费用法计算是在直接费的额外费用部分的基础上,再加上应得的间接费和利润,即是承包商应得的索赔金额。实际费用法所依据的是实际发生的成本记录或单据,因此在施工过程中,系统而准确地积累记录资料是非常重要的。

2)总费用法

总费用法就是当发生多次索赔事件后,重新计算该工程的实际总费用。实际总费用减去投标报价时的估算总费用,即为索赔金额:

索赔金额=实际总费用-投标报价估算总费用

不少人对采用该方法计算索赔费用持批评态度,因为实际发生的总费用中可能包括了承包商的原因,如施工组织不善而增加的费用;同时,投标报价估算的总费用也可能为了中标而过低。因此,这种方法只有在难以采用实际费用法时才应用。

3)修正的总费用法

修正的总费用法是对总费用法的改进,即在总费用计算的原则上,去掉一些不合理的因素,使其更合理。修正的内容如下:

①将计算索赔款的时段局限于受到外界影响的时间,而不是整个施工期;

②只计算受影响时段内的某项工作所受影响的损失,而不是计算该时段内所有施工工作所受的损失;

③与该项工作无关的费用不列入总费用中;

④对投标报价费用重新进行核算:按受影响时段内该项工作的实际单价进行核算,乘以实际完成的该项工作的工程量,得出调整后的报价费用。

按修正后的总费用计算索赔金额的公式如下:

$$索赔金额 = 某项工作调整后的实际总费用 - 该项工作的报价费用$$

修正的总费用法与总费用法相比有了实质性改进,它的准确程度已接近实际费用法。

【例8.4】 某高速公路项目由于业主高架桥修改设计,监理工程师下令承包商工程暂停一个月。试分析在这种情况下,承包商可索赔哪些费用?

【解】 可索赔如下费用:

①人工费:对于不可辞退的工人,索赔人工误工费,应按人工工日成本计算;对于可以辞退的工人,可索赔人工上涨费。

②材料费:可索赔超期储存费用或材料价格上涨费。

③施工机械使用费:可索赔机械误工费和机械台班上涨费。自有机械误工费一般按台班折旧费索赔;租赁机械一般按实际租金和调进调出的分摊费计算。

④分包费用:由于工程暂停分包商向总包索赔的费用。总包向业主索赔应包括分包商向总包索赔的费用。

⑤现场管理费:由于全面停工,可索赔增加的工地管理费。可按日计算,也可按直接成本的百分比计算。

⑥保险费:可索赔延期一个月的保险费,按保险公司保险费率计算。

⑦保函手续费:可索赔延期一个月的保函手续费,按银行规定的保函手续费率计算。

⑧利息:可索赔延期一个月增加的利息支出,按合同约定的利率计算。

⑨总部管理费:由于全面停工,可索赔延期增加的总部管理费,可按总部规定的百分比计算。如果工程只是部分停工,监理工程师可能不同意总部管理费的索赔。

【例8.5】 国外某承包工程,使用 FIDIC 合同条件,工作内容为修建一条公路和跨越公路的人行天桥。合同总价为400万美元,合同工期20个月。工程施工中发生了以下情况:

①由于图纸出现错误,监理工程师通知一部分工程暂停,待图纸修改后继续施工(拖期1.5个月);

②由于高压电线需要电力部门同意迁移后才能施工,造成工程延误两个月;

③由于增加了额外工程,经监理批准工期顺延1.5个月,并且对额外工程按工程量增加处理,即同意按同类型工程原来所报单价以新增工程量给予补偿。

承包商对此3项延误除要求展延工期外,还申请索赔延误造成的损失费用(计算中所用管理费费率均为合同中事先约定的)。承包商经济索赔的计算为:

a. 图纸错误的延误,使3台设备停工损失1.5个月。

汽车吊:45美元/台班×2台班/日×37工作日 = 3 330美元

空压机:30美元/台班×2台班/日×37工作日 = 2 220美元

辅助设备:10美元/台班×2台班/日×37工作日 = 740美元

小计:3 330 + 2 220 + 740 = 6 290(美元)

现场管理费(12%):6 290×12% = 754.8(美元)

公司管理费(7%):6 290×7% = 440.3(美元)

利润(5%):6 290×5% =314.5(美元)

合计:6 290+754.8+440.3+314.5=7 799.6(美元)

b.高压线迁移延误损失两个月的管理费和利润,因合同总价为400 万美元,合同工期20 个月,则每月管理费为:

4 000 000÷20×12% =24 000(美元/月)

两个月损失现场管理费为:24 000×2 =48 000(美元)

另加公司管理费和利润损失:48 000×12% =5 760(美元)

本项合计损失费用:48 000+5 760 =53 760(美元)

c.新增工程施工期延长1.5 个月,要求补偿现场管理费为:

24 000×1.5 =36 000(美元)

以上3 项总计索赔损失7 799.6+53 760+36 000 =97 559.6(美元)。

经过监理工程师的检查和核算,原则上同意这3 项索赔,但在计算上提出以下问题:

问题1:对于索赔①,承包商计算的因窝工而造成的机械费损失是否正确? 为什么? 若错误,如何计算?

问题2:对于索赔②,承包商计算的现场管理费索赔额是否正确? 为什么? 若错误,如何计算?

问题3:对于索赔③,监理是否该批准补偿全部1.5 个月的现场管理费? 为什么? 若错误,如何计算?

【答案】　问题1:计算机械费索赔是否错误。因为该费用不能按台班费计算、应按折旧费率或租赁费计算。

问题2:现场管理费计算错误。因为该费用不能用合同总价为基数乘以管理费率,而应用直接成本价为基数乘以管理费率计算。

问题3:监理不该批准补偿全部1.5 个月的现场管理费。因为监理已同意按单价乘以新增工程量作为新增工程的补偿,而所用单价中已包含有现场管理费。批准的补偿时间应该首先比照合同中相同(或相似)工程报价时的工期,折算出新增工程的工期,再将其从1.5 个月中减去。

8.4.3　工期延误的分类

1) 工期延误的含义

工期延误又称为工程延误或进度延误,是指工程施工过程中任何一项或多项工作的实际完成日期迟于计划规定的完成日期,从而可能导致整个合同工期的延长。工期延误对合同双方一般都会造成损失。工期延误的后果是形式上的时间损失,实质上会造成经济损失。

2) 工期延误分类

(1)因业主和工程师原因引起的工期延误

①业主未能及时交付合格的施工现场;

②业主未能及时交付施工图纸;

③业主或工程师未能及时审批图纸、施工方案、施工计划等;

④业主未能及时支付预付款或工程款；

⑤业主未能及时提供合同规定的材料或设备；

⑥业主自行发包的工程未能及时完工或其他承包商违约导致的工程延误；

⑦业主或工程师拖延关键线路上工序的验收时间导致下道工序施工延误；

⑧业主或工程师发布暂停施工指令导致延误；

⑨业主或工程师设计变更导致工程延误或工期增加；

⑩业主或工程师提供的数据错误导致的延误。

（2）因承包商原因引起的延误

①由于承包商原因引起的延误一般是由于其管理不善引起，如计划不周密、组织不力、指挥不当等；

②施工组织不当，出现窝工或停工待料等现象；

③质量不符合合同要求而造成返工；

④资源配置不足；

⑤开工延误；

⑥劳动生产率低；

⑦分包商或供货商延误等。

（3）不可控制因素引起的延误

不可控制因素引起的延误有人力不可抗拒的自然灾害导致的工期延误、特殊风险如战争或叛乱等造成的延误、不利的施工条件或外界障碍引起的延误等。

3）按照索赔要求和结果划分

按照承包商可能得到的要求和索赔结果划分，工期延误可以分为可索赔延误和不可索赔延误。

（1）可索赔延误

可索赔延误是指非承包商原因引起的工程延误，包括业主或工程师的原因和双方不可控制的因素引起的索赔。根据补偿的内容不同，可以进一步分为3种情况：

①只可索赔工期的延误；

②只可索赔费用的延误；

③可索赔工期和费用的延误。

（2）不可索赔延误

不可索赔延误是指因承包商引起的延误，承包商不应向业主提出索赔，而且应该采取措施赶工，否则应向业主支付误期损害赔偿。

4）按延误工作在工程网络计划的线路划分

按照延误工作所在的工程网络计划的线路性质，工程延误划分为关键线路延误和非关键线路延误。

由于关键线路上任何工作（或工序）的延误都会造成总工期的推迟，因此，非承包商原因造成关键线路延误都是可索赔延误。而非关键线路上的工作一般都存在机动时间，其延误是否会影响到总工期的推迟取决于其总时差的大小和延误时间的长短。如果延误时间少于该工作的总时差,非关键线路的工作就会转化为关键工作,从而成为可索赔延误。

5)按照延误事件之间的关联性划分

(1)单一延误

单一延误是指在某一延误事件从发生到终止的时间间隔内,没有其他延误事件的发生,该延误事件引起的延误称为单一延误。

(2)共同延误

当两个或两个以上的延误事件从发生到终止的时间完全相同时,这些时间引起的延误称为共同延误。共同延误的补偿分析比单一延误要复杂一些。当业主引起的延误或双方不可控制因素引起的延误与承包商引起的延误共同发生时,即可索赔延误与不可索赔延误同时发生,可索赔延误就将变成不可索赔延误,这是工程索赔的惯例之一。

(3)交叉延误

当两个或两个以上的延误事件从发生到终止只有部分时间重合时,称为交叉延误。由于工程项目是一个较为复杂的系统工程,影响因素众多,常常会出现多种原因引起的延误交织在一起的情况,这种交叉延误的补偿分析更加复杂。

比较交叉延误和共同延误,不难看出,共同延误是交叉延误的一种特例。

8.4.4　工期索赔的计算方法

1)工期索赔的分析

工期索赔的分析包括延误原因分析、延误责任的界定、网络计划(CPM)分析、工期索赔的计算等。

运用网络计划(CPM)方法分析延误事件是否发生在关键线路上,以决定延误是否可以索赔。在工期索赔中,一般只考虑对关键线路上的延误或者非关键线路因延误而变为关键线路时才给予顺延工期。

2)工期索赔的计算方法

(1)直接法

如果某干扰事件直接发生在关键线路上,造成总工期的延误,可以直接将该干扰事件的实际干扰事件(延误时间)作为工期索赔值。

(2)比例分析法

如果某干扰事件仅仅影响某单项工程、单位工程或分部分项工程的工期,要分析其对总工期的影响,可以采用比例分析法。

采用比例分析法时,可以按工程量的比例进行分析。例如:某工程基础施工中出现了意外情况,导致工程量由原来的 2 800 m³ 增加到 3 500 m³,原定工期是 40 天,则承包商可以提出的工期索赔值是:

工期索赔值=原工期×新增工程量/原工程量=40×(3 500-2 800)/2 800=10(天)

如果合同规定工程量增减 10% 为承包商应承担的风险,则工期索赔值应该是:

工期索赔值=40×(3 500-2 800×110%)/2 800=6(天)

工期索赔值可以按照造价的比例进行分析。例如:某工程合同价为 1 200 万元,总工期为

24 个月,施工过程中业主增加额外工程 200 万元,则承包商提出的工期索赔值为:

工期索赔值＝原合同工期×附加或新增工程造价/原合同总价＝24×200/1 200＝4(月)

(3)网络分析法

在实际工程中,影响工期的干扰事件可能会很多,每个干扰事件的影响程度可能都不一样,有的直接在关键线路上,有的不在关键线路上,多个干扰事件的共同影响结果究竟是多少可能引起合同双方很大的争议。采用网络分析法是比较科学合理的方法,其思路是:假设工程按照双方认可的工程网络计划确定的施工顺序和时间施工,当某个或某几个干扰事件发生后,使网络中的某个工作或某些工作受到影响,使其持续时间延长或开始时间推迟,从而影响总工期,则将这些工作受干扰后的新的持续时间和开始时间等代入网络中,重新进行网络分析和计算,得到的新工期与原工期之间的差值就是干扰事件对总工期的影响,也就是承包商可以提出的工期索赔值。

网络分析方法通过分析干扰事件发生前和发生后网络计划的计算工期之差来计算工期索赔值,可以用于各种干扰事件和多种干扰事件共同作用所引起的工期索赔。

【例 8.6】 某工程项目的进度计划如图 8.3 所示,总工期为 32 周。在实施过程中发生了延误,工作②→④由原来的 6 周延至 7 周,工作③→⑤由原来的 4 周延至 5 周,工作④→⑥由原来的 5 周延至 9 周。其中工作②→④的延误是因承包商自身原因造成的,其余均由非承包商原因造成。

将持续后的持续时间代入原网络计划,即得到工程实际网络图,如图 8.4 所示。比较图 8.3 和图 8.4,可以发现实际总工期变为 35 周,延误了 3 周,承包商责任造成的延误(1 周)不在关键线路上,因此承包商可以向业主要求延长工期 3 周。

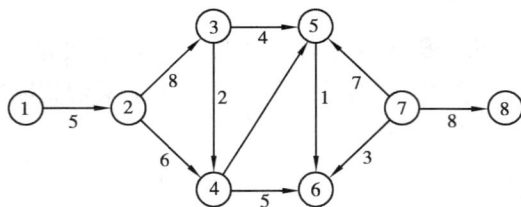

图 8.3 某项目分部工程进度计划网络图

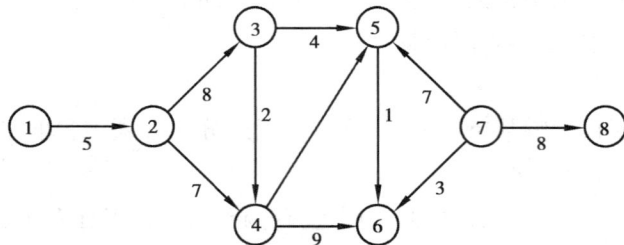

图 8.4 工程实际进度网络图

【例 8.7】 某工程项目的原施工网络进度计划(双代号)如图 8.5 所示,该工程总工期为 18 个月。在上述网络计划中,工作 C、F、J 3 项工作均为土方工程,土方工程量分别为 7 000 m³、10 000 m³、6 000 m³,共计 23 000 m³,土方单价为 15 元/m³。合同中规定,土方工程量增加超出原估算工程量的 25% 时,新的土方单价可从原来的 15 元/m³ 减少到 12 元/m³。在工程按计划进行 4 个月后(已完成 A、B 两项工作的施工),业主提出增加一项新的土方工程 N。该项工作要求在 F 工作结束以后开始,并在 G 工作开始前完成,以保证 G 工作在 E 和 N 工作完成后开始施工。根据承包商提出并经监理工程师审查批复,该项 N 工作的土方工程量约为 9 000 m^3,施工时间要 3 个月。

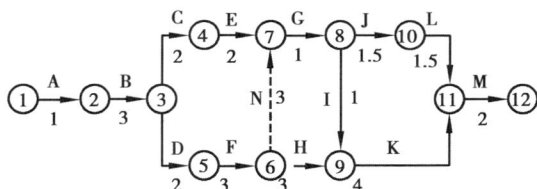

图 8.5　项目施工网络进度计划

根据施工计划安排,C、F、J 工作和新增加的土方工程 N 使用同一台挖土机先后施工。现承包方提出由于增加土方工程 N 后,使租用的挖土机增加了闲置时间,要求补偿挖土机的闲置费用(每台闲置 1 天为 800 元)和延长工期 3 个月。

问题:

①增加一项新的土方工程 N 后,土方工程的总费用应为多少?

②监理工程师是否应同意给予承包方施工机械闲置补偿? 应补偿多少费用?

③监理工程师是否应同意给予承包方工期延长? 应延长多少时间?

【答案】　①由于在计划中增加了土方工程 N,土方工程总费用计算如下:

a. 增加 N 工作后,土方工程总量:23 000+9 000=32 000(m^3)。

b. 超过原估算土方工程量:(32 000-23 000)/23 000×100%≈39.13%>25%。故土方单价应进行调整。

c. 超出 25% 的土方量:32 000-23 000×125%=3 250(m^3)。

d. 土方工程的总费用:23 000×125%×15+3 250×12=47.03(万元)。

②施工机械闲置补偿费计算:

a. 不增加 N 工作的原计划机械闲置时间。

如图 8.6 所示,因 E、G 工作的时间为 3 个月,与 F 工作时间相等,所以安排挖土机按 C→F→J 顺序施工可使机械不闲置。

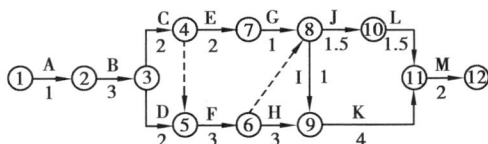

图 8.6　原计划机械的闲置时间计算

b. 增加了土方工作 N 后机械的闲置时间。

如图 8.7 所示,安排挖土机按 C→F→N→J 顺序施工,由于 N 工作完成后到 J 工作的开始,中间还需施工 G 工作,所以造成机械闲置 1 个月。

c. 监理工程师应批准给予承包方施工机械闲置补偿费为:30×800=2.4(万元)。

③根据图 8.7 节点最早时间的计算,算出增加 N 工作后工期由原来的 18 个月延长到 20 个月,所以,监理工程师应同意给承包方延长工期 2 个月。

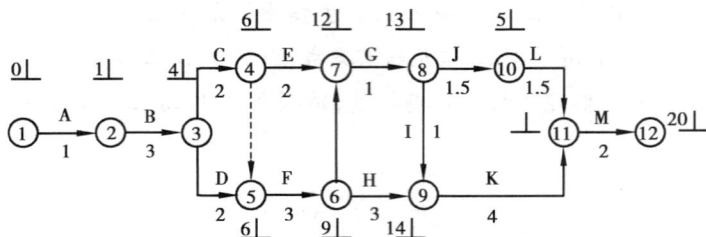

图 8.7　增加 N 工作后机械的闲置时间计算

专项实训:施工索赔的处理

1)实践目的

通过模拟施工索赔的处理,学生熟悉公路工程施工过程的索赔管理,并按照索赔程序正确处理索赔。

2)实践(训练)方法

学生在教师的指导下完成。具体步骤如下:

①学生分组:5 名学生为一组代表施工单位,老师代表业主。

②教师提供公路施工过程中涉及若干索赔项目的背景材料,施工单位反复分析、研究,发现索赔事项,搜集索赔证据,提交索赔申请。

③教师对各施工单位提交的材料进行分析、点评。

3)实践训练内容和要求

①认真完成学习日记。

②完成实践总结。

本章小结

本章主要根据《公路工程标准施工招标文件》(2018 年版)中有关工程变更和索赔的条款,阐述了工程变更和索赔的概念、程序和管理,以及在工程实践中监理工程师如何正确处理变更和索赔,以节省工程造价,保证工程质量。

通过本章的学习,应了解公路工程变更与索赔管理、控制与预防,熟悉和掌握变更与索赔的概念、程序、分类,以及工程索赔中关于费用和工期的处理原则和方法。

复习思考题

1.选择题

(1)工程还未办理正常移交手续,业主提前使用造成工程的损毁或损坏,应由(　　)承担损失。

　　A.业主　　　　　B.承包商　　　　　C.根据工程师指令确定　　　　　D.保险公司

(2)承包商内部工人罢工造成的工程损失应由(　　)承担。

　　A.业主　　　　　B.承包商　　　　C.根据工程师指令确定　　　　D.保险公司

(3)当合同发生争端时,首先进行的处理方式应该是(　　)。

　　A.协商　　　　　B.调解　　　　　C.仲裁　　　　　　　　　　　D.诉讼

(4)提出工程变更的可能是(　　)。

　　A.业主　　　　　B.承包商　　　　C.相邻的第三方　　　　　　　D.监理工程师

(5)反索赔是(　　)提出的索赔。

　　A.承包商向业主　　　　　　　　　B.承包商向监理工程师

　　C.业主向承包商　　　　　　　　　D.业主向监理工程师

(6)按 FIDIC 条件,承包商必须在引起索赔的事件第一次发生后的(　　)天内,将其索赔意向通知工程师。

　　A.28　　　　　　B.14　　　　　　C.7　　　　　　　　　　　　D.35

2.判断题

(1)任何工程的变更都必须经业主与承包商协商同意后,工程师才能下达工程变更令。

(　　)

(2)工程变更往往伴随工程数量的改变,但工程数量的改变不一定就是工程变更。(　　)

(3)由于工程师提供的水准点、基线等测量资料不准确造成的损失,承包商可以提出索赔。

(　　)

(4)施工中因开挖到文物而引起停工,承包商可以提出索赔。(　　)

(5)某工程箱涵已覆盖后,工程师下令挖开检查,由此造成的额外费用由业主承担。

(　　)

(6)由于施工地区规定的电费提高,造成工程成本的增加,承包商可以要求索赔。(　　)

(7)由承包商负责设计的部分永久工程,经过监理工程师的复核和批准,出现了质量缺陷或事故,业主不能提出反索赔。(　　)

3.简答题

①工程变更的内容有哪些?

②工程变更后应如何估价?

③监理工程师审批变更的原则是什么?

④什么是索赔?有何法律依据?

⑤简述索赔申请的程序(包括有关时间规定)。

⑥监理工程师应如何预防和减少索赔事件的发生?

4.综合分析题

某项工程采用公开招标方式选择施工单位,经过初步评审最终确定某施工单位中标。投资单位与施工单位按照规定签订了施工承包合同,合同约定开工日期为 2018 年 7 月 15 日。工程开工后发生了如下几个事件:

事件1:因拆迁工作拖延,甲方于 2018 年 7 月 25 日才向乙方提供施工场地,导致乙方 A、B 两项工作延误 3 天,并分别造成人员窝工 10 个和 8 个工日;但乙方 C 项工作未受影响。

事件2:乙方与机械设备租赁商约定,D 项工作施工用机械于 2018 年 8 月 12 日进场,但因出租方原因推迟到 14 日才进场,造成 D 项工作延误 2 天和人员窝工 8 工日。

事件 3:因甲方供应的材料质量出现问题而退场,造成乙方和 E 工作施工时间延长 2 天,造成人员窝工 22 工日,其他费用 2 400 元。

事件 4:因甲方调整设计,发生设计变更,乙方在 F 项工作施工时,增加人工 15 个工日,其他费用 1.8 万元,并使施工时间增加 3 天。

上述事件中,A、D、F 3 项工作均为关键工作,没有机动时间,其余工作均有充足的机动时间。

问题:

(1)乙方能否就上述每项事件向甲方提出工期和费用索赔?并说明理由。

(2)合同约定甲方给予乙方停窝工及增加人工费的标准是 30 元/工日,施工管理费和利润均不予考虑。在该工程中,乙方能够获得哪些合理费用补偿,费用索赔额是多少?